筑摩選書

武澤秀一
Takezawa Shuichi

天皇たちの寺社戦略

法隆寺・薬師寺・伊勢神宮にみる三極構造

はじめに――問われなかった四つの視点

法隆寺と伊勢神宮について著者は何冊かの本を出版する機会に恵まれた。全力を傾けて書いた本であるのに、後になって言うのはタブーかもしれないが、著者の胸中、やり切ったという思いが湧いてこなかった。この数年、なぜだろうかと独り自らに問い返してきた。そこでハタと思い至った。大きな問題を積み残したままであったのだ。それは大きく言って四つあった。

一つには、法隆寺の中門《ちゆうもん》の真ん中に立つ柱についてである（**写真1**）。中門とは列柱回廊によって囲まれた聖域の出入口をなす門で、南大門を過ぎた奥にある。中門を入ると、聖域には本尊仏を安置する金堂《こんどう》と釈迦あるいは高僧の舎利《しやり》（遺骨）を納める塔がある。中門の真ん中に柱が立つ意味については既刊拙著で充分に説明できたと思っているが、じつは問い残された重要な問題が一つあった。それは、なぜ法隆寺だけにそのような中門があるのか？という点である。かつて哲学者の梅原猛《うめはらたけし》がこの問題に火を点けた（『隠された十字架――法隆寺論』一九七二年）。中門の真ん中に立つ柱を梅原は聖徳太子の怨霊《おんりよう》を封じ込めるためと論じ、大いに

写真1　中門の真ん中に立つ柱／左に五重塔、右に金堂が見える（著者撮影）

話題を集めて多くの読者を獲得した。一世を風靡したと言っても過言ではないだろう。
それから三十余年が経ち、著者はインドで得た体験をもとに梅原説に異を唱えた。仏教に限らずヒンドゥー教などもそうだが、インドに発する宗教には礼拝対象を右回り（時計回り）に回る作法があることに着目したのである。この礼拝作法を仏教語で右繞《うにょう》というが、このことばがあること自体、我が国にこの作法が伝来したことを物語っているし、実際今日でも重要儀礼で僧たちを中心におこなわれている。
この作法によれば、中門の真ん中に立つ柱の左側の口が入口、右側の口が出口となり、中門につながる列柱回廊は右繞の道であることを論じた（この道をインドではプラダクシナー・パタと呼ぶ。意味は右回りの道）。すなわち、中門の真ん中に立つ柱を語るのに、あえて聖徳太子の怨霊を持ち出すまでもないことを指摘したのであった。幸いにも拙著は、もちろん梅原ほどではないが、それなりの読者を得ることができた（著者関連文献＊1）。

だが、胸中に一つ引っ掛かるものがあり、消えることはなかった。

礼拝作法が理由で中門の真ん中に柱が立つのなら、法隆寺と同じような事例が他に多数あっていいはずではないか。私の論証は、**なぜ法隆寺にだけ中門の真ん中に柱が立つのか**、というミステリアスな問いにまだ届いていないことが痛感された。

ところが思いがけないところから、謎を解く鍵があたえられた。二十世紀も末になり（一九九六年～）、我が国初の国家の寺、つまり官寺で九重塔をもつと『日本書紀』が伝える百済大寺《くだらのおおでら》の跡が発掘されたのである。九重塔などあり得ないとする学説すらあった寺であった。建立を発願したのは大王舒明《おおきみじょめい》、天智《てんじ》天皇の父である。巨大金堂と九重塔が東西ヨコに並んでいたことがあきらかになった。そして中門が金堂と塔、それぞれのために一つずつ、計二つあったことが発掘調査者によって推定された（**図1**、奈良文化財研究所）。

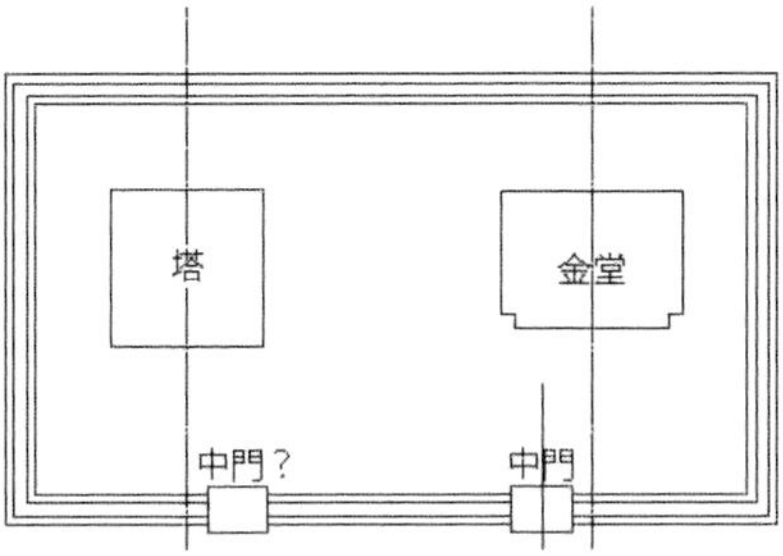

図1　百済大寺／配置復元図（奈良文化財研究所編『大和吉備池廃寺』吉川弘文館より）

　父舒明の百済大寺につづいて法隆寺を建立した息子の中大兄《なかのおおえの》皇子《おうじ》、のちの天智は、百済大寺に二つあった中門を一つに集約した。これにより一つの中門の真ん中に柱が立ち、二つの口が生じたのである。前身形態をたどれば、左の口は五重塔への、右の口は金堂への中門のなごりであった（前掲写真1）。父舒明が建てた百済大寺を引き継ぎながら、工夫を凝らして法隆寺を建立した天智天皇の姿が思い浮かぶ。

百済大寺と法隆寺をむすぶ特別な事情、つまり父舒明の所業を息子の天智が引き継ぐという関係があったが故に、法隆寺の中門の真ん中に柱が立ったのである。**これは父から子へという血のながれの中に生じた、すぐれて一回性の出来事であった。**

二つ目は、今ある法隆寺の建立を主導したのは誰か？　という問題である。

そんな基本的なことも分かっていないのか、と不可解に思われるだろうか。聖徳太子が建てた法隆寺は全焼し、今ある法隆寺はその後に再建された。このことは専門家の間ですでにほぼ定説化しているが、まだ積み残している問題がある。再建されたのなら、当然これを主導した人物がいるはずだ。しかし本文で詳しく述べるように、聖徳太子が建てた法隆寺が全焼した時点で、太子一族はすでに滅亡していた。**主のいない状態で、いったい誰が再建を主導したのか？**　この問題は依然として不明のまま放置されているのだ。

法隆寺が再建された？

意外に思われるかもしれない。この問題については、じつは明治から大正を経て昭和に至るまでつづいた、学界を二分する大論争があった。本文で詳しく説明するが、結論を先に述べれば、聖徳太子父子創建の法隆寺（若草伽藍《がらん》）が全焼したあとに、今ある法隆寺（西院《さいいん》伽藍）が再建されたことが判明している。

太子創建の法隆寺が六九〇年、つまり白鳳《はくほう》時代（美術史用語、プロローグにて後述）に全焼したことは『日本書紀』の記述にもとづく。これを全面的に受け容れて、西院伽藍は若草伽藍の全焼後に再建されたと主張したのが文献史学に立つ歴史家たちであった。これに対し、今ある建築、つまり「実物」を優先する建築史家たちは、西院伽藍の建築様式が素朴な大陸風であることから、西院伽藍を白鳳時代より一つ前の、太子が活躍した飛鳥時代の建築である、と主張した。すなわち、今ある法隆寺は伝承どおり、聖徳太子によって創建されたとしたのである。

昭和十四年（一九三九年）に若草伽藍跡の発掘調査がおこなわれ、塔と金堂の土壇《どだん》遺構が出土した（**図2**）。これが太子創建の寺とみなされて、論争は歴史家の勝利にほぼ決着した。だが、まだ大きな問題が残されているのだ。

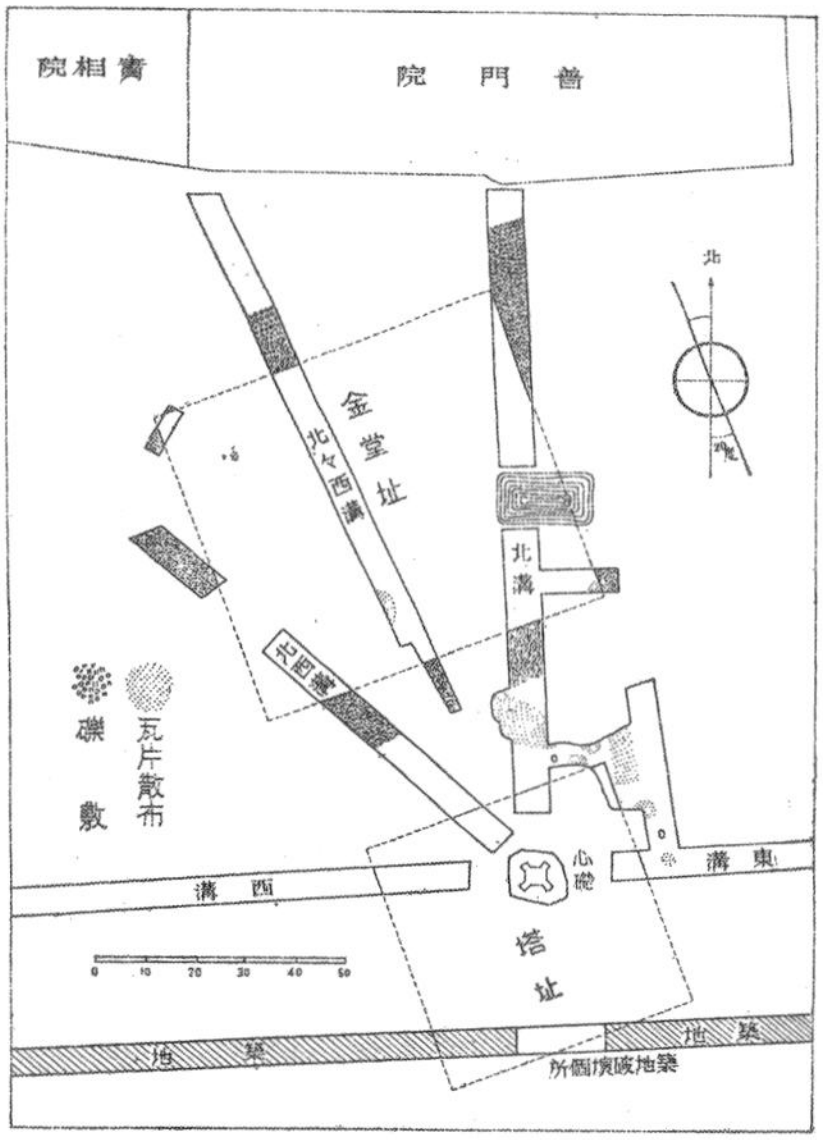

図2　法隆寺若草伽藍／発掘遺構図（昭和16年、『法隆寺再建非再建論争史』龍吟社より）

歴史家は終始、西院伽藍は再建されたと主張していたが、再建を主張するなら当然、誰が再建を主導したのかが問われなければならない。だが非再建説を論難するのに忙しく、再建の主導者への言及が全くなされなかったのだ。論争の相手であった建築史家が再建説を説く歴史家に問うてもよかったはずだが、それもなかった。非再建説を守るのに汲々としていたのである。

論争が終結したあとも、歴史家も建築史家も再建の主体を問うことはなく、今日に至っている。我が国が誇る最高の世界遺産というべき法隆寺の再建主体が未だに不明のままとは、知的怠慢のそしりを免れないのではないか、とさえ思うのだが、いかがであろうか。

前掲拙著において著者は蛮勇を振るった。法隆寺の「再建」を主導したのは天智天皇であると特定したのである。そんなことは『日本書紀』のどこにも書いてない。それを臭わせる箇所もない。我ながら大胆な説と思ったが、これについては賛否の声が得られなかった。天智があまりのビッグネーム故、天智の主な事績なら全て分かっているだろう（有名だからといって全てが分かっているわけではない）、だからトンデモ説にちがいないと映ったのか。あるいは、全く聞いたこともない新奇な説にあっけに取られ、半信半疑のまま反応のしようもなかったのか。だが十八年の時を経て今、著者は天智主導説に自信を深めている。捲土重来《けんどちょうらい》を期し、論証をさらに強化して改めて世に問いたい。

——誰が法隆寺の再建を主導したのか？

三つ目の問題は、薬師寺と伊勢神宮の建物配置に顕著な共通性があることだ（図3）。具体的に言うと、列柱回廊に囲まれて、薬師寺に同形同大の三重塔が東西に二棟建っていることはよく知られている。このことばかりが注目されるが、回廊に囲まれた聖域の中心に巨大な金堂がデンと存在している薬師寺は、金堂を頂点とし二棟の三重塔を底辺とする三極《さんきょく》をなしている。意外にもじつは伊勢神宮でも、最奥の瑞垣《みずがき》内で社殿群が三極をなしているのだ。

伊勢神宮は皇室の祖先神、つまり皇祖神《こうそしん》を祭る内宮《ないくう》と、内宮の神に食事を捧げる神を祭る外宮《げくう》からなるが、核心をなす内宮にまずは注目しよう。瑞垣内、中央に皇祖神の御在所《おざいしょ》である正殿《しょうでん》があり、その後方、東西に同形同大の二棟の宝殿《ほうでん》が配されている。宝殿とは、神宝や奉納品など宝物を納める社殿。すなわち、正殿を頂点とし、二棟の宝殿を底辺とする三極が形成されている（**本書カバー表の写真参照**）。

七世紀末の同時期に発願された薬師寺と伊勢神宮——。

片や薬師如来を本尊とする仏教伽藍、片や皇祖神のおわす神宮である。薬師寺と伊勢神宮の建築配置が共通していることは明治以来、神仏分離に染まっている現代の我々からは非常に奇異に映る。

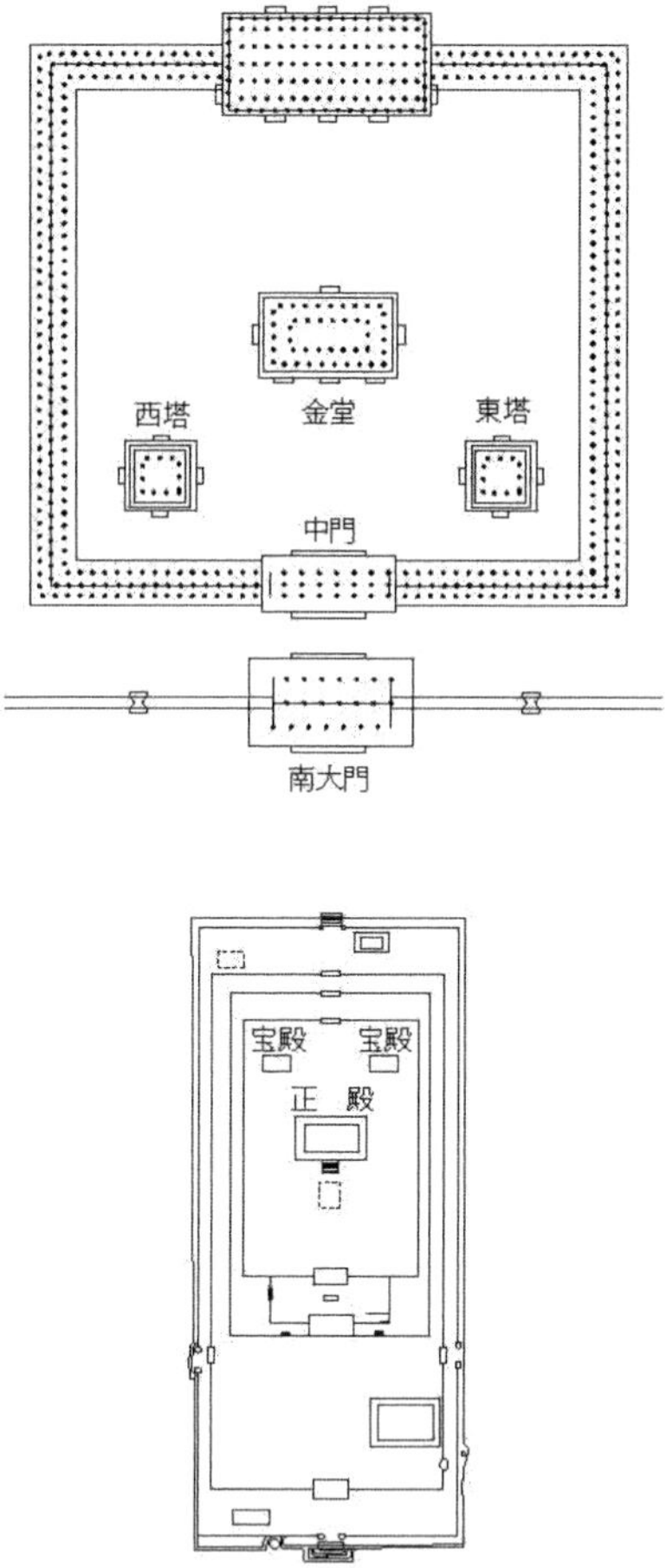

図3　薬師寺・伊勢神宮内宮／配置図／薬師寺では金堂を頂点として正三角形が、内宮では正殿を頂点として逆三角形が形成されている

薬師如来を崇める仏教伽藍と皇祖神を祭る神道最高の社殿群が同じ三極をなすとは、どういうことなのか。その意味は何か？

薬師寺と伊勢神宮の創建に直接かかわった天皇は、天武《てんむ》と持統《じとう》である。天武は天智と兄弟関係にある。持統は天智の娘であり、天武の皇后であった。本文で詳しく述べるが、持統は夫の没後、急速に亡き父の顕彰に走った。日本という国号と律令制が制定されようという時代、すなわち日本という国家体制が樹立されようとする時代に、伊勢神宮では式年遷宮《しきねんせんぐう》制がはじまり、皇統は父天智を淵源《えんげん》とする持統王朝に定まった。それを表徴したのが伊勢神宮の三極構造であった。三極にはいったい、どのような意図、意味が込められていたのだろうか？

四つ目は、これまで全く取り残されていた、あたらしい問題である。歴史学（文献史学）、考古学そして建築学にも全く抜け落ちていた視点だ。

血筋とは本来、目に見えないが、天皇（ないし天皇たらんとする者）たちが建立した社寺建築は彼らの血筋を目に見えるものにした。ということはすなわち、社寺建築をとおして天皇たちは自己の即位の正統性をアピールしていたのではないか？　言い換えれば、天皇たちは社寺建築を最大で最強の政治言語としてもちいたのではないか？

これは本書の全体をつらぬく視点であり、問題意識である。

古代において社寺建築は記念碑的建築の最たるものであった。その建立は無言のうちにも発願者の権威と権力を伝えた。特に古代においては他の媒体（メディア）が極度に限られており、また記念碑的建築を実現し得る人物も少数であったから、建築のもつ訴求力は現代に比べて格段に大きかった。
大王から天皇への衣替えが進む七世紀後半当時、天皇の血統はかなり絞られてはきたものの、それだけ逆に、皇位争いは熾烈を極めた。天皇は対抗する皇族とこれを支援する豪族らに対し、〝皇統は我にあり〟という必死のアピールを、社寺建築をとおしておこなったのである。それは血のつながった我が子、我が孫に皇位をつなげようとする、けっして譲れない欲求であった。これを達成して初めて皇統に一本筋が通る。それでこそ、血統に権威が付いてくる。

ところで、寺社における建築配置にはいくつかの決まったタイプがある。この配置タイプと、社寺建築の建立を発願した天皇たちの血筋には対応関係があったのだ。すなわち、**社寺建築の配置タイプは、天皇たちの血筋を代弁したのである**――。

これは本書の主張するあたらしい視点である。社寺建築の配置タイプには変遷が見られるが、それは単なる流行とみなされてきた。しかし、そんな表層の出来事ではなかった。本文で具体的に詳しく説明するが、対応関係を簡略に示すと、つぎのようだ。

タテ系〈南北タテ一列〉＝**法隆寺若草伽藍**＝〈聖徳太子―山背大兄《やましろのおおえ》〉
ヨコ系〈東西ヨコ並び〉＝**百済大寺、法隆寺西院伽藍**＝〈舒明―天智〉
三極系〈三極構造〉＝**薬師寺、伊勢神宮**＝〈天武―持統〉＋〈天智―持統―文武《もんむ》〉

天皇たちは目に見えない血筋を、社寺建築をとおして可視化していた。己が血筋を伽藍や社殿の配置タイプで明示し、権威付けたのである。以上、問い残された四つの問題は、いずれも天皇たちと社寺建築にかかわっている。天皇たちは自らの血筋を権威付けるために、社寺建築を戦略的にもちいた。それが自身の、あるいは我が子の、我が孫の即位に至る道筋を付けた。しかしこのことは、これまで全く目が向けられてこなかったのだ。

熾烈な皇位争いにおいて、天皇たちは社寺建築をどのように戦略的にもちいたのか？

これが本書の全編をつらぬくテーマだ。そこには未開の肥沃な領野が広がっている。それを具体的に、分かりやすく解き明かそうというのが本書の意図である。長い探究の旅となるが、ぜひともご同行願えれば嬉しい。

天皇たちの寺社戦略　法隆寺・薬師寺・伊勢神宮にみる三極構造　目次

天皇たちの寺社戦略

法隆寺・薬師寺・伊勢神宮にみる三極構造

プロローグ
謎めく二つの法隆寺

法隆寺といえば、奈良の斑鳩《いかるが》の里にある〝あの〟法隆寺とだれしも思う。その中枢は西院伽藍と呼ばれる世界最古の木造建築であり、我が国最初の世界遺産である。そして我が国最初の仏教的天才、聖徳太子ゆかりの寺である。

その法隆寺が、じつは二つあったと言えば（**図1**）、驚かれるだろうか？

一

今では思い返されることもあまりない、法隆寺をめぐる大論争がかつてあった。明治から昭和に至るまで、じつに半世紀にもわたった論争であった。この間、学界のみならず新聞等ジャーナリズムも交え、国民的関心を大いに掻き立てた（本書巻末、読む年表2）。

論争の構図は至ってシンプルだ。今ある法隆寺は飛鳥《あすか》時代に聖徳太子が建てたとする非再建派と、太子没後に起きた火災で法隆寺は全焼し、改めて白鳳《はくほう》時代に建てられたとする再建派が鋭く対峙した。ここで注意したいのは、歴史学と美術・建築史学で時代区分が異なることだ。歴史学で飛鳥時代と規定する時代を、美術・建築史学では六四五年を境に大化以前と以後に分け、前半

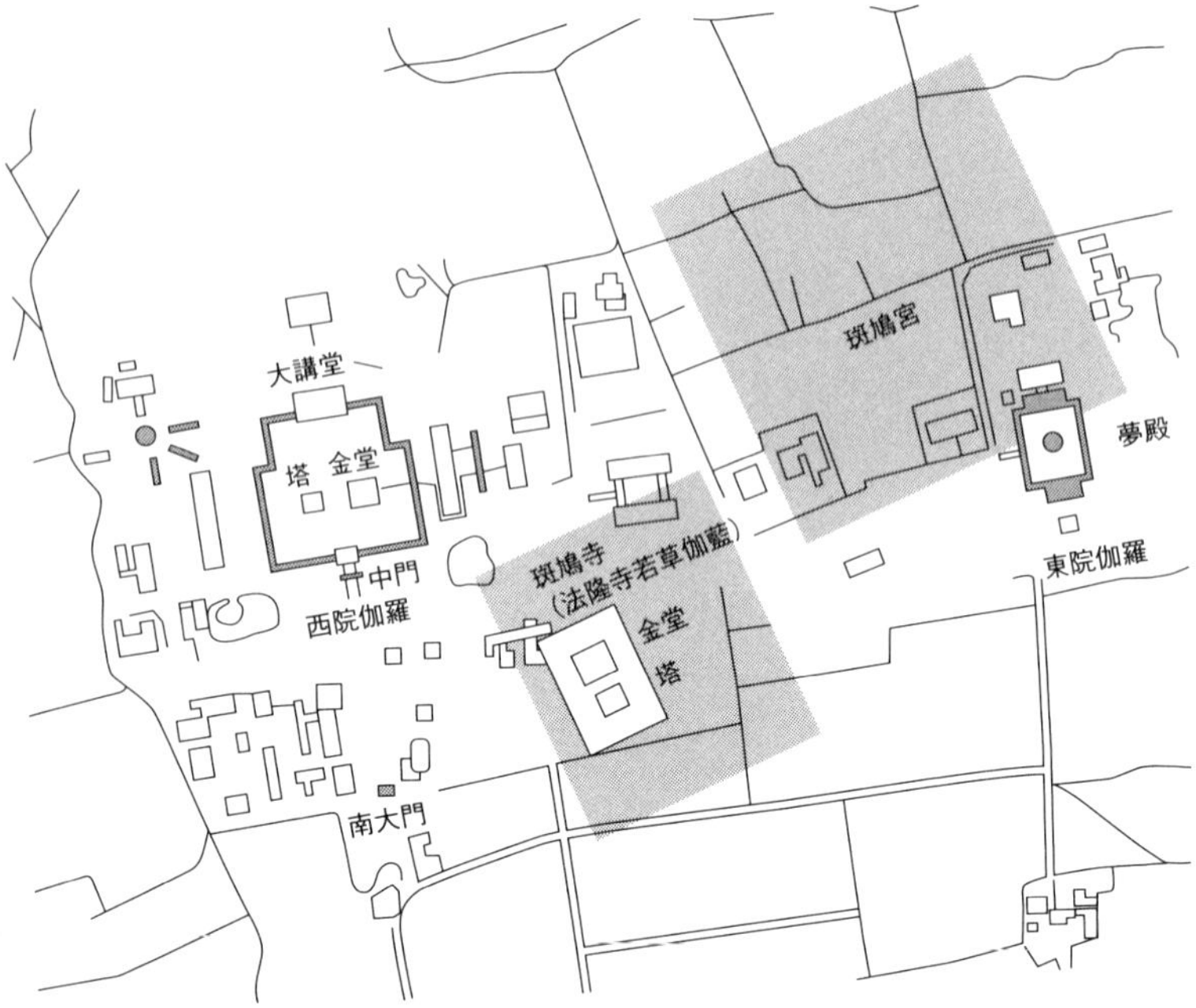

図1　二つの法隆寺の位置関係

を飛鳥時代、後半を白鳳時代とする。本書も基本、この立場をとる。**再建派は文献を重んじる歴史家。非再建派は実物を重んじる建築史家、美術史家。**

　このように布陣は綺麗に分かれた。当時の大学の学部学科のあり方は現在と異なるが、分かりやすく言うと歴史家は文学部に、建築史家は工学部に拠点を置く。全く交流のなかった、学風を異にする異文化どうしが、法隆寺を介していきなりぶつかったのである。

　非再建派を代表したのは東京帝国大学工科大学建築学科教授の関《せき》野《の》貞《ただし》、再建派を代表したのは京都帝国大学国史学第一講座教授の喜《き》田《た》貞吉《さだきち》であった。

関野は再建説を「**建築の事を知らざる素人の詭弁《きべん》**」と論難した（「法隆寺主要堂塔の建立年代」昭和二年）。対して喜田は、「**実物上の見解に至っては到底〝そう思う〟とか、〝そうらしい〟という程度以上のものではなく**」と見下したように述懐している（「法隆寺再建・非再建論の回顧」昭和九年）。これだけでも、両者の対立が激烈を極めたものであったことが分かろうというものだ。法隆寺の僧侶たちは聖徳太子の建てた寺と喧伝していたし、世間もそう信じ込んでいた。「柿くへば　鐘が鳴るなり　法隆寺」と詠んだ正岡子規《まさおかしき》もそう考えていたはずだ。これに対し、歴史家が異議を唱えたのだ。根拠は『日本書紀』にあるつぎのくだりである。

天智八年（六六九年）に、斑鳩寺に災《ひつ》けり

天智九年（六七〇年）四月、法隆寺に災けり。一屋も余ること無し。大雨ふり雷震《な》る

歴史家はこれを論拠に再建説を唱えた。近代の学問が初々しい産声を上げたのである。これに猛然と立ちはだかったのは建築史家であった。根拠としたのは様式と尺度であった。仮に法隆寺が建て替えられたとすれば、その時期は六七〇年の火災以降、すなわち白鳳時代になる。分かりやすく言うと、非再建派は白鳳時代の代表例を唯一現存する薬師寺東塔とし、繊細優美なこの塔に比べて法隆寺西院伽藍は素朴で武骨、力強く、あきらかに一時代前のものとした。従って、法隆寺は飛鳥時代に太子が建てたにちがいないと反駁した。また使っている寸法単位も一時代前のものであり、これも飛鳥時代の建築であることを証明していると主張した。

写真　塔心礎／法隆寺若草伽藍／遠方に法隆寺西院伽藍の五重塔が見える（『文藝春秋』2018年11月号より）

このようにはじまった論争であったが、建築史家の「実物」論の勢いに歴史家は戸惑い、一気に窮地に追い込まれた感があった。

二

だが、意外なところから雲行きが変わった。それは西院伽藍の近くにある、来歴不明の巨石の存在だ。それがある場所は現在、法隆寺の子院《しいん》の一つ、普門《ふもん》院《いん》の庭になっている。生い茂る草地のなかに独り堂々と居座る、どこか未知の生物を想わせる奇形の花崗岩（**写真**）。その巨大さは西院伽藍のどこを探してもない。ここにもし寺があったとすれば、西院伽藍より大きかったのか……。巨石の上面には柱を象った掘り込みがある。ここに柱を載せていたことは想像がついても、どんな寺が建っていたのか、皆目見当もつかなかったのである。なお子院とは、一人の高僧を中心に複数の僧が集まって共同生活をおこなう場であり、塔《たっ》頭《ちゅう》ともいう。

巨石のあるこの地が若草と呼ばれるようになったのは中世以降のようだ。この風情あるネーミングは、あたり一面に雑草が勢いよく生えていたことにちなむ。草は牛が食み、石は子供が登って遊んでいたと普門院の僧は語る。のんびりと、のどかな世界がひろがっていたのだ。さて江戸時代半ばの法隆寺の内部文書につぎのようなくだりがある。

土俗の伝に云う。**昔日《せきじつ》若草の伽藍と謂《い》う有り**

これに触れた一部の僧は、ここに伽藍があったらしいと薄々気付いていたのだろうか。しかし「土俗の伝」とは村の古老による言い伝えであり、信頼性が薄いのだ。

有難くも聖徳太子さまがお建てになった法隆寺。このごく近くに、別に大きな寺があったなんてあり得ないし、知りたくもない……。否定の気持ちがはたらき、曖昧なまま棚上げされていたのだろうか。人目に触れたら大騒ぎになる……と。

この文書は長らく寺内に秘蔵されていたが、論争の過程で一部の研究者には閲覧を許していた。公になったのは大論争がほぼ決着を見た戦後になってからだった（『古今一陽集《ここんいちようしゅう》』）。

今ある法隆寺、つまり西院伽藍は聖徳太子が建てた寺であるのは自明のこと――。これを問うのは不遜ですらあった。だから若草の地に西院伽藍に匹敵する大寺があった可能性を指摘されても、僧たちは全く聴く耳をもたなかった。太子信仰に染まり切っていたからだ。

三

再建説が提示されてから四十年ほどが経過した頃、状況は大きく変わる。『日本書紀』の火災記事を全面的に誤りとしていた建築史家であったが、改めて若草伽藍跡地を見直すに及び、

一面に焼土の形迹《けいせき》あり。此處《ここ》の早く火災に罹りしものなることを確めた（ママ）

一転、若草伽藍の火災を認めたのである（前掲、関野「法隆寺主要堂塔の建設年代」）。『日本書紀』の記事を認めざるを得なくなったのだ。

こうなると、眼前に厳然と存在する法隆寺西院伽藍と焼失した若草伽藍との関係が問われる。素直に考えれば、若草伽藍が焼けたから、今ある法隆寺が「再建」されたとなるだろう。再建は火災のあった六七〇年以降になる。聖徳太子はすでに没しており、従って今ある法隆寺は太子の建てた寺ではないのは明白だ。

しかし建築史家は、今ある法隆寺は飛鳥時代の建築であり、太子によって創建されたとの持論を変えなかった。そのため非再建説は空論に迷い込み、論争は燻ぶりつづける。

――昭和十四年（一九三九年）、若草伽藍の発掘調査がおこなわれた。その結果、予想どおり塔と金堂の土壇跡が出てきた（前掲「はじめに」図2）。論より証拠、これこそ『日本書紀』が六七〇年に全焼したと伝える法隆寺の跡である、従って今ある法隆寺西院伽藍は火災後に「再建」さ

れたにちがいないと、大勢は一気に再建説に傾いた。

発掘された若草伽藍が聖徳太子の創建した法隆寺であることは、西院伽藍金堂の本尊の東に安置され、寺が今も「根本本尊《こんぽんほんぞん》」と呼ぶ薬師像の銘文に符合する。これによれば、**若草伽藍は父である大王用明《ようめい》の冥福を祈るために太子が建てた寺であった。**そこで太子は亡き父を偲び薬師像を拝んだのである。


一方、西院伽藍金堂の本尊・釈迦三尊像にある銘文には、この釈迦像が太子と等身大で造られたとある。太子を釈迦になぞらえ、釈迦と太子を同体としているのである。そこで太子は拝まれる対象となった。**法隆寺は〈太子が拝む寺〉から〈太子を拝む寺〉へと、鮮やかな変身を遂げたのである。**

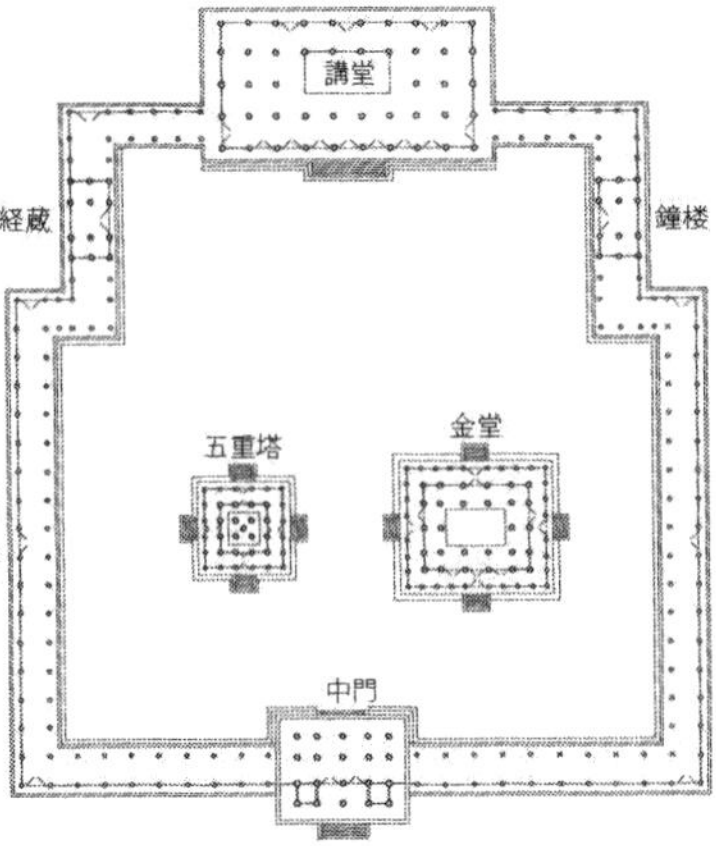

図2　法隆寺西院伽藍／配置現状図（アンリ・ステアリン『世界の建築 下』鹿島出版会より）

四

話はこれで終わらない。法隆寺の大変身を裏付けるかのように、二つの法隆寺は伽藍配置をガラッと変えていたのである。

太子が拝む法隆寺若草伽藍は発掘調査の結果、塔と金堂が〈南北タテ一列〉に連なる配置であった。これに対し太子を拝む法隆寺西院伽藍は今見るように、金堂と塔が〈東西ヨコ並び〉になっている（**図**

2)。

言うまでもなく〈タテ〉と〈ヨコ〉では正反対の関係にある。〈タテ〉を全否定して〈ヨコ〉**が出現したのだ。**西院伽藍は前身の若草伽藍を尊重しているとは、けっして言えない。建築デザインが最大で最強の政治言語であったとすれば、〈タテ〉だったものをあえて〈ヨコ〉にするとは、〈タテ〉の存在を無きものにするに等しいやり方ではないか。こうなると西院伽藍を単なる「再建」とは言えなくなってくる。著者はこのことに大きな衝撃を受けた。

〈タテ〉が〈ヨコ〉にされたのは、なぜか?

この問題は今なお見逃され、放置されたままになっている。そもそも宗教建築で建築群の配置をガラッと変えるとは、その世界観を変えるに等しい出来事である。

二つの法隆寺の間にいったい、何があったのか?

第Ⅰ部

法隆寺は二つあった

法隆寺西院伽藍は厳然と目の前にある。これは聖徳太子が創建したと、（平安時代あたりから）千年以上の長きにわたって、法隆寺の僧たちをはじめ皆が皆、そう固く信じてきた。太子信仰の熱烈さ故に、事実を直視して冷静に考えることができなくなっていたのだ。信仰の律義さ固さ故か、『日本書紀』の法隆寺火災記事は千年以上も不問に付されていた。しかし、じつは、法隆寺は二つあった——。

このことがあきらかになるまでに、学界では明治二十年代から昭和十年代にかけて、高揚期と休止期の波はあるものの、**実物に依拠する建築史学と文献に依拠する歴史学の間で、半世紀にもわたる熾烈な論争が繰りひろげられていた。**法隆寺が二つあったことは学説的には今やほぼ定説化しているが、一般にはまだひろく知られていない憾みがあるように思われる。第Ⅰ部ではまずこれを詳らかにすることにより、その後の議論に資したい。

なお「聖徳太子」は没後の尊称である。生前は厩戸《うまやと》皇子と呼ぶのが適切と思うが、本書では通例にならい聖徳太子、あるいは太子と呼ぶ。

また天皇という呼称は歴史学では一般に天武朝からとされているが、本書では一代前の天智朝で成立したとの立場をとり（吉川真司《よしかわしんじ》『天皇の歴史2』など）、それ以前を大王《おおきみ》と呼ぶ。これは単なる呼称の問題ではない。**大王が豪族間の盟主であるのに対し、天皇は天孫降臨《てんそんこうりん》神話によって神話的権威を付与され、豪族とは隔絶した存在である。**今日の天皇につながるのはここからだ（詳しくは第七章1）。

第一章

塔の礎石が庭石に

法隆寺西院伽藍に向かって一直線に伸びる松並木の参道を歩きはじめる。法隆寺へのアプローチにふさわしい古風な趣を漂わせている。並木の奥に見える南大門は室町時代の建立だが、中世というより古代を漂わせる建築物で、これも国宝だ。

――南大門の一歩手前で脚を止め、門を額縁にして奥を見る。すると縁取られた空間の奥行の終点に、堂々たる中門がある。中門はすべての視線を受け止めて、ピタッとパースペクティブ（透視効果）の焦点となっている。周囲の全てを吸引するかのようだ。その背後、左にすっくと五重塔、右に（松の木の陰に少し隠れて）金堂の屋根が見える。来るたびに、これが法隆寺だ――と思わせる建築景観である。いまにも体ごと引き込まれそうだ（**写真1**）。

中門は、単に門というより一つの堂々たる建築物であり、異様な存在感を放っている（**写真2**）。法隆寺の中門は、同じ古代の（七度も建て替えられた）四天王寺《してんのうじ》の中門に比べてもはるかに大きく、見上げる者に覆い被さってくる。

そして門の真ん中にエンタシスの太い円柱が立つ。その結果、二つの大きな口が左右に出来ている。これも異様だ（前掲「はじめに」写真1）。

古代建築用語について

中門のみならず、金堂や五重塔にも見られる**エンタシス**はギリシャ語に由来するラテン語で、我が国では**胴張り**《どうば》と呼び、柱の中間部の膨らみを指す。視覚的に豊かな印象と安定感をもたらす工夫とみられる。エンタシスはギリシャ神殿の柱に見られることから、東京帝国大学の大学院生（当時）伊東忠太《いとうちゅうた》がギリシャ起源説を唱えた（「法隆寺建築論」）。これが和辻哲郎《わつじてつろう》『古寺巡礼』に

写真1　南大門から見る中門／法隆寺西院伽藍（著者撮影）

写真2　重厚な存在感を放つ中門／法隆寺西院伽藍（著者撮影）

影響を及ぼして世間にひろく知られることとなった。

但し胴張りはエンタシスとは大分様相が異なる。エンタシスは柱の微かな膨らみであり、柱にフルーティングと呼ばれる縦溝が入る。主観的な言い方になるが、分かりやすく言うと筋肉質で引き締まった表現と言えるだろう。対して胴張りは概して膨らみの度合いが大きく、また縦溝は入らない。ぽっちゃりした印象であり、むしろエンタシスとは対照的である。法隆寺の胴張りをギリシャ起源とするのは無理があり、中国大陸由来とすべきだろう（現存例としては世界遺産・佛《ぶっ》光寺《こうじ》大殿。山西省五台《ごだい》県《けん》、八五七年建立）。

伽藍や塔という語は日常でもよく使われるが、本来の意味を知っておくと理解が深まると思われるので簡潔に説明しておきたい。

伽藍とは寺院建築群の総称で、出家僧たちの共同生活の場を意味する。古代インドはサンスクリット語のサンガーラーマが語源。中国で僧伽藍摩《そうがらんま》と音訳され、短縮されて伽藍となった。

塔は釈迦をはじめとする聖人の遺骨（舎利）を納める墓であるが、塔の語源はサンスクリット語でストゥーパという。伽藍はそもそもストゥーパを礼拝する場からはじまった。やがて仏像が登場すると、これを納める**金堂**が誕生した。

ストゥーパは中国で卒塔婆《そとうば》と音訳され、短縮されて塔となった。塔という文字は、漢訳するためにわざわざあらたに造られた漢字というから（船山徹『仏典はどう漢訳されたのか』）、翻訳に当たった僧のただならぬ意気込みが伝わってくる。

なお本尊仏を安置する御堂は今日では一般に本堂と呼ぶが、古代では金堂と呼ぶ。

1　来歴不明の巨石が問いかける

いつ来ても気になる中門——。だが今日は中門の手前で右に折れ、プロローグで触れた普門院に向かう。その庭にある、天智九年（六七〇年）に燃えてしまった法隆寺五重塔の心礎《しんそ》を拝見するためだ。そこにあった寺こそ、聖徳太子が創建したそもそもの法隆寺であり、今では若草伽藍と呼ばれる（前掲「プロローグ」図1）。

また用語の説明になるが、大陸伝来の建築様式では、上面を平らにした石を地面に据え、その上に柱を立てる。この石を礎石《そせき》という。五重塔では中心をつらぬいて心柱《しんばしら》が立つが、これを支える礎石を特に心礎《しんそ》と呼ぶ（**図**）。

西院伽藍から東院《とういん》伽藍に向かう道の両側に築地《ついじ》塀《べい》がつづく。築地塀とは木の骨組のまわりに泥土を突き固めて造った塀で、瓦屋根が載る。なお法隆寺は、主要部が白鳳時代に建立された西院伽藍と、奈良時代半ばに建立された東院伽藍からなり、西院から東院に至る道の途中に普門院がある。なお本書で単に法隆寺というとき、原則として西院伽藍を指す。

異形の巨石を実見する

普門院の門を入り、庭への小さな木扉を開けていただく。左に折れると視界がぱっと開け、一面に生い茂る、朝露に濡れた草の庭が広がっている。そこに独り、巨石がどっかと居座っている（前掲「プロローグ」写真）。まるでここの主であるかのように――。思わず息を呑む。

膝あたりまで伸びた草の原にある灰色の異形の巨石。花崗岩《かこうがん》が地中深く地の底から迫《せり》上がって来たかのようだ。巻き尺を取り出し寸法を当たると、概略二・八メートル×二・五メートル、地上からの高さは一メートルほど。

上面は平らに削られている。その範囲は二メートル四方ほど。中央には、柱を据えるために浅く彫り込まれた窪みがある。心柱のための柱座《はしらざ》だ（**写真3**）。その形状から、心柱は角柱の四隅を大きく削り落とした（建築用語で「面取り」）八角柱であった。面取り箇所に添え木を当てて柱

図　五重塔の仕組み（『国宝と歴史の旅8　塔』朝日新聞社より）

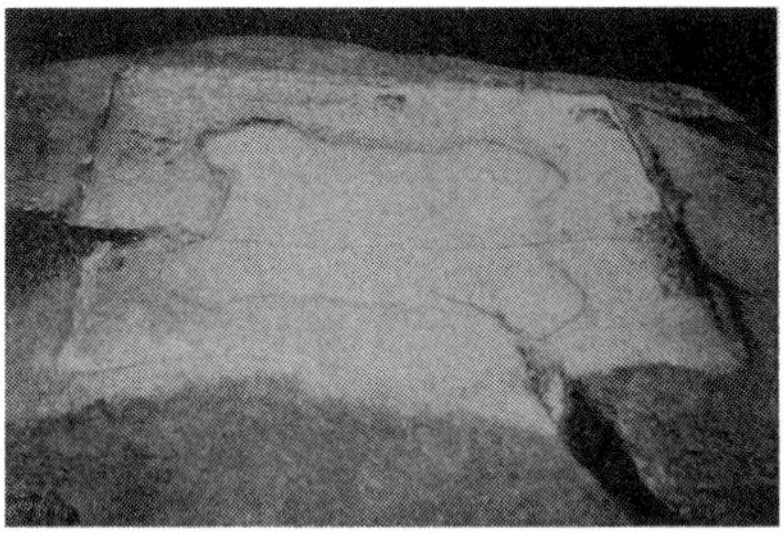
写真3　塔心礎／法隆寺若草伽藍（釈瓢斎『法隆寺の横顔』鵤故郷舎出版部より）

を補強していたことが分かる。この石の上に、五重塔の心柱がすっくと立っていたのだ。

この心礎は西院伽藍の塔心礎より、かなり大きい。とすると、ここに建っていた五重塔は西院伽藍の五重塔より高く大きかった可能性が出てくる。

若草伽藍は西院伽藍より巨大だったのか……？

受難の巨石に脚光が

この巨石が若草伽藍の塔の心礎であったことはいま述べたばかりだが、じつはそのように判明したのは、歴史的にみれば、比較的最近のこと。なんと昭和十四年になってからのことに過ぎない。それまで野原に独り、どっしりと居座るこの巨石は、所在なく宙に浮いていたのである。よく見ると柱座の痕跡があるので、塔の礎石であったようだ。しかし、それはどんな寺であったのか？　この寺を誰が、いつ建てたのか？　どんな意図で？

だれもが抱く疑問だが、全く見当がつかなかったのである。前述のように、眼の前にある西院伽藍こそ太子創建の法隆寺――、と固く信じ込んでいたからだ。

それをいいことに、巨石は豪邸の庭を箔付ける庭石となった。最初はすぐ近くにある、法隆寺信徒総代の豪邸に持ち込まれ、次いで、神戸の財界人の豪邸に転売された（読む年表1）。

廃仏毀釈《はいぶつきしやく》のはじまった明治時代は全国的に寺院受難の時代であった。不幸中の幸いか、法隆寺は伽藍や仏像の破壊は免れた。しかし寺の権威は失われ、国からの収入も途絶えた。極度の経済的困窮に陥り、建物の修理もままならなかった。巨石の売却は寺が生き延びるための、止むに止まれぬ窮余の一策だったのだ。

しかしプロローグで触れたように、国民注視のなか、法隆寺の再建・非再建論争が巻き起こるや、庭石となっていた巨石は問題を解く鍵として、にわかに注目されることとなった――。

2　信徒総代の〝男爵〟邸へ

謎と化していた若草の巨石は数奇な運命をたどった。一万貫以上、四〇トンほどもあるこの石は、なまなかなことでは動かない。それが近くに住む信徒総代、北畠治房《きたばたけはるふさ》男爵の邸宅に移されたのである。なんと庭石として！

庭石となった塔の心礎――石の来歴

法隆寺再建・非再建論争に影を落とすことになる北畠男爵の略歴を記そう。北畠治房、旧名平《ひら》岡鳩平《おかきゅうへい》は、幕末から大正にかけての激動の時代を劇的に駆け抜けた傑物だ。天保四年（一八三三年）、大和国平群《へぐり》郡法隆寺村に生まれた。法隆寺の寺侍《てらざむらい》であったが、勤皇の志士として天誅《てんちゅう》組に参加、鎮圧されるや、京都や大阪を転々と敗走。その後、天狗党に参加した。天誅組も天狗党も幕末期に尊王攘夷を掲げた過激集団であった。いずれにおいても敗退し、同志の多くは戦死または刑死した。血気盛んな志士であった平岡は、往く先々で辛うじて難を逃れた。

維新後は大隈重信《おおくましげのぶ》、五代友厚《ごだいともあつ》らと親交をむすび、司法官となる。また南朝の忠臣・北畠親房《ちかふさ》の末裔を名乗り、北畠治房と改名。但し血のつながりはない。横浜開港場裁判官を皮切りに東京控訴院検事長、大審院判事、大阪控訴院院長などを歴任。明治二十九年に男爵を授かる。大正十年（一九二一年）に没。

建築史家の関野貞が昭和二年（一九二七年）に発表した論文のなかで（「法隆寺主要堂塔の建立年代」）、若草伽藍の塔の心礎が北畠邸に運び込まれたのは三十余年前としている。そこから推定するに、北畠邸への移動は明治二十八年（一八九五年）前後か。一方、明治二十八年に書かれた法隆寺の文書（「法隆寺伽藍縁起《ほうりゅうじがらんえんぎ》 幷《ならびに》 宝物目録緒言《ほうもつもくろくしょげん》」）は、この石が若草にあることを前提にしている。従って移されたのは明治二十九、三十年頃とみるのが妥当だろう。

さて来歴は不明ながら、若草の地にかつて伽藍があったようで、どうもそこに建っていた塔の心礎であったとみられる巨石。それを自邸の庭石にしてしまう、この時の法隆寺信徒総代、北畠男爵の心境はどのようなものであったのか？

――このままにしておくと巨石は解体されて石材に転用されてしまうかもしれない。ならば、この石を守ろう（自分のものにしてしまおう？）。

男爵は巨石を買い取り、近くの自邸に運び込んだ。広大な庭の東南の角にこの石を置き、鉄製の小塔を載せた。塔が滑り落ちないようにと、石の上面に、ほぼ正方形の窪みを、もともとあった柱座の窪みを残すかたちで薄く削り出した（前掲第一章写真３）。

あとから出来た正方形の窪みが柱座を消さなかったのは不幸中の幸いであった。北畠のこの不可解な行動は信徒総代という立場を利用し、混乱に乗じて巨石を私物化したようにも見える。あるいは巨石を守るための緊急避難だと言うのであろうか。しかし、鉄製の塔を載せるとか、石の上面をさらに削り出すとか、敬意のかけらもないのはどうしたことか。目に余る傍若無人ぶりは全く理解しがたいと言わざるを得ない。

なお、若草伽藍の塔心礎であったとみられるこの巨石は、飛鳥寺《あすかでら》や法隆寺西院伽藍の塔心礎が地中に埋められたのと異なり、当初から地上に据えられていたとみられている。だが若草伽藍の発掘調査に当たった石田茂作《もさく》は（第二章2）、「塔の中心に向かってスロープ状に掘り下げた名残があり、これは心礎を地中に移動するためのものとみた。そして、本塔の構造も當時の造塔の一般に従ひ心礎を地下に埋めた式のものであつたのを、廢絶《はいぜつ》後掘り出したものと見るべきではあるまいか」としている（基本文献『總説　飛鳥時代寺院趾の研究』）。この石に焼けた痕跡が全く見られないのも、地中深くにあったことを補強する。西院伽藍より後に建てられた塔では、心礎は基《き》壇《だん》上に据えられるようになるのであるが――。

信徒総代が唱えた〝二寺併存説〟は荒唐無稽か

法隆寺信徒総代の北畠は当時の風潮そのままに、現存する法隆寺西院伽藍を建てたのは聖徳太子と固く信じていた。同時に法隆寺とは別に、斑鳩寺があったと考えた。このようなかれの主張は専ら口頭で繰りかえしなされ、門外漢であるが故に論文はないとされていた。だが、法隆寺に保管されていた自筆原稿（明治三十三年九月十三日付）が、のちに家永三郎《いえながさぶろう》によって見出された。

戦後の教科書裁判で著名な家永だが、研究のスタートは日本古代文化史にあった。一九五〇年に東京大学に提出されたかれの学位論文も上代倭絵《やまとえ》の文化史的研究であった。

　確かにプロローグで見たように、『日本書紀』には天智八年（六六九年）に斑鳩寺が、翌九年（六七〇年）に法隆寺が火災に遭ったとある。今日では斑鳩寺＝法隆寺とみなされているが、**北畠は斑鳩寺と法隆寺を別の寺と考えた。斑鳩寺は亡くなった太子を慰霊するために建てられたと想定したのである。**従ってその建立は、（かれが太子創建と信じる）法隆寺西院伽藍より後ということになる。

　現在、法隆寺西院伽藍の金堂には本尊として釈迦三尊像が安置されているが、この像は本来、亡き太子慰霊のために建てられた斑鳩寺の本尊であったと北畠は考えた。釈迦三尊像の銘文に像の完成は推古三十一年（六二三年）とあるので、像を安置する斑鳩寺の完成も同じ年と想定した。従って斑鳩寺は推古三十一年に創建され、天智八年（六六九年）に焼失した。つまり西院伽藍より遅くに建立され、七十六年ののちに焼失した斑鳩寺こそ、若草伽藍と主張したのである。そして斑鳩寺の火災時に、本尊であった釈迦三尊像が法隆寺西院伽藍の金堂に移されたとした。
法隆寺管主の千早定朝《ちはやていちょう》は前掲の文献で（「法隆寺伽藍縁起幷宝物目録緒言」）、若草伽藍を「新堂」と呼んでいる。管主とは宗派のトップを指し、管長ともいう。千早管主は若草伽藍を西院伽藍よりあたらしいと認識していたのだ。この見解は北畠と軌を一にしており、管主と信徒総代は日頃から密な交流があったであろうから、総代である北畠の影響を受けていた可能性がある。

　北畠は、『日本書紀』が天智八年に火災があったと伝える斑鳩寺こそ若草伽藍であり、これは再建されなかったとした。だが、同じく『日本書紀』には翌天智九年、法隆寺が全焼したとあるが、その再建について北畠の原稿は直接触れていない。天智九年の記事を誤りとみて無視していたのであろうか。斑鳩寺が再建されなかったことについて北畠は、太子の子孫が滅亡したからであるとし（第四章2）、その後、法隆寺と斑鳩寺は「接近」「密着」「合併」されたとしていた。

専門家ではない北畠の説は、仮定に仮定を重ねていた。それにもかかわらず斑鳩寺と法隆寺を別の寺とみる**〝二寺併存〟の発想は、後述する法隆寺論争において、窮地に追い込まれた非再建派に救いの手を差し伸べるものとなった**（第二章）。

このような持論をもちながら、若草伽藍の塔心礎を自邸の庭に運び込むのみならず、鉄製小塔を載せるために石に勝手に手を加えるとは、やはり理解しがたい振る舞いであることに変わりない（北畠は広大な庭をもつ自邸を「布穀《ふこく》園」と称した。布穀とは治房の号。主屋は宮大工・西岡常一《にしおかつねかず》の祖父・常吉《つねきち》の手になる。現在、庭の一角が軽食喫茶のできるスペースになっている）。

3　神戸の〝鉱山王〟邸へ

さきに触れたように、その後も、この巨石は庭石としての運命をたどる。なんと売りに出されたのだ。行き先は神戸の大富豪邸であった。四〇トンもある巨石を最寄りの駅まで運び出すことだけでも一週間かかったし、これを載せる運搬車両も、日露戦争の戦利品たる大砲運搬用貨車を手配しなければならぬほどであった。転売された価格は不明だが、このような事情であったから、破格の高値であったろう。

巨石が売りに出された背景には言うまでもなく、法隆寺が陥った極度の経済的困窮があった。幕府から毎年受けていた千石もの寺禄《じろく》も、明治に入って止まった。領地も返上するようもとめられ、官有地とされた。廃仏毀釈による伽藍や仏像の破壊は幸いにも免れたが、聖域を囲う列柱に近隣農家の牛馬が繋がれるなど、聖域は臭気に満ちた牛舎か厩舎のような呈を示した。糞尿による悪臭が聖域を満たし、寺の権威は落ちる一方であった。

日本一の富豪の村へ——石の来歴(2)

極度の経済的困窮に陥っていた法隆寺。必要な建物修理もままならぬほどであった。とにかく収入が欲しい——。止むに止まれず、とうとう北畠邸にある巨石の売却に踏み切る仕儀となった。行き先は神戸。〝鉱山王〟の名をほしいままにし、政友会総裁に昇りつめた久原房之助《くはらふさのすけ》の邸宅であった。それは校倉《あぜくら》造りの豪壮な木造二階建ての洋館で、敷地は三万坪を超えていた。法隆寺の記録によれば(「法隆寺日記」)、大正四年(一九一五年)七月二十三日のことである。要約すると、

北畠男爵の邸内にあった若草伽藍の塔の礎石は摂州住吉の久原房之助方に譲渡され、搬出された摂州住吉《せっしゅうすみよし》とは当時、〝日本一の富豪村〟と言われた住吉村のことで、現在の神戸市東灘区《ひがしなだく》。

この時すでにこの巨石が、若草伽藍と呼ばれる寺の塔の心礎であることは認識されていたようだ。しかし、眼前にある法隆寺こそ太子創建の寺と信じて疑わなかったから、若草伽藍がどのような寺であったのか、皆目見当がつかなかったのである。とは言え、庭石にしてよいとはならないはずだ（ある雑誌の企画で、この石について芥川賞作家の朝吹真理子《あさぶきまりこ》氏に現場で説明する機会があった〔『文藝春秋』二〇一八年十一月号〕。神戸の邸宅の所有者であった久原房之助は、朝吹氏の高祖父と知り驚いた）。

〝コロに載せてエンヤラヤ〟

この巨石を神戸まで運搬するにあたり、まずは北畠家から最寄りの国鉄（現ＪＲ）「法隆寺」駅に運ぶ必要があった。それには大変な苦労があったことを、前掲の「大阪朝日新聞」が回顧記事を載せている（昭和十四年七月二十六日）。その見出しは「法隆寺駅まで一週間がかり――塔の礎石運搬――昔語り」、副題は「分捕り貨車でお輿入れ――コロに載せてエンヤラヤ」とキャッチーだ。興味深いので参考まで紹介しよう（以下要約）。

まず北畠家の庭園の板塀を打ち壊して巨石を道に出した。コロとなる五本の太い丸太を道に並べ、その上に頑丈な台木を置き、そこに筵《むしろ》を巻いた高さ一・八メートル、重量四トンほどの巨石を載せた。九人の職人が総がかりで、わずか一キロほどの駅までの道をのろのろと一週間かけて駅まで運んだ。四人でワイヤーロープを引っ張り、残りの五人はコロ棒の入れ替えを担った。次に、貨車に載せて運ぶにも通常のものでは駄目で、日露戦争時にロシアから分捕った、我が国に三台しかない大砲運搬用の貨車を手配した。

わずか一キロほどの最寄り駅に運ぶだけでもこのような状態であった。あとは推して知るべし。苦労を重ねてやっとのことで久原邸に運び込んだ巨石であったが、久原邸は二十三年後の昭和十三年（一九三八年）に所有者が変わり、野村證券の創業者である野村徳七《のむらとくしち》のものとなった。この石が太子創建の法隆寺に由来する、かけがえのない存在として若草の地に戻るのは翌年のことであった。

論争のカギを握る巨石

法隆寺をめぐっては、すでに述べたように、再建・非再建論争が長期にわたって繰りひろげられた。それは、今ある法隆寺を聖徳太子創建の寺と思い込んでいる現状に対する、歴史家からの異議申し立てからはじまった。

今ある法隆寺は再建されたものなのか？　それとも、太子創建のままなのか？という問題をめぐる果てしない論争であった。文献重視の歴史家たちが唱えた再建説に対し、「実物」、つまり、現に存在している建築物を重視する建築史家たちは猛然と反発した。

国民注視のなかでおこなわれた大論争において、**若草伽藍のこの巨石が問題を解く鍵としてにわかに注目されることとなった**——。

第二章
法隆寺再建・非再建論争があった

礎石を大地に並べて、
その上に、
はち切れんばかりにまるまるとした
檜のエンタシスの柱を立てる。
立ち並ぶ太い柱列は
柱間の空間に呼応して静かにリズムを奏で、
重い瓦を載せた屋根が大きく被さって列柱に影と落とす。
嫋やかに反り返った瓦の屋根は日射しの全てを照り返し、
懐に深々と暗がりの塊を抱く。
奥では、ほとけがアルカイックスマイルを仄《ほの》かに湛《たた》えて
鈍い黄金の光りを放つ――
世界に向かって、私に向かって、
何かを囁《ささや》かれたと思うのは幻聴だろうか……

本尊を安置する金堂のこのようなあり方、そしてこれを可能にする建築技法は、中国大陸から朝鮮半島を経て六世紀後半、飛鳥時代に我が国に伝わった（詳しくは著者関連文献＊3）。最初に建った本格伽藍が蘇我《そが》氏の飛鳥寺であり、つづいて聖徳太子が法隆寺を創建した。それが若草伽藍であった。なお本書で単に大陸というとき、中国と朝鮮を含む。

由緒からは豊浦寺《とゆらでら》が最古とも言えるが、これは蘇我氏が私宅の一部を用途変更して寺としたものであり、本格伽藍の建立は飛鳥寺が最初であった。なお『日本書紀』には太子が最初に建てたのは四天王寺とあるが、出土した瓦を調査した結果、若草伽藍の金堂のほうが四天王寺より早かったことが判明している（文化財保護委員会『埋蔵文化財発掘調査報告6　四天王寺』）。

1　記録か？　実物か？

聖徳太子の寺として、だれもが知る法隆寺。その中枢である西院伽藍を訪れる時、我々は確かに法隆寺を聖徳太子ゆかりの寺と思っている。はっきりと、あるいは、なんとなく……。そもそも聖徳太子〝ゆかりの寺〟とはいったい、どういう意味なのか。

聖徳太子が建てた寺なのか？

あるいは、聖徳太子を拝む寺なのか？

太子が自分を拝む寺など建てるわけがないだろう。そんなことをやったら、仏教者として失格だ。じゃあ誰が建てたのか？　こんな有名な寺なのに、それがよく分かっていない。著者は十八年前に仮説を出したが、定説にはなっていないようだ。そこで内容を補強して第四章で再提示したい。

話を戻そう。聖徳太子〝ゆかりの寺〟とは、聖徳太子が建て、かつ太子が拝んだ寺なのか？この場合、太子は何を拝んだのか？　西院伽藍の本尊は釈迦三尊像だが、その光背《こうはい》裏面には釈迦像は聖徳太子と等身大に造られたとある。〈釈迦像＝聖徳太子像〉を太子が拝むなんて仏教者としてあり得ない。それなら、聖徳太子が建てた寺だから、我々はそこで太子を拝んでいるのか？　これを問うならその前に、最初の問いに戻ってしまうが、西院伽藍を建てたのはほんとうに聖徳太子だったのか？　それを問うべきだろう。

全体に靄がかかっているようで、どうもすっきりしない。靄《もや》を晴らすには、まず西院伽藍が太子創建の寺なのか、そうではないのかをはっきりさせよう。

篤い太子信仰が太子の寺を否定していた

『日本書紀』によれば、太子が創建した法隆寺若草伽藍は六七〇年に灰燼に帰した。その五重塔の心礎であった異形の巨石だけは、前章で述べたように、北畠男爵邸に持ち込まれるまで、千三百年近くもの間、ずっとこの地にあった。

塔の心礎のようではあるけれど、しかし、ここにどのような寺が建っていたのか、真相は藪《やぶ》の中だった。なぜ、そんなことになっていたのかと言えば、篤く固い太子信仰の故という、あまりに皮肉なことであった。

目の前に厳然とある法隆寺西院伽藍は飛鳥時代に聖徳太子が創建したと、僧侶はもちろん、世間も固く信じ込んできた。だから、太子創建の寺の敷地が西院伽藍のそれと重なるような至近距離にあったなど考えられないし、あえて言えば、そんなことを考えるなど、篤い太子信仰からすれば不謹慎極まりないことであった。

ところが明治二十年代後期になると、文献を重んじる歴史家が疑問の声を上げるようになった。それは生まれたばかりの近代の学問が上げた産声であった。歴史家は、天智九年（六七〇年）に法隆寺が焼失したという『日本書紀』の記述を根拠に勇躍、今ある法隆寺西院伽藍は再建されたものだと主張したのである。

時代背景

なぜ明治二十年代後期になって、法隆寺再建説が唱えられたのか？

じつは論争に先立つ明治二十年代中期は、聖徳太子をめぐる評価の転換期にあった。それは特に教育界に著しかった。それまで小学校の日本歴史教科書では、崇峻《すしゅん》天皇を殺害した〝逆賊〟蘇我氏と聖徳太子が密接な関係にあったため、太子に高い評価をあたえていなかった。明治二十年代後期になってこれを改め、『日本書紀』が説くように、推古朝における太子の「摂政《せっしょう》」としての政治的実績と、仏教興隆という倫理的実績が重視されて、太子への高評価へと転換した。なお、太子の時代に摂政という役職はなかったが、推古を政治的にサポートしたと解釈したい（これを先導したのは当然、文部省である。小学校の日本歴史教科書の国定化は明治三十六年だが、明治十年代から統制が強化されはじめ、十六年から認可制になっていた）。

崇峻が殺害された件を簡略に説明しよう。『日本書紀』によれば、蘇我氏に推されて即位した崇峻であったが、即位後に蘇我氏と対立して殺害されてしまう。後継に推古がスムースに即位していることから、推古は崇峻殺害を事前に了解していたと推定される。崇峻は豪族に殺害された唯一の「天皇」であったが、この時、蘇我氏、「天皇」推古、「摂政」聖徳太子はいったいであった。なお当時、天皇の呼称はなく、大王と読み替えていただきたい。

明治二十二年には大日本帝国憲法と皇室典範が発布された。そこで天皇および皇室に関する理念と実際が初めて成文化されたのである。さらには教育勅語《きょういくちょくご》により、天皇への忠義が教育現場に持ち込まれた。そのなかで天皇中心の国づくりに尽力した聖徳太子は、蘇我氏による崇峻殺害の件は切り離されて、国民が讃仰すべき存在として打ち出されてゆく（壽福隆人《じゅふくたかと》「明治20年代中期の古代史教材の転換」）。

こうした明治二十年代の動向がすべて法隆寺論争に連動したとは言えないにしても、国民的ヒーローたる聖徳太子〝ゆかりの法隆寺〟に対して、教育者、研究者のみならず、国民の関心も高まっていた。いわば、この動向を導火線として法隆寺再建説の提起があったとも言えよう。

なお論争においては再建論・非再建論という語が使われた。だが再建説・非再建説としたほうが意味が鮮明になるので、こちらをもちいることにする。但し引用文においてはこの限りではない。

法隆寺僧はどう受け止めたか

さて、再建説の提起は法隆寺にとってまさに〝寝耳に水〟の事態であった。法隆寺はこれをどう受け止めたのか？

飛鳥時代に聖徳太子によって創立された太子信仰の聖地、それが西院伽藍であると固く信じてきた法隆寺の僧たちは、論争の渦中に投げ込まれた。西院伽藍が太子建立の寺であることを自認してきた法隆寺にとって、再建説は存立の根幹にかかわる極めて深刻な問題となった。長きにわたって太子の寺としてきた立場上、再建説は全く受け入れられないし、仮に再建だったとしたら、いったい誰が主導したのか、法隆寺の僧たちは戸惑うばかりであった。

もっとも、再建派にしても焼失の事実を言うばかりで、**再建の主導者について確たる成案をもっていなかった**。まだ「再建」の全貌を捉えきれてはいなかったのだ。この点については後述のように、本書は改めて天智説を提示する（第四章2・3）。

さて当然ながら、法隆寺の僧たちは非再建派に同調し、彼らとの交流を深めた。一方で、再建派に対してはつよく反発し、彼らを法隆寺に寄せ付けなかったのである。

プロローグでも触れたように、法隆寺をめぐる再建・非再建論争は学界にとどまらず、新聞などを通してひろく国民に報じられ、大きな関心の的となった。国民注視のなかで論争が展開されたのである。その経緯に分け入ってみよう。

再建派の主張——再建・非再建論争があった

法隆寺をめぐる論争において、学界が大きく二つに割れたことはプロローグで触れたとおりである。今ある法隆寺は聖徳太子によって飛鳥時代に創建されたとする非再建派は建築史家と美術史家、火災後に再建されたとする再建派は歴史家と、布陣は綺麗に分かれた。

文献史学の立場に立つ歴史家は言うまでもなく、文献を重んじ、特に古代国家が認めた『日本書紀』を最も重視した。天智九年（六七〇年）に法隆寺が全焼したと具体的にはっきり書いてあるのだから、これは動かしようのない事実。従って、今ある法隆寺は火災後の再建である、と主張は明快であった。

また『日本書紀』は推古二十九年（六二一年）に太子が没したと記す。眼前にある法隆寺が、若草伽藍が全焼した六七〇年より後の再建なら、これは聖徳太子が建てた寺ではないことも明白だ。

国家が認めた正史であろうと『日本書紀』に対しては批判的に接する必要があり、闇雲《やみくも》に信じるのは避けなければならないが、法隆寺の火災については『日本書紀』が正しかった。だが聖徳太子の没年については誤記であったようだ。というのは、法隆寺金堂の本尊、釈迦三尊像の光背裏面に刻まれた銘文に太子の没年は六二二年とあるからだ。『日本書紀』にある没年と一年違うが、銘文の信憑性が高いとされている。なお光背とは、ほとけが発する光明を象ったもので、ほとけの背面に取り付けられる。

法隆寺が再建されたとなれば、それはいつだったのか？　再建年代を直接間接に伝える代表的な文献はつぎのようであった。

天平十九年（七四七年）に朝廷に提出された『法隆寺伽藍縁起幷《ならびに》流《る》記《き》資財帳』（通称『法隆寺資財帳』）に、中門に安置する金剛力士《こんごうりきし》像《ぞう》が和銅四年（七一一年）に完成したとある。中門の造営はふつう金堂や五重塔の完成より遅いから、**この頃に金堂、五重塔、中門が揃ったとみることができる**。一般に、これで主要堂塔の「再建」がほぼ済んだとみられている。その他の付属施設が揃うのは八世紀半ばである（太田《おおた》博太郎《ひろたろう》『南都七大寺の歴史と年表』）。

平安時代の文献『七大寺年表《しちだいじねんぴょう》』は奈良七大寺の歴史を年代順にまとめたものだが、そこに、

和銅元年作法隆寺

とある。和銅元年は七〇八年。再建派はこれが再建の記事であることに疑問の余地はない、とした。奈良七大寺とは東大寺、西大寺《さいだいじ》、興福寺《こうふくじ》、元興寺《がんごうじ》（旧・飛鳥寺）、大安寺《だいあんじ》（旧・百済大寺）、薬師寺、法隆寺。同じく平安時代の『伊《い》呂《ろ》波《は》字類抄《じるいしょう》』巻二にも、

法隆寺七大寺内和銅年中造立寺

とある。和銅年間は七〇八年から七一五年まで。再建の年代については再建派内でも諸説あった

が、ここでは代表的なものを紹介した。このように再建派は文献をもちい、その主張は終始明快であった。だが同時に問題になる、**再建を主導した者については関心を示さず、黙して語ることがなかった**。そこに再建派の限界があったと言わねばならない。ほんとうに不明であったのか、あるいは語るに憚られるものでもあったのか……。

〝法隆寺は再建された〟という異議申し立て

文献を渉猟して法隆寺は再建されたことを主張した歴史家に東京帝国大学教授、黒川真頼《くろかわまより》がいた。法隆寺の建築についての学術論文を最初に著したのは黒川であった。但し、『日本書紀』にいう天智八年に焼失した斑鳩寺と天智九年に焼失した法隆寺を別の寺としていた。黒川は、斑鳩寺は再建されなかったが、法隆寺は再建されたとした（「法隆寺建築説」『国華』、明治二十三年）。

黒川につづいた東京帝国大学講師（のちに東京美術学校、現・東京藝術大学教授）小杉榲邨《こすぎすぎむら》は法隆寺金堂の壁画を論じるにあたり、金堂の建設年代を特定する必要から再建説を説いた（「法隆寺金堂壁畫《へきが》の説に就きて」『国華』、明治二十九年）。黒川論文は比較的穏やかな論調であったが、小杉論文は古来、法隆寺の伽藍主要部に火災はなかったとする寺伝や古書（「聖徳太子傳抄助義」など）にもとづく主張を苛烈に論難した。彼らを継いで一躍論争の矢面に躍り出た若手論客こそ、プロローグで紹介した歴史家、喜田貞吉であった。当時三十五歳、文部省図書編修の激務にあった（年齢は数え、以下同様）。

非再建派の主張——再建・非再建論争があった（2）

文献にもとづく歴史家の指摘に対し、「実物」を重んじる建築史家と美術史家は黙ってはいなかった。まずは総論的に述べよう。なお、この論争において文献を「記録」、現存の建築物を「実物」と呼んでいた。以下、これに倣う。

今ある法隆寺の建築様式の古さを根拠に、建築史家らは再建説に真っ向から反論した。実物に即せば、法隆寺は飛鳥様式（「推古式」「飛鳥式」）であり、従って飛鳥時代に聖徳太子によって建てられたと主張した。再建派の言うように（『日本書紀』のいうように）六七〇年に法隆寺が全焼したとすれば、今ある法隆寺はそれ以降に、つまり白鳳時代以降に建てられたことなる（「白鳳時代」についてはプロローグを参照）。しかし「実物」の法隆寺を見れば、その様式はあきらかに白鳳様式より古いと非再建派は主張する。その代表的論者である関野貞は、

（法隆寺の）金堂・塔婆・中門等の形式手法を見るに雄麗《ゆうれい》の裡、古拙撲實《ぼくじつ》の風を帯ぶ

と書く（「法隆寺金堂塔婆及中門非再建論」明治三十八年二月）。雄麗とは雄大で麗しい意。古拙は美術用語にいうアルカイック。技巧に走らない原型の素朴な良さをいう。撲實は飾り気がなく実質的。総合すれば、洗練から遠い、雄大で骨太の造形である。これは白鳳様式より一時代前の飛鳥様式の建築であり、飛鳥時代に建てられたにちがいない、となる。従って今ある法隆寺は火災

写真1　繊細優美な白鳳様式を見せる薬師寺東塔（著者撮影）

写真2　素朴で力強い飛鳥様式を見せる法隆寺五重塔／手前の石は礼拝石。ここで跪いて拝んだ（著者撮影）

に遭っておらず、再建されたものではないと非再建派は主張した。今では木材の伐採年を測る手段として放射性炭素年代測定法や年輪年代測定法があるが（後述、第四章3）、これらは戦後に開発されたもの。当時、今日におけるような科学的方法はなく、全て目視によった。それが様式論にもとづく建築史学であった。

比較の対象として白鳳時代・白鳳様式が出てきたので、参考になる建築を実例に挙げよう。それは奈良の平城京跡にある薬師寺東塔である。のちに見るようにこの塔の完成は七三〇年頃なので白鳳時代以降と言わねばならないが（第九章2）、一般にこの塔は白鳳時代を代表する建築としていた。

写真3　軒を支える雲斗雲肘木／法隆寺五重塔（『法隆寺の至宝 昭和資材帳 第一巻』小学館より）

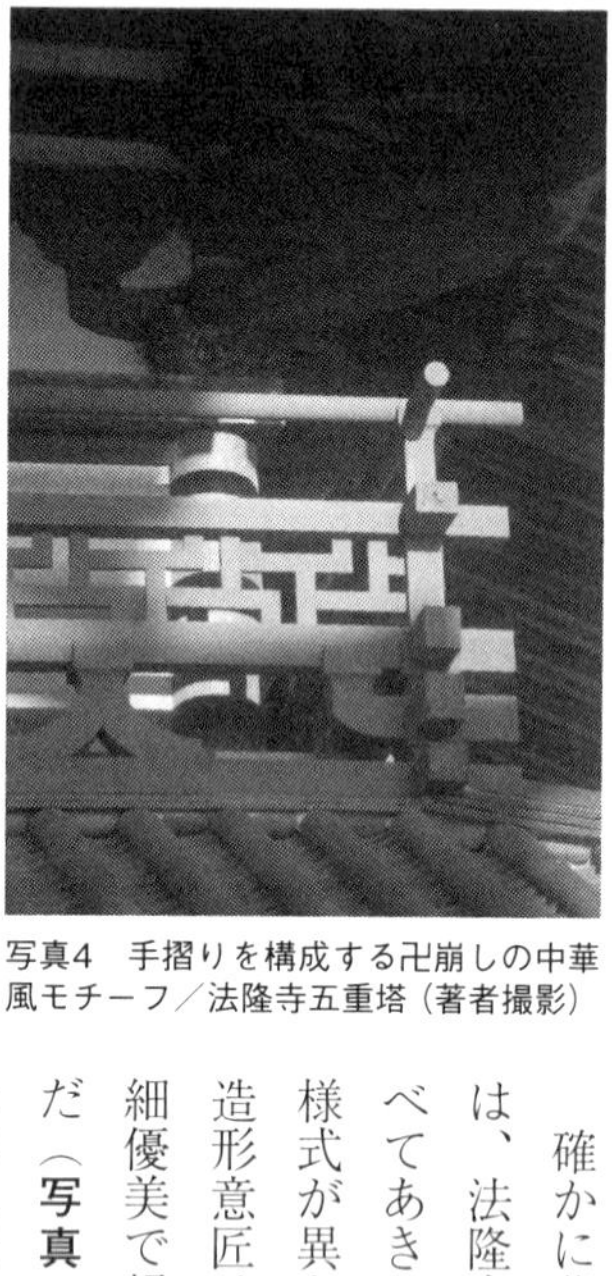

写真4　手摺りを構成する卍崩しの中華風モチーフ／法隆寺五重塔（著者撮影）

確かに薬師寺東塔は、法隆寺の塔と比べてあきらかに建築様式が異なる。その造形意匠は極めて繊細優美で軽やかなのだ（**写真1**、詳しくは第九章3）。これに対し、飛鳥様式の法隆寺は素朴で実直、雄大で勢いがよく力強い印象だ（**写真2**）。全体の様式から見て、時代が異なるのは間違いないというのが非再建派の揺るがぬ確信であった。すなわち、飛鳥様式の法隆寺は白鳳様式の薬師寺東塔より一時代前のものである、と。

細部の意匠に注目すると、確信はさらに深まる。法隆寺には大陸直輸入を想わせるモチーフがそのまま使われているのだ。例えば、軒を支える雲斗《くもと》雲肘木《くもひじき》は、斗《ます》と肘木が一続きになって未分化であり、あきらかに古い様式を示している（**写真3**）。また塔身（胴部）の四周を巡る手摺りには、中華どんぶりの縁によく見る卍崩《まんじくず》しのモチーフが目を引く（**写真4**）。これなどは大陸の意匠の直輸入であろう。確かに法隆寺に見る全体および各部の意匠は、洗練された薬師寺東塔と同時代とは考えにくいのだ。今、著者が見ても直観的にはそう思う。

建築史家ら非再建派はこのような様式的見地を根拠に現存法隆寺を飛鳥時代のものと認定し、

六七〇年、つまり白鳳時代に起きたとする『日本書紀』の法隆寺焼失記事を無視、ないしは誤りとするのであった。

ここで著者の見解を差し挟むのは避けるべきだが、読者の理解を容易にするために述べておきたいことがある。**確かに時代とともに建築様式は変遷してきた。しかし大まかにそうは言えても、個別的には、時代の様式とは異なる、古い様式で設計される場合もあり得るということだ。**うっかりすると現代の我々も陥りかねない落とし穴と言えよう。

さて現在、西院伽藍金堂の本尊は釈迦三尊像であるが、向かって右（東側）に法隆寺の〝根本尊〟とされる薬師像が安置されている。その光背の銘文に、推古十五年（六〇七年）に寺と像を「仕え奉る」とある。この年は飛鳥時代であることから、建築史家は西院伽藍金堂の完成をこの時としたが、のちに誤りと判明。**六〇七年は太子創建の若草伽藍金堂の竣工年であった。**それは六〇五年に太子が斑鳩宮に移り住んだという『日本書紀』の記述と符合する。太子は斑鳩宮に腰を据えて斑鳩寺（＝若草伽藍）の造営に注力したのであろう。

大論争の勃発——再建・非再建論争があった（3）

論争勃発の大枠の構図は以上であったが、その内実に分け入ってみよう。論争の種を蒔いた再建派に対し、果敢に反撃を加えたのは非再建派の二人の論客であった。

明治三十八年二月、東京国立博物館勤務の画家・美術史家である平子《ひらこ》鐸嶺《たくれい》（本名は尚《ひさし》）はユニークな論陣を張った（「法隆寺草創考」）。平子は、審査の結果によれば、法隆寺金堂、中門、五重塔婆は、これ寸毫《すんごう》疑なき推古様式なりとまず断じる。「推古様式」は飛鳥様式と同義。その根拠は「**審査の結果**」、**つまり目視による様式の判定である**。このように非再建派が説く様式論に対し、それは「そう思う」「そうらしい」との個人的感覚に過ぎないと再建派は論難した。

そして平子は、『日本書紀』が法隆寺の焼失を天智九年庚午《こうご》（六七〇年）とするのは、推古十八年庚午（六一〇年）を誤ったものと主張する。つまり干支《かんし》を一回り繰り上げて、火災は六十年前のこととし、しかも伽藍中枢に及ぶものではなかったとしたのである。干支を一つ繰り上げる平子の説は当時、斬新なものと受け止められた。しかし大同小異の説は平安時代からあった（『上宮《じょうぐう》聖徳太子伝補闕記《ふけつき》』『聖徳太子伝暦《でんりやく》』など）。

平子論文と歩調を合わせて同年同月、東大教授の建築史家・関野貞は画期的な論文を発表した。それが先に挙げた「法隆寺金堂塔婆及中門非再建論」である。

すでに紹介した様式論に加え、そこで関野は尺度論を展開した。つまり飛鳥時代には高麗尺《こまじゃく》が常用されたが（一尺＝約三五センチ）、今ある法隆寺にもこれがもちいられていることをあきらかにした。これは、白鳳時代の薬師寺東塔以降にもちいられた唐尺《とうしゃく》（唐尺の一尺は高麗尺の一寸二分に当たる）より古いから、法隆寺は飛鳥時代のものと関野は主張した。この尺度論は金堂、五重塔、中門のほぼ全ての寸法を測定した極めて膨大かつ精緻なもので、およそ建築の「素人」である歴史家がついてゆける代物ではなかった。論文中に繰りひろげられた詳細極まるデータ群は、今見ても目が眩むほどだ。費やされた労苦を想うと一人の後輩として著者は粛然とせざるを得ない。関野の胸中、もちろん著者の個人的な感想に過ぎないが、これで歴史家たちを門前払いできると踏んでいたのではないか。

しかし、歴史家喜田はひるまなかった。**そもそも古い尺度をもちいているからといって、古い時代の建築とは限らない**。なるほど、確かにそうだ。喜田は伊勢神宮の式年遷宮《しきねんせんぐう》の例を引いてつぎのように反論する（「関野・平子二氏の法隆寺非再建論を駁す」明治三十八年四月）。仮に伊勢神宮の社殿に古い時代の尺度を使っていても、

現今の宮殿をもって明治の御造営にあらずと論定するものなかるべし

「宮殿」とはこの場合、社殿を指している。このように〝そもそも論〟を持ち出して、あたかもからかうかのように、関野の研究を逆に〝門前払い〟するのであった。こう言われては関野の労作も形なしである。確かに喜田の論法は鋭い。なお式年遷宮については後述する（第八章）。

論争において最終的に関野は敗北したが、結果とは別に、この尺度論は建築学で高く評価されていることを言い添えておきたい。一方、論争に勝利した再建説は非再建説の弱点を突くばかりで、再建の主導者に言及することもなく、あらたな実りを生み出すことに乏しかった。

伊東忠太の立場

関野と同い年ながら三学年上に、アジアの建築調査や築地本願寺の設計で知られる東京帝国大学教授の伊東忠太がいた（第一章リード）。かれが大学院時代に発表した「法隆寺建築論」は、法隆寺の建築様式は「推古式」であることを説くも、すでに黒川や小杉の再建説が発表されていたが、そこに言及しなかった（『建築雑誌』、明治二十六年）。十二年後になるが、関野はこの伊東論文を「巧みに其《その》論断を避け」たと皮肉っている（前掲「法隆寺金堂塔婆及中門非再建論」）。

だが伊東も非再建説に立ってはいた。論争に直接参入しなかったものの、側面から非再建論を支援した。このあと紹介することになる新・非再建説の旗手、足立康《あだちこう》の編著『法隆寺再建非再建論争史』に序文を寄せている（昭和十六年）。この本の出版は、一気に再建説が優勢になった若草伽藍発掘調査の二年後であったが、伊東は非再建説の立場を変えていない。一部を抜粋しよう（太字および傍点著者）。

> 予は、明治中期法隆寺の真価を世に紹介するに方《あた》り、（略）**その飛鳥時代の様式を保有せる建築なるべきを信ずるに至った**。然るに、その後更《あら》めて再建論の提唱せらるゝあって、爾来、明治・大正を経て昭和の今日に至るまで、此の問題が論議され、未だにその帰結を見ないのは、予の最も遺憾とするところである

伊東も関野と同じく様式論の落とし穴にはまっていたことが分かる。「飛鳥時代の様式を保有せる建築」だから、言うまでもなく飛鳥時代の建築だと言っているのである。

大論争の舞台裏

再建派の雄であった喜田貞吉は昭和九年に論争を回顧している（「法隆寺再建非再建論の回顧」一九三四年十二月）。かれが論争に加わったのは明治三十八年（一九〇五年）四月だったから、ほぼ三〇年の歳月が経過していた。そこで喜田は自身が論争にかかわるようになった経緯を率直に開陳していて極めて興味深い。補足を交えて紹介しよう。

明治三十八年二月に関野貞の前掲論文「法隆寺金堂塔婆及中門非再建論」が発表された。関野は『日本書紀』の火災記事を全否定し、今ある法隆寺は聖徳太子による創建と主張して大きな反響を呼んだ。掲載した『史学雑誌』の編集者は若手の二十五歳、のちに京都帝国大学総長となる考古学者濱田青陵《はまだせいりょう》（耕作《こうさく》）で、

終《つい》に本邦美術史界の一大疑問を解決し得たるを深謝せずんばあらざるなり

とまで激賞絶賛した（筆者の実名は伏されたが、関係者には周知であった）。濱田は早くも勝負あったと判定したのである。これが再建派を痛く動揺させ、刺激し、論争に火を点けた。

小杉榲邨は東京帝国大学講師であった明治二十二年に再建説を唱えて以来、この立場を牽引し

てきた。関野が前掲論文を引っ提げて反駁してきた時、小杉は齢六十四、すでに老境に入っていた。言うまでもなく今日の年齢感覚とだいぶ違う。関野論文が発表された翌三月、小杉の許を訪ねてきた教え子で文部省勤務の喜田、当時三十五歳に「いまさら老人がこんな者を相手にして議論を闘わすでもあるまい」と嘆き、憔悴し切っていた。

上京して以来、同郷徳島の先輩である小杉の指導を受けてきた喜田であったが、この問題には全く無関心でいた。しかし恩師の苦境を見るに忍びず、やおら一肌脱ぐことになった。喜田は東京帝国大学卒業で一時期講師を勤めたのち、文部省を経て京都帝国大学教授となった。才気煥発な喜田は関野論文の弱点を直ちに読み取った。関野の「実物上の見解」は、「そう思う」「そうらしい」という以上のものでない。これなら、この分野に不案内であった自分でも充分、対抗できると確信するのであった。そして五月、

法隆寺が天智天皇朝において、一屋無余の火災に罹りしことは、『日本紀』（＝『日本書紀』）の明記するところなれども、世、なお、これを信ぜざるもの少なからず

の書き出しからはじまる「法隆寺の罹災《りさい》を立証して一部藝術史家の研究方法を疑ふ」なる長大な本格論文を発表した。著作集に収録されたこの論文は六十頁をなす長大なもので、全く予備知識のなかった喜田がわずか二カ月の間にこれだけの論文を書き上げたとは驚くばかりだ。そのなかで喜田は、

余や、もと、美術の形式に通ぜず、芸術史において、全くの門外漢なり。実を白状すれば、法隆寺のごときも、十数年前わずかに一過して建築物の外観を瞥見《べっけん》したるのみ

と率直に吐露した。法隆寺信徒総代の北畠男爵がこれを目にしたのであろう、この年の十二月、奈良に喜田が出張した際に、北畠に呼ばれ「直接の案内によって、生まれて初めて法隆寺伽藍内部に立ち入り、心行くばかりこれを視察するの機会を得た」。この経験を喜田は「悲惨なる僥倖《ぎょうこう》」と述べる。北畠と喜田では三十八歳も離れており、父子以上の年齢差である。案内の最中、見ずして語るなと叱責されつづけたのであろう。三十五歳の喜田が御年《おんとし》七十三歳の矍鑠《かくしゃく》たる男爵から子供扱いされたのは想像にかたくない。

「記録」と「実物」

法隆寺にとんと無関心であった喜田が、世話になった恩師を窮状から救い出そうと、いわば〝男気〟から勇躍論争に参入したとは痛快極まりない話である。非再建派の説く「実物上の見解」とは詰まるところ、目視によるものであり、その学問的弱点を喜田は素早く嗅ぎ取った。再建派はこの時、この上ない役者を得た。喜田はこの長大な論文の中で、文献という「記録」と、建築という「実物」を対比させて同じテーブルの上に載せる。そして、つぎのように宣言する（括弧内著者）。

記録の研究を怠りて、しかも、ただちに、信ずべからずとして、これを排斥し、単に様式を**もって、千余年前の遺物**（＝「実物」）**に、精密に数十年の年代を争わんとするは、とうてい与する能わざるなり**

そして「実物」の様式について、喜田は非再建派の想定する二つの前提を摘出した。

（一）**同時代に、全く関係なき異種の様式の芸術並び行わるべからず**

（二）すでに、ある新規なる芸術が輸入または創始せらるる時は、一切の技術家は、必ず、久しからざる間に、その影響を受けざることなし

間違っていたら取り消すと言いつつも、いずれについても反証を挙げて根拠なしとするのであった。

実物を軽視してひたすら記録にこだわる歴史家。
記録を軽視してひたすら実物にこだわる建築史家。
このように絵に描いたような対立の構図から、法隆寺再建・非再建論争ははじまった。

火災を認めた非再建派

論争が進むにつれ、議論は変化の様相を見せはじめる。歴史家は実物を、建築史家は記録を無視できなくなってきた。期せずして〝学際交流〟がはじまったのである。緊張感を孕みつつ――。

非再建派を牽引して論陣を張ってきた関野であったが、晩年に至り昭和二年（一九二七年）、若草伽藍の焼失を認めるに至った（「法隆寺主要堂塔の建立年代」）。真っ向から『日本書紀』の法隆寺全焼記事を否定した明治三十八年の最初の論文（「法隆寺金堂塔婆及中門非再建論」）から、すでに二十二年の歳月が経過していた。

だが非再建説を引っ込めたわけではなく、繰り出されたのは、若草伽藍と現存金堂が同時に存在していたという奇手《きしゅ》であった。論争の落としどころを〝二寺併存〟にもとめたのである。このように主張した六年後に、関野は没した。享年六十八。集大成となったこの論文を、補足を交えて要約しよう（カギ括弧内は原文、以下同様）。

●普門院に「若草の塔といふ遺址《いし》があつて」心礎が遺っていたが、「三十余年前」に故北畠男爵の邸内に移された。それから二年ほどが経った**明治三十一、二年の頃に北畠邸にてこれを見たが、その際「北畠翁から話を聞」いた**（「三十餘年前」については第一章2）。

●北畠邸内に移された心礎を見た際、同時に、心礎が持ち出された若草塔址を見た。心礎の巨大さから「此處に今の法隆寺の塔よりも一層大規模の塔婆の立ちしものなることを確信し」たが、多忙のためそのままになっていた。この度改めて「若草塔址を見た。（略）其の附近は一面に焼土の形迹あり。**此処の早く火災に罹りしものなることを確めた**《（ママ）》」。

●今ある「法隆寺伽藍の主要部」は「推古朝創立のまま」であり、「飛鳥時代の様式を代表」している。
●「若草塔は其の心柱礎《しんちゆうそ》」の大きさなどから「今の法隆寺五重塔より高大」であった。「此の塔婆は必ずや当時今の法隆寺よりは一層大なる伽藍に属した」であろう。
●「其の心柱礎の形式及び塔付近より発見された唐草瓦《からくさがわら》の形式より見れば」若草伽藍が「飛鳥時代のものたることは明らか」だが、「今の法隆寺堂塔より年代において稍《やや》後れたるものでなくてはならぬ」。
●**若草伽藍は「山背大兄王《やましろのおおえのおう》らにより聖徳太子のために建立せられた伽藍たるべきを想像」**するとし、その伽藍は「山背大兄王が聖徳太子のために造られし銅造釈迦像を本尊としていた」。
●「天智九年（六七〇年）に焼失せし法隆寺は此の伽藍にしてその後再興されず」に終わった。「**幸いに取出せし本尊は今の法隆寺の金堂に安置**」された。

概略、このようであった。関野が初めて若草伽藍址を訪れたのは「明治三十一、二年（一八九八、九）の頃」で、小杉らの法隆寺再建説が登場した頃である。この論文の発表が昭和二年（一九二七年）であるから、初めて若草伽藍址を訪れた時から三十年も経過している。最初は火災の痕跡に気付かなかったが、三十年後に改めて当地を見て確認したとは苦しい弁明に映る。三十年前は今の法隆寺を飛鳥時代の建築と自信満々に決めつけていたから、見えるものも見えなかったということだろうか。

とにかく『日本書紀』の記事を真っ向から否定していた関野が、これを認めるに至ったのは再建派、非再建派双方にとって大きな驚きであり、衝撃をもって受け止められた。ジャーナリスト釈瓢斎《しゃくひょうさい》はこの転換をつぎのように評した(『法隆寺の横顔』昭和十七年。読点は著者)。

学界を驚倒せしめたのは、非再建論者にとっては青天の霹靂《へきれき》的な變節《へんせつ》改論であったといわねばなるまい

若草伽藍と現存金堂は同時に存在していた?

関野は、若草伽藍は今の法隆寺よりやや後に建てられた飛鳥時代の建築とするが、その時期を特定していない。若草伽藍が焼失した時、「今の法隆寺の金堂」がすでに存在していたと主張するのは、あくまで非再建説を守るためであった。この説によれば、若草伽藍金堂の完成年から焼失した六七〇年まで二寺が併存していたことになる。

この〝二寺併存〟のアイデアは法隆寺信徒総代の北畠男爵がすでに示していたところであった。関野は北畠邸に運び込まれた塔心礎を目の前にして、北畠から直に話を聞いたと論文中に書いている(前掲論文、昭和一二年)。それは明治三十一、二年の頃というから、三十年も前のことを引っ張り出している。話の内容にまで触れていないが、学術論文の中でわざわざ北畠に言及しているのは、以前聞いた、あの話は使えると、ようやくにして思い至ったからであろう。

東院伽藍から歩いて五分ほどの所に壮大な自邸を構えていた北畠男爵。かれは法隆寺を訪れた研究者を捕まえては持論をまくし立てていたというから、関野に対しても当然、二寺併存説をぶつけたであろう。喜田との論争で袋小路に入っていた感のある関野に、北畠の二寺併存説が大きな示唆（逃げ道？）をあたえたことは想像にかたくない。昭和二年に発表された集大成というべきこの論文「法隆寺主要堂塔の建立年代」の発想のおおもとには、北畠の〝二寺併存〟説があったのは間違いないところであろう。結果的に、素人の北畠が専門的権威の関野に救いの手を差し伸べたのである。

関野が若草伽藍の焼失を認めたことを受け、若草伽藍、そしてその塔心礎への関心もまた否応なく高まるのであった。

売った石を取り戻さねば

この論争はプロローグで紹介したように、今では一般に、昭和十四年（一九三九年）十二月になされた発掘調査でほぼ決着を見たと言われている。ただ、そうなる前に、久原房之助に売却した若草伽藍の巨石は、じつは太子が創建した法隆寺の五重塔の心礎だったらしいと、法隆寺側も気付き出していたようなのだ。というのは発掘調査に先立つ同年四月、法隆寺修理事務所長の岸《きし》熊吉《くまきち》技師が管主の佐伯定胤《さえきじょういん》につぎのように報告しているからだ（高田良信《たかだりょうしん》『「法隆寺日記」をひらく』要約）。

旧久原邸の庭にある「塔礎石」を実際に見て参りました。**上面の柱座の掘り込みをはっきりと確認できました**（前掲第一章写真3）。現在この邸宅は野村合名会社の所有となっています。社長の野村氏に懇切《こんせつ》に事情を話してお願いすれば、礎石を寺に「寄付」してもらえるかもしれません（著者注：野村合名会社は現・野村證券株式会社の前身）。

庭石として売却した巨石を塔礎石と呼び、その返還をもとめるとは、事ここに至り、法隆寺側も事態を把握してきたとみてよい。五月、佐伯管主は野村合名会社社長の野村徳七邸（旧・久原邸）を訪れ、礎石の寄進を願い出る。事情を理解した野村は即座に快諾したという。心礎が若草の地にようやく還ったのは十月二十二日のことであった。若草伽藍の発掘調査がおこなわれたのは、この二カ月後であった。

なお岸は二年後の昭和十六年におこなった講演で、「再建非再建問題」は「未だ甲論《こうろん》乙駁《おつばく》、容易に決しない有様」と述べている（「法隆寺の建築」）。伊東忠太の『法隆寺再建非再建論争史』序文でもそうだったが、発掘調査を経ても直ちに決着がついたわけではなかったことが分かる。すくなくとも非再建派は持論を撤回したわけではなかった。

2　論より証拠――考古学の勝利

非再建派の重鎮であった関野が没したあと、代わって彗星のごとく表舞台に現れたのが足立康であった。日本古文化研究所の若き理事が、法隆寺新非再建説を引っ提げて華々しく登場したのである。かれは晩年の喜田と激しく論争を交えることになる。

昭和十四年三月、本郷の東大構内、山上《さんじょう》御殿にて足立と喜田の討論会がもたれた。この時、足立は四十二歳。六十九歳の喜田から見れば息子の年齢である。喜田の没する四カ月前のことであった。この時も甲論乙駁、それぞれが勝利を確信する結果であったようだ。足立は二カ月後に発表した論文のはしがきで「私の説は博士の反駁により却って益々強化されるに至った」と豪語している（「法隆寺再建論と新非再建論」。本郷キャンパスにあった山上御殿は三角屋根をもつ木造の建物で三四《さんし》郎池《ろういけ》の畔にあった。私事ながら本郷に進学した際、ここで建築学科の歓迎会があった。当時の助教授と相撲を取った思い出がある。この頃は山上会議所と呼んでいた。現在は山上会館と名を変え、鉄筋コンクリートの建物になっている）。

新・非再建説の登場

足立は昭和十四年五月に（若草伽藍の発掘調査はこの年の十二月）、新非再建説を発表し、波紋を広げた。前掲の「法隆寺再建論と新非再建論」である。

　この新非再建説の骨子は、聖徳太子が建てた若草伽藍と太子廟である釈迦堂が併存していたというもので、二寺併存論と受け止められた。もっとも足立は、寺と廟であるから二寺ではないと抗弁したが、本質にかかわるものではなかった。新論の要点を、補足を交えて列挙しよう。

●**「根本の法隆寺」は太子が六〇七年頃に建てた若草伽藍である。**その金堂に本尊として薬師像が安置された。建設年代を六〇七年頃とするのは、薬師像の光背に、六〇七年に寺と像を「仕え奉る」とあるからだ。

●**「推古三十年《ママ》」**（六二二年）**に太子が没するとすぐに、若草伽藍の西北の地に「釈迦堂一郭」が建てられた**（太子の没年については本章1）。ここに納められる釈迦三尊像の中心に坐す釈迦像は、その光背銘にあるように太子と等身大に造られたから、釈迦堂は太子の「廟所」であった。**つまりは若草伽藍という寺と釈迦堂という廟が併存することとなった。**

●『日本書紀』が伝えるように、六七〇年に若草伽藍は焼失した。その際、若草伽藍の金堂にあった本尊の薬師像は釈迦堂に移された。この時、「寺の由緒をも釈迦堂一郭に移して、両者を併合」した。そして焼失した「若草伽藍を再興する代わりに既存の釈迦堂一郭を充実し拡張することとした」。

●**この釈迦堂を金堂と位置づけ、つづいて五重塔、中門や回廊が建てられた。**これが今ある法隆寺西院伽藍である。

以上が新非再建説の骨子であった。関野晩年の説では、若草伽藍の建立は現存法隆寺より後としていたが、この新説は関野説を修正した。すなわち若草伽藍を太子が六〇七年頃に建てた寺と見なして「根本の法隆寺」と位置づけた。ここまでは再建論のお株を奪っている。

新論の新論たる点は以下にあった。太子の没後すぐに造られた釈迦三尊像を納めるために、「釈迦堂一郭」が同時に建てられたとした点である。そしてこれが今ある法隆寺の金堂につながったと説いた。この金堂をコアとして、そこから順次、諸施設を加えてゆき、現在の法隆寺西院伽藍になったというのである。総括すると、

（一）聖徳太子が創建した「根本の法隆寺」は若草伽藍であり、西院伽藍ではない。
（二）西院伽藍は、太子没後すぐに建てられた「釈迦堂一郭」を前身とする。これを金堂と位置づけて、その後、五重塔、中門、回廊などが建立されて発展したのが西院伽藍である。
（三）従って、若草伽藍の創建から焼失まで、若草伽藍と「釈迦堂一郭」は併存していた。

新・非再建説の限界

若草伽藍を太子創建の寺とし、今ある法隆寺より早いとした点は関野説から抜け出している。だが「釈迦堂一郭」が太子没後すぐに建てられたと想定したのは、やがて金堂と位置づけられる

「釈迦堂一郭」を飛鳥時代の建築とするためであった。足立はこれで再建説を論破したと考え、非再建説を再構築したと自負した。しかし「釈迦堂一郭」なるものは想像の産物に過ぎず、根拠を欠く辻褄合わせであった。

のちにあきらかになったことであるが（第四章）、今ある法隆寺にもちいられた木材は、調べた限りにおいて、塔の心柱を除いてみな大化元年（六四五年）以降に、つまり白鳳時代に伐採されていた。この点からも、「釈迦堂一郭」が太子の没後すぐに、つまり飛鳥時代に建てられたとは言えない。

この新論では、いわば〝なりゆき〟で法隆寺西院伽藍が成立したかのようである。だが、のちに見るように西院伽藍は、中門の真ん中に立つ柱を列柱回廊に囲まれた聖域空間の基準としていた。また列柱回廊の柱間《はしらま》（柱と柱の芯―芯間）の寸法を単位として、極めて緻密な伽藍配置を見せている（後掲第三章図3）。当初から明確な全体計画があったことはあきらかであり、このことからもこの新論を最終結論とすることはできない。脚光を浴びた足立の新論であったが、これは新非再建説と言うより、むしろ再建説と非再建説の折衷案と言うべきものであった。

新論を引っ提げて華々しく登場した若き論客足立康は、新聞紙上で「再建論に止めをさす」と豪語するなど、世間の喝采を浴び、大衆の人気を集めた（釈、前掲書）。だがその言動、振る舞いには眉を顰《ひそ》める向きもあった。例えば再建説の雄であった喜田貞吉は、ジャーナリスト釈瓢斎宛につぎのような返信書簡を送っている（昭和十四年六月十四日付、前掲『法隆寺の横顔』）。

今回の新非再建論を全く獨創《どくそう》の如く、「かほどの見やすき道理を、これまで何人も考へなかつたのは不思議だ」と、くりかへし云つて居られるのは、妙なものでせう

釈に言わせれば、足立の新非再建説なるものの、

源泉は恩師、関野博士の晩年告白に根據《こんきょ》して居る

のであり、そもそもその「先駆者」は北畠男爵なのだ。そして「邪推であるかも知れない」と断りつつ、釈はつぎのように喝破する（前掲書）。

関野説が北畠説に、あまり敬意を表せざるが如く、足立説が関野説を踏襲したといはぬ點《てん》に、先人尊敬の不足があるように思ふ

非再建派は学問に臨む態度において、今日風に言えば、先人へのリスペクトが足りないと言うのだ。批判の声は非再建派面々の学問倫理にまで及ぶのであった。

喜田、最後の反論

昭和十四年七月、喜田は持説の集大成というべき論文を発表した。「今の法隆寺伽藍は焼失後

の再建――足立博士の新非再建論に對して」である（『歴史地理』）。これまた著作集において五十五頁におよぶ長大な本格論文である。喜田は七月三日に六十九歳で没したから、死の間際に完成させた論文であった。老骨に鞭《むち》打って、足立に最後の反論を加えるのであった。

もっとも足立の新論は「法隆寺は天智天皇九年に全焼したこと」、焼けた伽藍は「若草伽藍趾なる普門院付近に渉って存在した」寺であるとする喜田説を認めていた。これを喜田は大いに歓迎するのだった。従って問題はつぎの点に絞られる。

今の法隆寺は「本寺」（＝若草伽藍）の「火災以前から本寺と」並存していたのか？

それとも今の法隆寺は本寺の「火災後の再建」なのか？

足立の新論は喜田の主張を受け入れながら、「今の主要伽藍は飛鳥時代の建築」とする非再建派論の基本的立場を変えなかった。そこで編み出されたのが、やがて今の法隆寺に発展する「釈迦堂一郭」と若草伽藍がある時期、同時に存在する「法隆寺並（併）存説」であった。これを喜田は「常識を超越した新説」と評し、『伊呂波字類抄《いろはじるいしょう》』および『七大寺年表』（本章1）と大きく喰い違うと、文献史料に合わないことを突く。さらには金堂・塔・中門・回廊の「完成が和銅の初めであったとしても、其の様式が和銅（七〇八年～七一五年）の頃のものと見做すべき必要はなく」とダメ出しをするのであった。

これに対し非再建派の関野は生前、プロローグで触れたところだが、

（再建派が言うように）何處から何處まで創立當時の様式手法を再現し得たりしとは如何に

して信じ得べきぞ。これは建築の事を知らざる素人の詭辨《きべん》に過ぎずと言い放っていた（「法隆寺主要堂塔の建立年代」昭和二年）。確かに建築様式は時代とともに変わってゆくものだ。しかし一般則としてはそう言えても、意図的にあえて古い様式を採ることもあり得るのだ。まさに法隆寺がその例であった（第四章5）。他の非再建派と違って足立がこれを認めたのを喜田は評価したが、それでも足立は非再建説に固執した。そこが解せないと喜田は攻めるのであった。結論として喜田は、

（足立の新論は）「そう考えてみることも出来る」という程度のことで、実らしさのきわめて薄弱なものである

と断じるのであった。熱を込めて説いた様式論も、膨大な作業をともなった尺度論も、建築の「素人」たる歴史家たちに全く通用しなかったのである。それは建築以前の、論理の問題であった。発掘調査の結果を待つまでもなく、すでに結論は出ていたのだ。

法隆寺をめぐって激しく渡り合った関野貞、喜田貞吉の両巨頭――。自説の勝利を確信しながら、ともに若草伽藍遺構の出土を見ることなく生涯を閉じた。

論より証拠

十二月になり、いよいよ若草伽藍の発掘調査がおこなわれた。主導したのは前章で触れた東京帝室博物館（現・東京国立博物館）の石田茂作。我が国考古学の先駆者であった石田は同博物館鑑査官になるや、昭和十〜十一年、十三年に朝鮮半島は百済の寺院趾発掘調査で成果を挙げる。つづいて十四年に若草伽藍の発掘調査に取り組み、法隆寺論争に決定的な影響をもたらした。

この発掘調査は法隆寺の佐伯管主の依頼によるものであった。今ある法隆寺は聖徳太子の創建と固く信じ切り、**再建派を法隆寺に寄せ付けなかった管主が、なんと自ら発掘調査の必要を認めて行動を起こしたのである。**これには周囲の者も大いに驚いたという（石田「百済寺院と法隆寺」）。やはり管主は論争の推移を通じ、焼失した若草伽藍は太子創建の寺であり、今ある法隆寺の再建の可能性は否定しきれないと感じ出していたのであろう。塔心礎のあらたな所有者となっていた野村證券の社長に返還をもとめたのも、そのような思いがあったからであろう。それなら手をこまねくことなく、早めに決着をつけたほうがいい、と。

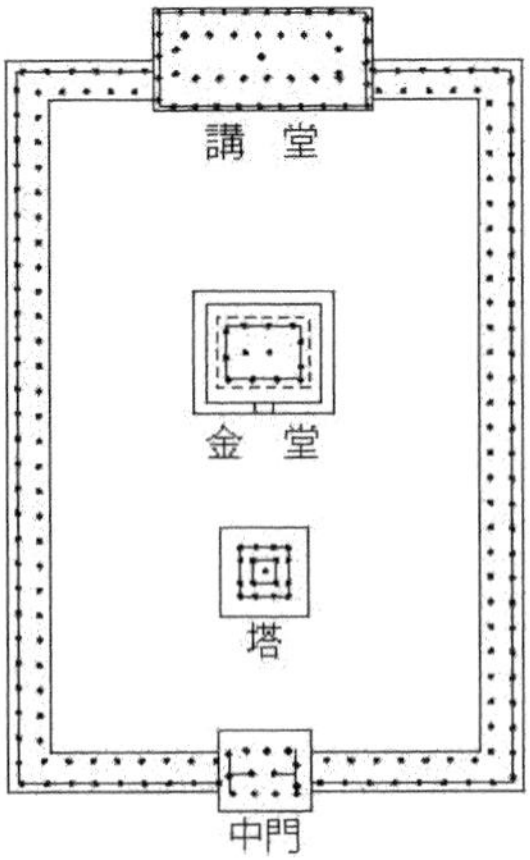

図1　四天王寺／配置図（日本建築学会編『日本建築史図集』彰国社より）

若草の地はこの頃、桑畑になっていた。発掘を進めると、予想していたように塔と金堂の基壇の遺構を確認することができた（前掲「はじめに」図2）。だが意外にも塔と金堂は、四天王寺と同じように、〈南北タテ一列〉に配されていた（**図1**）。**同じ法隆寺であるから西院伽藍と同じく若草伽藍も〈東西ヨコ並び〉と考え**

ていたから、**発掘調査に当たった者たちは面喰らったという**（石田「法隆寺若草伽藍址の発掘に就て」昭和十六年）。

塔の基壇＝五十一尺四方＝一五・四メートル四方
金堂の基壇＝七十二尺×五四尺＝二一・八メートル×一九・三メートル

今ある法隆寺では、

塔の基壇＝五十四尺四方＝一六・三メートル四方
金堂の基壇＝七十八尺×六十九尺＝二三・六メートル×二〇・九メートル

比較すると、塔も金堂も若草伽藍は現存法隆寺よりやや小ぶりであった。今ある法隆寺の基壇は上下二段からなっており、ここに示したのは下の壇の寸法である。

石田は発掘調査の結果をつぎのように考察する（前掲「法隆寺若草伽藍址の発掘に就て」）。若草伽藍の塔と金堂の規模は現存法隆寺に「相近かった」。「**ことに金堂基壇の間口・奥行の比**（＝一・一三）**が現在のものと全く一致することは両者の関係の偶然にあらざる**」ことを示している。

また、塔基壇の中心と金堂基壇の中心をむすぶと、**その線、すなわち伽藍の中軸線は南北に対**

し西に二十度傾いていた。これも予想していなかったことであり、調査者を驚かせた。**この角度は斑鳩の地割りの角度に等しい**（前掲「プロローグ」図1）。

非再建派を代表した関野は若草伽藍の塔心礎が西院伽藍の塔心礎より巨大である故に塔も高く大きかった、そして若草伽藍は西院伽藍より大規模だったと唱えていた（前掲「法隆寺主要堂塔の建立年代」）。これに対し、東京高等師範学校（のちの東京教育大学・筑波大学）卒業後に関野から建築史を学んだ石田であったが、かれは発掘調査の結果を踏まえてやんわりと恩師関野の説を否定するのであった（前掲「法隆寺若草伽藍址の発掘に就て」）。

若草伽藍の塔・金堂基壇の大きさが、現法隆寺のそれに比べて幾分狭まっていることは、いわゆる若草伽藍の規模を現法隆寺よりさらに大規模のものであったとする某氏の説を支持するものではない

確かに一般則として、礎石が巨大なら、上に載る建物も大規模になる。しかし、事実は必ずしもそうなるとは限らない。若草伽藍の塔心礎は過剰なまでに大きかったのだ。これが関野の判断を誤らせた。関野説を否定した石田も、遺構から高さを推定することのむずかしさを痛感したことであろう（若草伽藍発掘の実際については基本文献『總説　飛鳥時代寺院趾の研究』に詳しい）。

若草伽藍こそ太子創建の寺

西院伽藍とほぼ同規模と言える大伽藍が由緒不明の寺ではあり得ない。金堂基壇の間口・奥行の比が西院伽藍の金堂とピタリと一致するとは、若草伽藍と西院伽藍の密接な関係を裏付けてあまりある。若草伽藍は太子創建の法隆寺だったとみなすのが極めて自然で無理がない。『日本書紀』が全焼したと伝える法隆寺とは、やはり若草伽藍のことであり、それは聖徳太子が建てた寺だったのだ。若草伽藍の火災後に西院伽藍があたらしく建てられた可能性が一気に高まった。

〝実物〟に即すことをモットーとしてきた建築史家が、発掘調査の結果、〝地中の実物〟に裏切られたのはなんとも皮肉なことであった。心礎が巨大なら塔はその分高く大きい、建築の様式は時代とともに推移する、といった今でも通じそうな〝建築学の常識〟を法隆寺は覆していた。法隆寺はまさに唯一無二の、特異な伽藍であったのだ。

関野貞、伊東忠太、足立康は、時代は異なるが、同じ大学で学んだ著者にとって大変なビッグネームであり、尊敬する大先輩方だ。しかし察するに、建築の「素人」である歴史家に対し、自分たち玄人《くろうと》は〝もの〟を熟知しているという自信が過剰なまでにあった。その思い上がり、というか傲慢さ故に建築の「素人」から手痛いしっぺ返しを喰らった。対して独り奮戦した喜田貞吉の胆力と論理の組み立てには脱帽すべきものがあった。

論より証拠、これで法隆寺の再建が確定したと言われることが多い。しかし見てきたように、発掘調査の前から、じつは再建説が優勢になっており、発掘調査の結果は改めてこれを確認するものであった。若草伽藍の発掘調査によって、学界のみならず、ジャーナリズムも含めて空気は再建説に大きく傾いた。

新・非再建論者の往生際

それでも足立は新非再建説の矛《ほこ》を収めることはなかった。調査結果をすべて自説に有利なように解釈したのである。本書が度々参照してきた足立編著『法隆寺再建非再建論争史』の刊行は、若草伽藍発掘調査の二年後の昭和十六年十月であったが、この本の最後に足立は「法隆寺新非再建論の新證據《しょうこ》」と題する〝勝利宣言〟というべき自らの論文（昭和十六年七月）を収録した。その内容は、発掘調査の結果は悉《ことごと》く新非再建説を補強すると強弁するものであった。

足立は論争史と銘打った書籍の刊行により、長期にわたった論争を自説で決着をつけ、終結させるつもりであったのだろう。最後の論文では結語として「今回の発掘によって（中略）新非再建論は遂に決定的のものとなるに至った」と書いた後、こう締めくくるのであった。

ただ吾々が憾とするところは、この発掘が非科学的に行はれたことであって、若しこれがもう少し愼重に行はれたなら、更に多くの貴重なる事実が判明したに相違ないことを思ふとき、理想的再発掘の施行される日の近からんことを祈る次第である

何やら発掘調査に対して不満と含みをもたせている。確かに発掘調査のための資金は充分では

なかった。その期間は一カ月に満たず、発掘調査に当たった石田茂作にとってさらに時間がほしかったところである。しかし「非科学的」とまで言われては、発掘調査を主導した石田としては我慢ならぬところであろう。

石田に言わせれば、足立の「今回の発掘によって新再建論は遂に決定的のものとなるに至った」という主張は考古学的事実を捻じ曲げる、とんでもない発言であったろう。だが石田の見せた反応は冷静で学問的なものであった。足立が「この若草伽藍趾発掘の結果を取り上げ、自説の新非再建説をまさに裏書き立証するものであると結論」することに対して、石田は根本的な疑義を呈した。つまり具体的な問題を簡潔に六点挙げて逐一反論し、反証を加えるのであった（前掲「法隆寺若草伽藍址の発掘に就て」後記）。

若草伽藍が発掘されてちょうど二年後に、足立は没した。享年四十四の若さであった。論争を総括した『法隆寺再建非再建論争史』の刊行からわずか二カ月後のことであった。論争の最終盤で颯爽《さっそう》と登場して議論を盛り上げ、時代の寵児《ちょうじ》になりかけた若き論客の、あまりに早過ぎる死――。その原因は定かでないが、〝頑張り過ぎ〟がたたり、ストレスが積み重なったのは確かであろう。

以上のように法隆寺再建・非再建論争は半世紀の長きにわたってなされ、代表的論者であった喜田貞吉、関野貞、足立康それぞれの人生を賭けた大論争であった。そのクライマックスとなった若草伽藍の発掘調査を主導し、我が国考古学の道を切り開いた石田茂作はその後、東京国立博物館学芸部長、奈良国立博物館長などを歴任した。文化功労者に表彰され、その三年後の一九七七年に没した。享年八十四。

晩年の著作『飛鳥随想』のまえがきをつぎのことばで結ぶ。「私は齢七十九を算え、すでに過去の人である。老の繰りごとなどまっぴらだと思う方もあろうが、お暇があったら一ぺん読んでやってください」。北畠、喜田、関野、足立と論争を彩った人物たちはそれぞれ個性的で激烈な闘争人生を送った。そのなかで論争の最後を飾った石田の恬淡《てんたん》とした態度、人柄が偲ばれる。

すでにプロローグで触れたところだが、若草伽藍の発掘調査結果をもって、一般に再建派が勝利したと受け止められた。**しかし再建を言うからには、誰がそれを主導したのかという問題に応える必要があるのではないか。**この点に言及することのなかった再建派は甘かったと言わざるを得ず、再建説はまだ大きな問いを残していた。一方、若草伽藍の発掘調査は、黎明期にあった我が国考古学の輝かしい成果であった。あるいは真の勝利者は考古学であったというべきかもしれない。

3　あきらかになった西院伽藍の特異性

若草伽藍の発掘調査によって、塔と金堂の位置関係があきらかになった。発掘者をはじめ多くは、同じ法隆寺なのだから、若草伽藍は西院伽藍と同様に、塔と金堂は東西に並んでいると考えていた。だが予想は全く外れた。

若草伽藍では塔の北に金堂があり、塔と金堂が〈南北タテ一列〉に連なっていたのである。難波の四天王寺と同じタイプだ。

正反対になっていたという事実——あらたな問題の発生

若草伽藍の発掘調査の結果、逆照射されたのは、若草伽藍の後に建立された西院伽藍が、若草伽藍と全く異なる、というか正反対の伽藍配置を採っていたことだ。当時はまだ百済大寺の発掘はおこなわれていなかった（第五章3）。従って西院伽藍の〈東西ヨコ並び〉配置は他に例を見なかったが、若草伽藍を発掘すれば、さきに述べたように、西院伽藍と同じ配置の遺構が出てくると予想されていた。**西院伽藍が全焼した若草伽藍の単なる再建であるのなら、そう考えるのは自然であり当然だろう。**

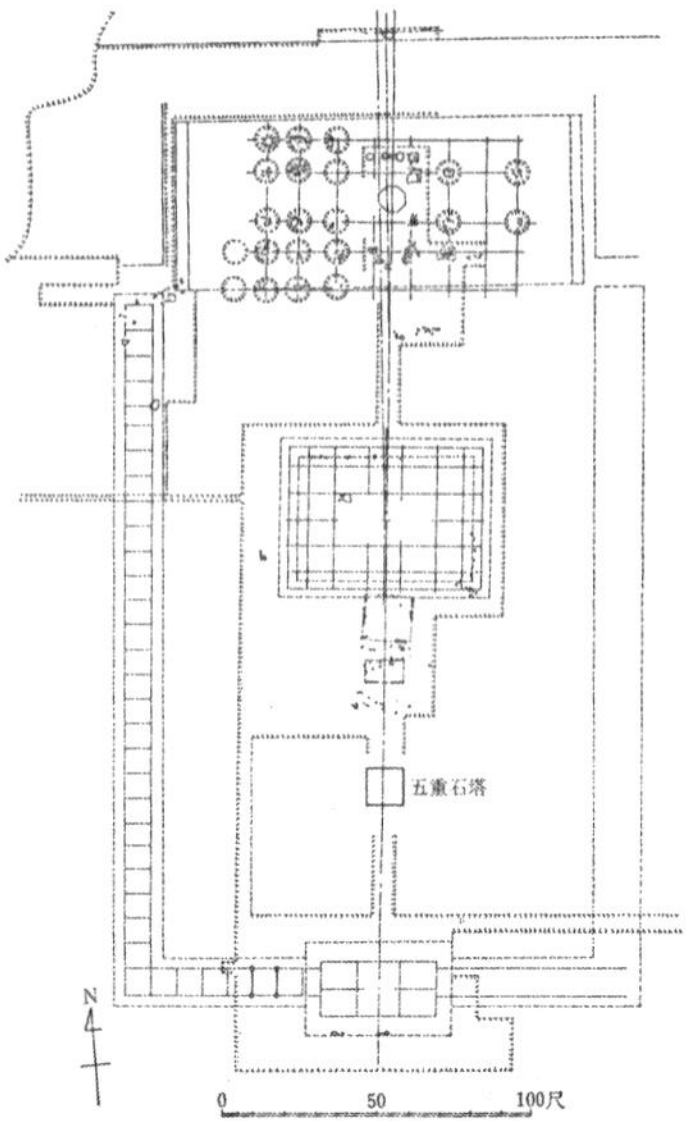

図2　定林寺／扶余／韓国／発掘遺構図（昭和18年、泊勝美『韓国古寺発掘』六興出版より。但し現在、復元されている）

しかしそうではなかった！

若草伽藍が西院伽藍と同じ〈東西ヨコ並び〉配置ではなかったことは、眼前にある西院伽藍の特異性を浮かび上がらせた。若草伽藍でも西院伽藍でも塔と金堂はともに南に向いている。しかし若草伽藍では塔と金堂が〈南北タテ一列〉に連なるのに対し、西院伽藍では金堂と塔が〈東西ヨコ並び〉になっているのだ。

若草伽藍で太子が手掛けたのは金堂のみであり、太子の没後に五重塔を建てたのは息子の山背大兄王であった。しかし太子がこの寺を計画した当初から、伽藍配置をどうするか、そのタイプは決まっていたはずだ。それは、朝鮮半島は百済《くだら》に数多く見られる伽藍配置であった（図2）。百済はほぼ韓国西部にあたる。

さらにさかのぼって中国に先例をもとめるなら、この配置の寺が北魏《ほくぎ》の都、洛陽《らくよう》にあったことが分かる。遺構は確認できていないが、往時の文献からこの配置であったことを知ることができる（『洛陽伽藍記』、六世紀）。

若草伽藍を全否定する西院伽藍

全焼した若草伽藍の代わりに建てられた西院伽藍。両者は非常に深い絆で結ばれているとふつうは考える。実際、金堂基壇の〈間口：奥行〉の比が一致している。しかし太子父子が建てた若草伽藍にほんとうに敬意を払うなら、全焼後に「再建」する寺の伽藍配置は前身の若草伽藍を踏襲してしかるべきであろう。ところが事実はそうではなかったのである。

〈タテ〉のものを〈ヨコ〉にするとは、太子父子が建てた若草伽藍を全否定するに等しい所業ではないか。プロローグでも触れたが、建築デザインは古代において最大で最強の政治的言語であり、目にものを見せるメディアであった。ここに見逃すことのできない、重大な政治的意味があるにちがいない。なぜ伽藍配置が正反対になったのか、このことの意味は若草伽藍の発掘調査か

ら現在に至るまで見逃されてきた。発掘調査を主導した石田は、

> われわれも発掘の前は法隆寺の配置をそのまま移したようなものがここに見出されるのではないかと思ったのであったが、予想は裏切られて、四天王寺伽藍配置の出現を見たことはいささか意外であった

と述べる（前掲「法隆寺若草伽藍趾の発掘に就て」）。後述のように、石田は仏教考古学を終生のテーマとし、伽藍配置を仏教的観点から解釈した（第四章5）。本書が重点を置くのはこれと異なり、建築配置がもった政治的意味を探究している。この観点からすると現在に至るまで、**西院伽藍はなぜ若草伽藍と正反対の配置を採ったのか、その政治的理由は何か？　という問いかけが全くなされてこなかった。**そして今なおお手つかずのままなのだ。

同じ法隆寺でありながら、なぜ〈タテ〉配置が正反対の〈ヨコ〉配置に変わったのか？

この意味は非常に大きいはずだ。なぜなら伽藍配置とは、寺の建立を発願《ほっがん》した者の世界観を示すものだからである。なお発願者とは願いを立てる者。この場合は建築主。

四天王寺の〈南北タテ一列〉配置

焼失した若草伽藍の配置を直に体感することはできない。だが四天王寺が同じ配置タイプをとっており、参考になる（大阪市天王寺区）。

写真5　一直線に連なる塔 - 金堂 - 講堂／四天王寺（著者撮影）

今ある四天王寺は七度にわたる建て替えを経ている。これほど建て替えが繰りかえされるのは滅多にない。聖徳太子信仰の賜物であろう。原因は落雷、戦火、失火、台風による焼失や倒壊であったが、七度目の再建はさきの戦争で空襲を受けてのものであった。昭和三十八年に鉄筋コンクリート造、ペイント仕上げで完成した。

それでは四天王寺を訪れよう（**図1**）。

平安時代、西方浄土《さいほうじょうど》信仰が盛んになると、四天王寺に西大門が開かれ、さらに西に石の鳥居が設けられた。往時は海岸線が今より近く、鳥居越しに難波《なにわ》の海に落ちる夕日を拝むことが大流行した。鳥居越しに夕日を拝み西方浄土を祈念するとは、まさに神仏習合《しんぶつしゅうごう》の姿である。現在も中門を差し置いて、西大門があたかも中門であるかのように機能している。

――振りかえって西大門から伽藍を見渡す。南に五重塔、北に金堂と、〈南北ヨコ並び〉配置に映る。このように、どこから見るか、で〈タテ〉と〈ヨコ〉は反転する。本来の〈南北タテ一列〉の伽藍配置を体感するには、やはり中門に立つ必要がある。中門に入る。視界が閉ざされ、驚く。見えるのは塔の足元だけなのだ。中門を出、列柱回廊を巡りはじめて、ようやく全体が視野に入る。その印象は強烈だ。〈五重塔―金堂―講堂〉と伽藍が〈タテ一列〉につらなるさまは完結性が非常に高く、容易にひとを寄せ付けないのだ。その厳しさに圧倒される。疎外感をあたえかねないと言ったら言い過ぎだろうか（**写真5**）。

四天王寺でも、聖徳太子が建てたのは金堂のみであった。〈南北タテ一列〉の配置を採ることは決めていたはずだが、太子はここでも〈南北タテ一列〉配置の伽藍を体感することはなかった。なお若草伽藍に講堂は見出されていない。その聖域は列柱回廊ではなく、掘立て柱が密にならぶ柵で囲まれていた。同じタイプの伽藍配置であっても、四天王寺に見られるほどの強烈さはなかったろう。

聖徳太子が母穴穂部間人王女《あなほべのはしひと》のために建てたとされ、法隆寺とは〈僧寺・尼寺〉の関係にあった斑鳩の中宮寺《ちゅうぐうじ》も、発掘調査の結果、塔と金堂が〈南北タテ一列〉に連なる配置を採っていたことが分かった。また太子創建の伝承をもつ飛鳥の橘寺《たちばなでら》も飛鳥時代の建立とみられるが、発掘調査の結果、ここでも塔と金堂が〈タテ一列〉の配置を採っていたことが判明している（石田茂作「橘寺の伽藍配置」）。但し、主軸が東西に通っており、これは地理的、地形的条件の影響であろう。

中軸線が大きく振れた

若草伽藍、つまり太子父子創建の法隆寺において、伽藍配置のほかにも見逃せない発見があった。前節で触れたように、塔の基壇の中心と金堂の基壇の中心をつらぬく中軸線が西に二十度振れていたのである。

これも発掘前には全く予想されていなかった。西院伽藍は南を向くが、精確に言うと西に三度振れている。若草伽藍が振れているにしても、西院伽藍と同程度であることを前提に若草伽藍の発掘調査ははじまった。だが、あに図らんや、二十度も西に大きく振れていたのである（前掲「はじめに」図2）。ということは、**若草伽藍と西院伽藍は、同じ一つの秩序の下にはなかった**――。

これも大きな驚きであった。敷地を変え、角度を変え、伽藍配置も変えられた法隆寺。こうも変えられては別の寺になった、と言っても過言ではないだろう。なぜ、これほどの大変化が生じたのか？

この問題は章を改め、正面から切り込んでゆきたいと思う。

第三章
何から何まで対照的な二つの法隆寺

前章では新旧二つの法隆寺があったこと、そしてこの二つの法隆寺は、敷地、角度、伽藍配置にいたるまで、同じ寺とは言えないほど対照的であることを見た。同じ法隆寺を名乗りながら（と呼ばれながら）、あたらしい法隆寺の伽藍配置は、なぜ〈タテ〉から〈ヨコ〉に変わったのか？ **なぜ、これほどまでに太子父子創建の法隆寺を否定し尽くすのか？**

この重大な謎は奇妙なことに、依然として放置されている。歴史家も建築史家も、謎とも思っていないのが実情で、問題の所在にすら気付いていないのだ。この大転換を時代の推移にともなう単なる流行の移り変わりとみるだけでは、あまりに表面的であり、問題意識に欠けていると言わざるを得ない。劇的とも言えるこの急激な変化の裏に、いったい何があったのか？

もう一つ考えなくてはいけないのは、法隆寺再建・非再建論争において再建派が勝利したとしても、再建派が不問に付した問題があった。「はじめに」で提示した第二の問題であり、ここまで強調してきたことであるが、それは、**法隆寺「再建」を主導したのはいったい誰なのか？** という重要テーマだ。この問題も今なおおざりにされている。本章では未だに問い残された二つの重要問題に取り組まなければならない。

法隆寺に大転換をもたらした要因には大きく二つ、文化的側面と政治的側面がある。まず文化的要因から探究しよう。

1　太子父子の若草伽藍

建築、特に記念碑的建築は南北を基軸として南を向く——、という大陸伝来の方位観があった。まずはこのことを押さえておこう。

さて「天子南面《なんめん》す」という標語に聞き覚えのある読者もおられるだろう。紀元前八世紀の中国は周の時代に生まれたという（『周易《しゅうえき》』に「聖人南面」とある。これに由来するか）。この語にあるように、天子やほとけは北を背にして南面するのである。天子とは、天（天帝）の命を受けて国を治める者。中国でいえば皇帝、我が国では天皇だ。「天子南面す」とは、中国大陸において堅く守られるべき原理だった。これに従い、大陸伝来の伽藍や宮殿も南北に中軸をとり、南に向く。このような方位観は何に由来するのだろうか？

大陸における空間秩序の原点は、北の空にあって位置を変えないと認識されていた北極星である。

この北極星をイマジナリーに地上に降ろせば、その方位は北となる。それ故、天子は北を背にして天帝（＝北極星）と一体化し、その権威と力を獲得する。そして臣下や外国使節と対面する。

従って「天子南面す」とは、宮殿の在り方を規定する思想でもあった。

そして宮殿のみならず、記念碑的建築の在り方をひろく規定する原理となった。次節で見るように、それまで東西を基軸としていた列島社会であったが、「天子南面す」の思想と一体となった伽藍建築が導入されて以降、神社仏閣や宮殿は南北を中軸とし、南面するようになった。

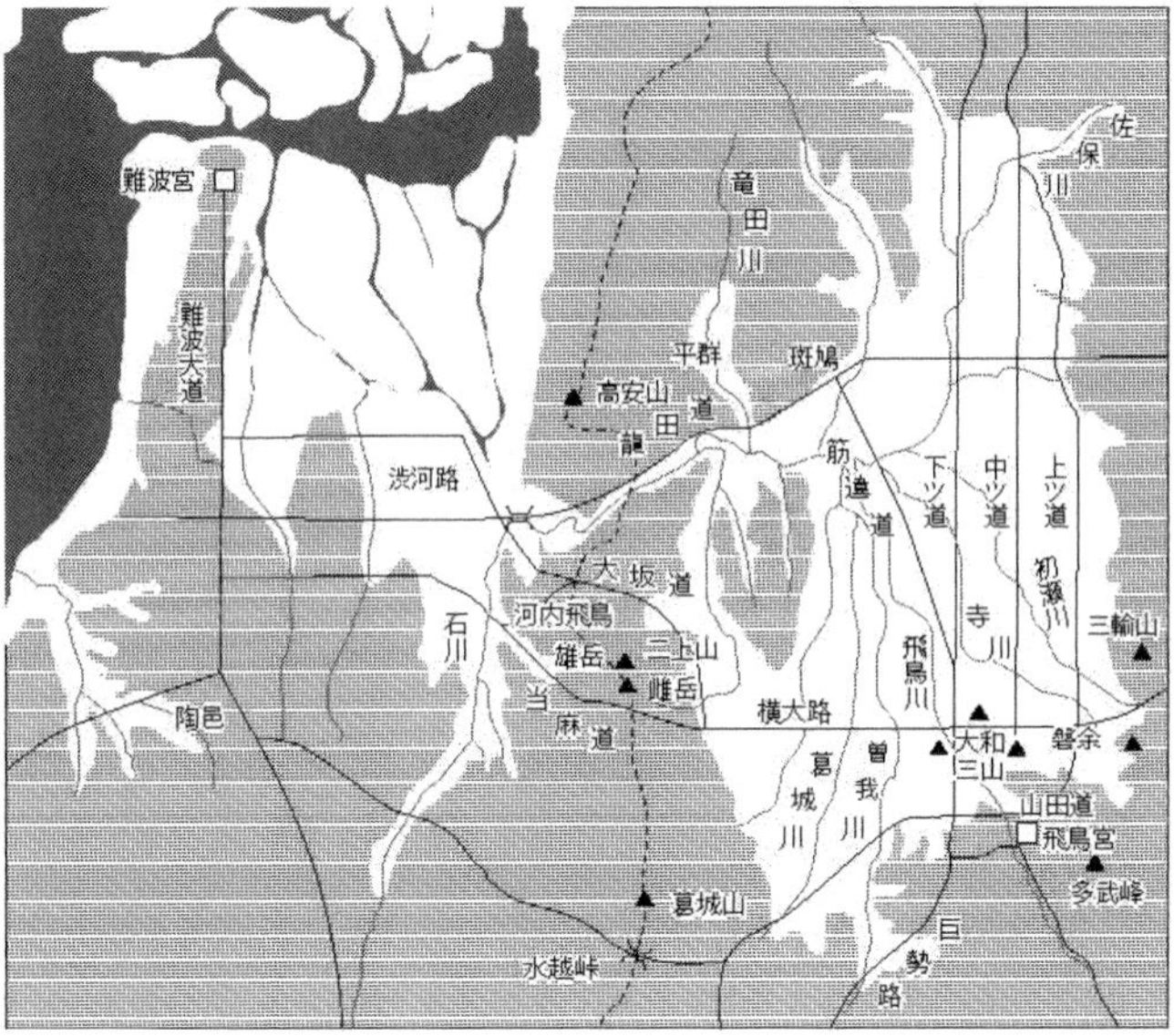

図1　難波と大和の古道

宮と寺が隣り合う景観

聖徳太子による斑鳩寺（＝若草伽藍）は、上宮《じょうぐう》王家の住まいである斑鳩宮と隣り合っていた（前掲「プロローグ」図1）。**このように宮と寺が対《つい》（ペア）をなして建築景観を形成するのは、それまでどの大王もなし得ていなかった。**上宮王家とは聖徳太子を祖とする一族の総称で、父用明の王宮に付属していた上宮《かみつみや》で太子が育ったことにちなむ。

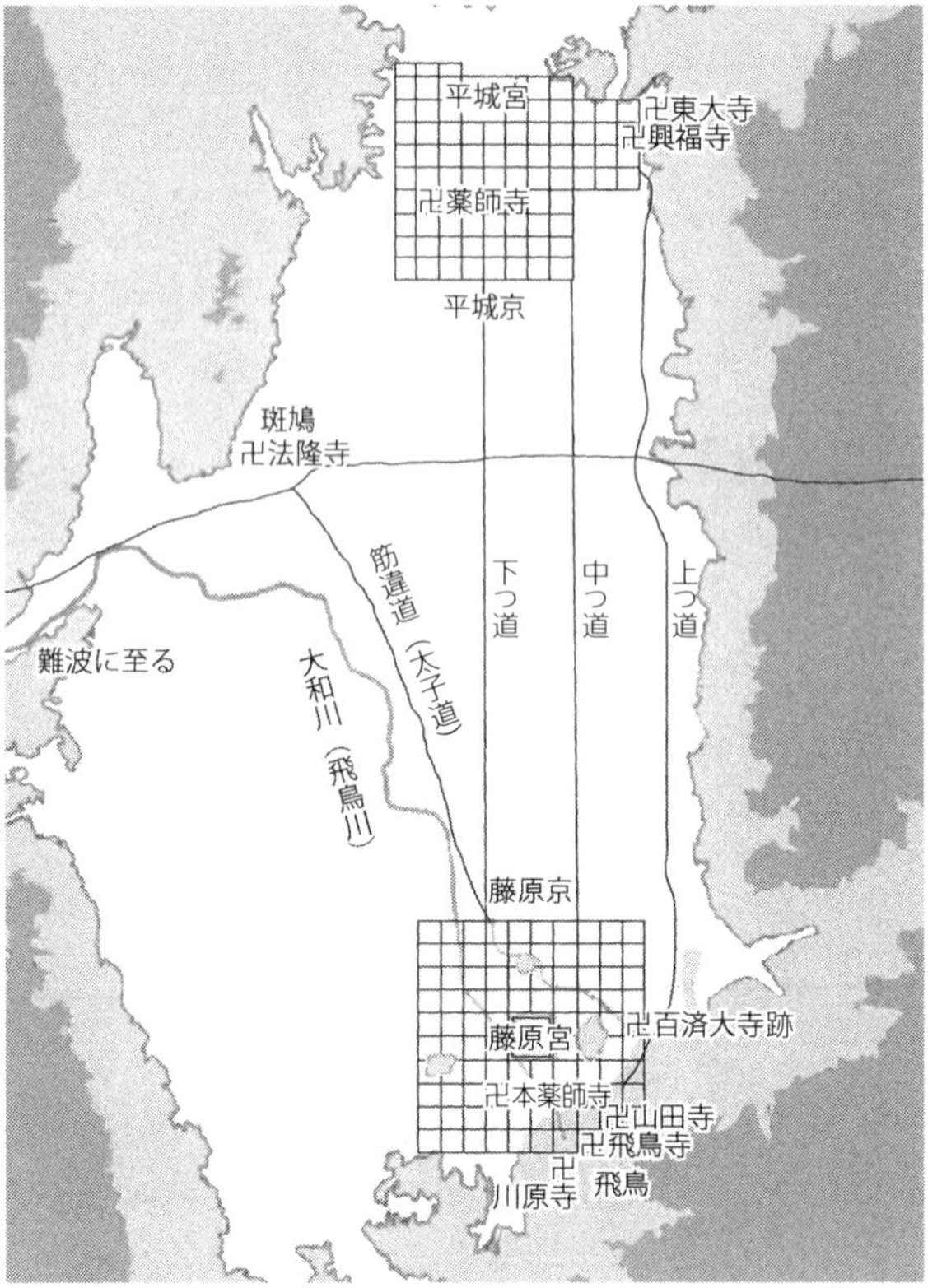

図2　奈良盆地の古道と主要伽藍

斑鳩の開発は、じつは国家的なプロジェクトに組み込まれていた。それは港のある難波と飛鳥の都を斑鳩を経由してつなぎ、国家の基軸とする構想であった（図1）。海外からの使節団が難波に上陸し、斑鳩を経由して飛鳥の都に入るとなれば、斑鳩と飛鳥との間を最短距離で、つまり一直線でつなぐのがよい。斑鳩も飛鳥も同じ盆地内にあって平地だから、十分可能だ。都に至る一五キロもの一直線の道は、国家が計画して初めて可能となる。実現すれば、国家の威信も高まる。当時、太子は政権内において外相的立場にあった。

この道は広い奈良盆地を北西から南東に向かい、西に二十度振れて対角線状に筋違《すじかい》（筋交）のように走る。それでこの道は「筋違道」とも、また太子が通ったとの伝承から「太子道」とも呼ばれる（**図2**）。

このあらたに計画された筋違道を基準として、斑鳩の土地区画がなされた。道も地割りも、西に二十度振れたのである。若草伽藍の中軸も西に二十度振れたのはこの事情による。つまり太子が拠点とする斑鳩で道、土地区画そして建築計画が一体的に進められたのだ（前掲「プロローグ」図1）。これは都の飛鳥でもなされておらず、我が国の初例であった。もちろん、この計画は蘇我氏や推古の了解の下でおこなわれた。だが、太子の没後、**山背大兄王によって五重塔が完成されて寺と宮が隣り合い一体となった時、これまでにない壮大な都市的景観が形成された。**飛鳥を拠点とする蘇我氏にとってこれが無言の圧力になった可能性がある。

蘇我氏が建立した我が国初の本格的伽藍、飛鳥寺は群を抜いて壮麗であった。しかし、それが周囲の地域にあらたな道路計画や土地区画をもたらすことはなかった。また伽藍と宮が対をなして一体化することもなかった。飛鳥の都にもないことが、斑鳩で実現したのである。

太子一族が祈るための寺だった

若草伽藍が建立された経緯は現在、西院伽藍の金堂に納められている薬師像の光背裏面に刻まれている。要約すると、

用明二年（五八七年）に病に伏した大王は回復を願い、薬師像とこれを納める金堂の建立を

発願した。だが用明は願いを叶えることなく没した。そこで後継の大王推古と太子は推古十五年（六〇七年）に薬師像と金堂を完成させた。

像そのものは疑念の呈される薬師像であるが、六〇七年に太子が薬師像と金堂を完成させたとの銘文は信用できるとされており、本書もそう考える。『日本書紀』には、六〇五年に太子が斑鳩に移り住んだとある。斑鳩に自身の宮を構えた太子が隣地で金堂の建立に取り組み、二年後に完成させたとは納得のゆく運びだ。そこに薬師像が本尊として安置されたのである。重要なのはこの寺、つまり創建法隆寺たる若草伽藍が一族の父祖である用明を慰霊するために建てられたこと、すなわち、太子一族が祈るための寺としてスタートしたことである。

つづいて五重塔に着手すると思いきや、太子は難波の四天王寺の金堂の造営に着手した。難波は国の表玄関であり、海外交流の拠点であったから、これにふさわしい寺の建立が急がれたのであろう（前章リード）。太子は私寺の完成より国家の要請を優先した。

若草伽藍の五重塔は太子の没後、長男の山背大兄王によって建立された。これにより寺は一気に壮麗さを増した。山背大兄王は王位を狙っていたから、斑鳩宮・斑鳩寺が一体となって周辺の土地区画とともに形成する都市的景観は、大王家と蘇我氏にとって忌々《いまいま》しいものとなっていたと思われる。

2　あたらしい法隆寺は〈東西ヨコ並び〉になった

すでに見たように若草伽藍の中軸線は大きく西に二十度振れていた。これに対し西院伽藍の振れはわずかなもので、西に三度に過ぎない。つまり、大陸伝来の方位観にもとづく南北軸に改められたのである。筋違道（太子道）に基づく土地区画に殴り込みをかけたも同然だ。

西院伽藍の周辺地区にもこの新基準がもたらされた。その結果、斑鳩は西に二十度振れた区画と、ほぼ南北軸に従う区画が併存しているのが現状だ（前掲「プロローグ」図1）。

公的には、大陸文明の摂取が進み、南北を基準とする大陸の方位観の徹底が進んだと言えるだろう。だが、それだけであったろうか。その裏には隠された企みがあったと考えられるのだ。大陸先進文明の徹底という大義名分の裏で、太子が実現した斑鳩の地域計画を否定する意図があったのではないか。

最高権力の主体的関与

いま述べたように、聖徳太子が実践した斑鳩の地域計画は当時の国家権力、すなわち大王推古並びに最有力豪族蘇我馬子《そがのうまこ》の了解の下でおこなわれた。となれば、これを否定するのもまた、のちの国家権力の意思であったろう。従って、斑鳩の地域計画と一体となって法隆寺西院伽藍を

「再建」した主体もまた、国家中枢にあった者の可能性が高い。

『日本書紀』は法隆寺の焼失については具体的に、かつ克明に記述する。だがその「再建」の主体については全く触れるところがない。再建の時期を伝える前掲の『七大寺年表』も『伊呂波字類抄』も、また然りである（前章1）。

「再建」主体の候補に、上宮王家から恩顧を受けるなど関係の深かった地元や各地の豪族たちが挙げられることがある。しかし良好な関係にあった豪族たちが主体だったなら、「再建」された法隆寺が太子創建の法隆寺を全否定するような伽藍配置を採ることはなかったろう。「再建」法隆寺、すなわち西院伽藍は伽藍配置のみならず、場所も中軸の角度もガラッと変えていたから、先述のように、これはもうすっかり別の寺になってしまった、というほうがむしろ実態であったとすら言えるのだ（前章3）。

但し仮に意に沿わぬものであっても、協力をもとめられれば、彼ら豪族が応じた可能性はもちろんある。しかし彼らだけで、斑鳩宮・斑鳩寺（＝若草伽藍）を中心とする斑鳩の地域開発を掻き乱す、法隆寺「再建」の大事業を遂行したとはとても考えられない。そもそも斑鳩の地域開発は推古と馬子による前の政権が進めた国家的プロジェクトの一環としてなされたものであった。これを否定するような法隆寺「再建」の大事業には、必ずや最高権力の主体的関与があったとみなければならないだろう。だが、奇妙なことに、法隆寺西院伽藍の建立者は依然として不問に付され、今なお不明とされているのである。本書冒頭「はじめに」で提起した第二の問題だ。改めて問う、若草伽藍が焼失した時の天皇は誰だったのか？

若草伽藍の焼失は天智天皇九年であったと『日本書紀』は伝える。言うまでもなく、時の天皇は天智であった。詳しくは次章に譲るが、六四三年に斑鳩宮が焼き討ちに遭い、上宮王家は若草伽藍で集団自決をしていた。この寺は主を喪っていた。となれば、**六七〇年に焼失した若草伽藍に代えて西院伽藍の建立を主導したのは、天智天皇を措いて他にない**。これは無理のない、極めて自然な推定だろう。

それに後述のように、じつは太子亡きあとの上宮王家と大王家は、必ずしもよい関係にあったわけではなかったのである。

東西軸の復権——法隆寺の文化価値

現存する世界最古の木造建築として高く評価される法隆寺西院伽藍。しかし古いだけが法隆寺の価値ではない。その空間的、文化的価値は世界的に見ても比類ないとさえ言うことができる。究極のポイントを一言でいえば、五重塔と金堂はそれまで〈南北タテ一列〉に配されていたが（前掲「はじめに」図2、前章図1）、これが〈東西ヨコ並び〉に配されたことにある（**図3**）。〈タテ〉のものを〈ヨコ〉にする——。

簡単なことと思われるかもしれない。しかし、じつはそうではない。〈タテ〉と〈ヨコ〉は互いに相容れない関係にある。〈タテ〉と〈ヨコ〉の間には、決定的な断絶がある。端的に言って、〈タテ〉のものを〈ヨコ〉にするとは、〈タテ〉を全否定する行為である。

大陸文明で絶対的な南北軸、すなわち〈タテ〉軸が主軸として支配する伽藍の中に、金堂と五重塔を〈ヨコ〉に並べることによって、いわば副軸として東西軸が導入された。〈東西ヨコ並び〉配置の誕生である。この意味は極めて大きい。このあと次節で述べるように、列島社会における労働・生活・信仰の基軸（＝主軸）は、日が昇り日が沈む東西軸にあったからだ。

〈タテ〉が〈ヨコ〉になったとき、列島社会で培われてきた東西を基軸とする方位観、世界観が大陸伝来の伽藍の中に初めて表出した。実際、金堂と塔が同じ方向を向いてヨコに並ぶのは大陸にも半島にも見られず、我が国特有である。

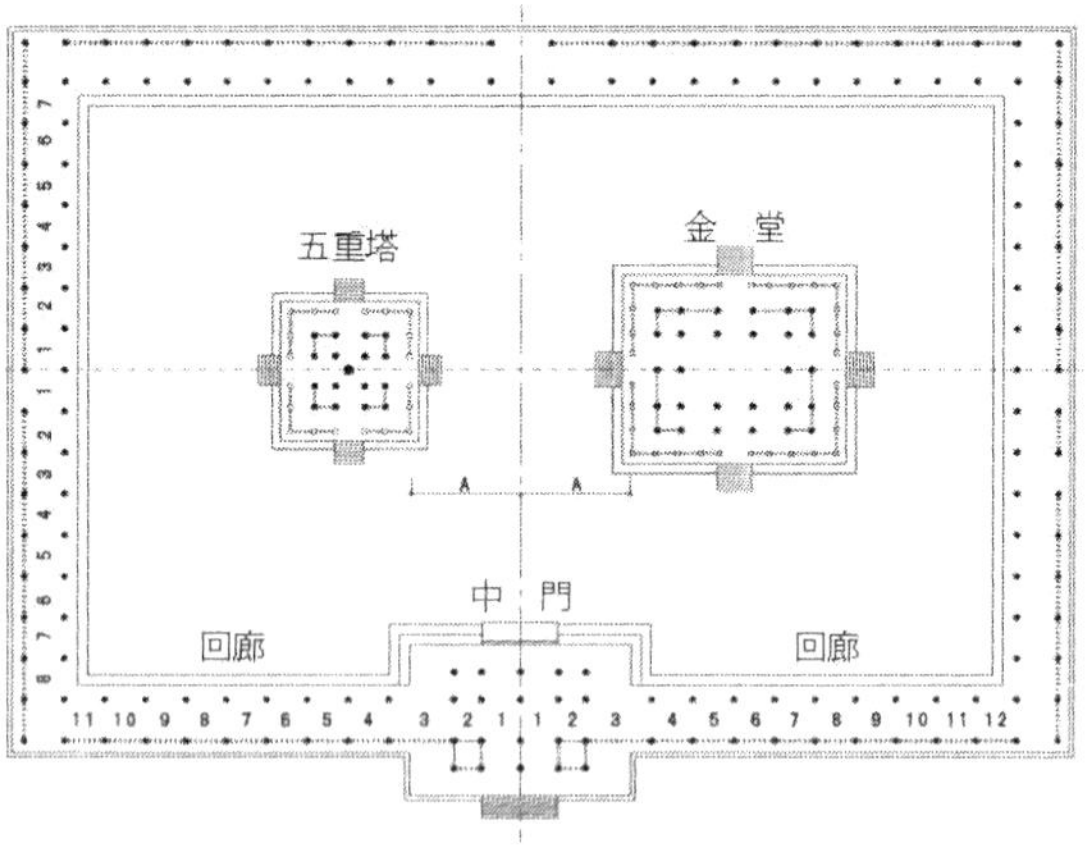

図3　当初の法隆寺西院伽藍配置分析図／中門真ん中の柱列を伽藍配置の基準とし、回廊の柱間がモジュールとなって全体を秩序づけている

中心のない空間――法隆寺の文化価値（2）

金堂と五重塔という、形も高さもボリュームも違うものをヨコに並べると左右非対称になる。ちょっとイメージしていただければお分かりのように、この配置は極めてバランスがとりにくい。揺るがぬ権威そして安定をもとめる宗教建築にあって、世界を見ても、これは非常識とも言える配置なのだ。それにもかかわらず、列柱回廊に囲まれて金堂と五重塔がヨコに並ぶ法隆寺の聖域に破綻は見られない。その要因は、第一章で触

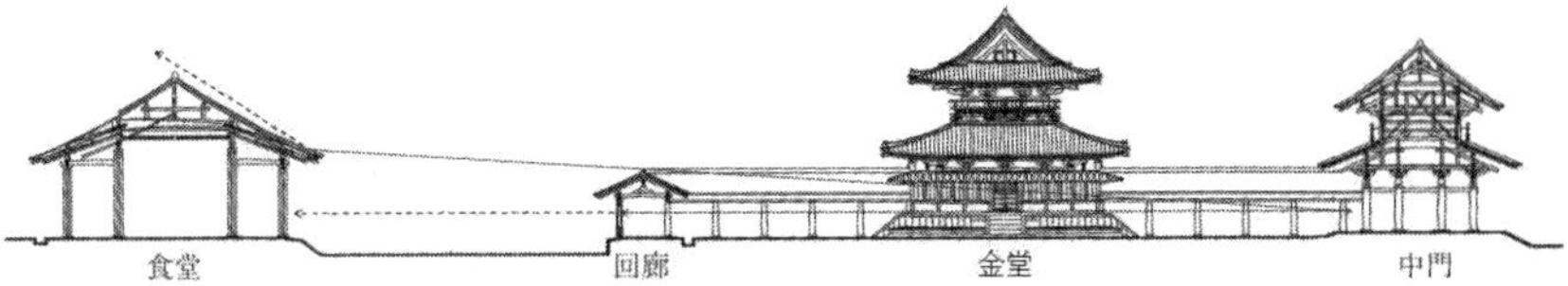

図4　視線が抜ける中空の空間／当初の法隆寺西院伽藍

れた、**非常に存在感のある中門にある。これが金堂と五重塔と共に三極をなし、聖域の秩序を引き締めている。**

さらに具体的に言うと、中門の真ん中に立つ円柱があたかも座標の原点となり、聖域空間を取り囲む回廊の列柱が座標の目盛となっている。これが聖域空間の全体を秩序づけ、揺るぎないものにしているのだ（**図3**、詳しくは第五章4）。

塔と金堂が東西ヨコ並びに記されたことは、特に宗教建築において常識破りのことであったが、それはまた、列柱回廊に囲まれた聖域の中心に空白を生み出した。これもユニークな文化価値である。

――中門を背にして立つ。すると視線はさらに抜けてゆく。建物に視線が跳ね返されることがないのだ。聖域の中心にひろがるこの空白は〈タテ〉のものを〈ヨコ〉にした結果、生まれた。**中心に何もない空間が存在することにより、ひとをやさしく、やわらかく迎え入れることができる伽藍になったのである。**伽藍空間の和様化と言っていいだろう（**図4**、第五章図6）。

我が国の文化を特徴づける〝やさしさ〟〝やわらかさ〟が、大陸伝来の伽藍に表出したのである。法隆寺が多くの人びとを惹きつける空間的魅力の最大の要因は、じつはここにあると言えるのではないか。

ここまで〈東西ヨコ並び〉配置の顕著な実例として法隆寺西院伽藍を語ってきた。しかしプロローグで触れたように、じつは西院伽藍が初例ではないことが二十世紀も末になって判明した。歴史のスケールで見れば、ごく最近のことだ。〈東西ヨコ並び〉が伽藍に初めて出現したのは、初の勅願寺《ちょくがんじ》であった百済大寺であった。これについては第五章で詳説したい。なお勅願寺とは大王・天皇の発願によって建立された寺である。

3　列島社会は東西軸を重んじた

六世紀末に中国大陸から朝鮮半島を経て列島に入った仏教伽藍は南北に中軸を採り、建物は南を向いていた。我が国初期の伽藍を代表する飛鳥寺や創建法隆寺、四天王寺はそのよい例である。列島社会にとって、それは全くあたらしい文明の到来であり、衝撃をもって受け止められた。そして、これにより列島社会の方位観は劇的な変更を余儀なくされたのである。それでは大陸の方位観が伝わる前、列島社会にはそもそも、どのような方位観が根付いていたのだろうか？　言い換えれば、どの方位を基軸として日々の生活や信仰がなされていたのだろうか？

方位観の転換は世界観の転換でもあり、極めて重要な問題だ。これを簡略に押さえておこう。

縄文時代～弥生時代

列島社会では縄文時代から、日が昇る東、日が沈む西からなる東西軸が労働・生活・信仰の機軸であった。このことは近年、世界文化遺産に登録された三内丸山《さんないまるやま》遺跡（青森県青森市）や大湯《おおゆ》環状列石《かんじょうれっせき》（秋田県鹿角市《かづの》）などからもはっきりと見て取れる（「北海道・北東北の縄文遺跡群」二〇二一年）。

縄文時代の中期、紀元前三五〇〇年から前二〇〇〇年頃まで栄えた三内丸山遺跡。そこで最も目を引くのは、直径一メートルの巨大な円柱が三本ずつ、向かい合わせに立つ建造物だ。「大型掘立《ほった》て柱建物《ばしらたてもの》」と呼ばれるもので、計六本の柱の向きは東西を指している。**驚くべきことに柱列は、夏至の日の出と冬至の日の入りをつなぐライン上に乗っている**（**写真1**）。

写真1　柱群の中央に沈んでゆく冬至の太陽／大型掘立て柱建物／三内丸山遺跡（著者撮影）

言うまでもなく冬至《とうじ》は一年のうちで日照時間が最も短い日だ。同時に、日射しが最も弱いのもこの日である。冬至は一年の終わりの日であり、かつ、はじまりの日であった。ここを起点に、日射しのつよさも日照時間も日毎に増してゆき、やがてピークに達する。それが夏至《げし》である。

この夏至の日の出と冬至の日の入りをつなぐライン上、六本柱のモニュメントの東側地区に子供の墓地がある。それは幼くして失われた命の再生を願ってのことであったろう。復元された列柱遺構は実際の遺構から離れた位置にあるが、角度は維持されている。従って夏至の日の出と冬至の日の入りを二つの柱列の間から見ることができる。

「大型掘立て柱建物」がなす六本の柱群をとおして人びとは一年の巡りを把握していた。これは労働・生活・信仰のための暦の役割を果たす、立体的な建造物であった。海を見渡す展望台、あるいは海上に出た漁船のためのランドマークでもあったろうが、そうした役割は立体的な暦であることと矛盾しない。

紀元前二〇〇〇年から前一五〇〇年頃に造られた大湯環状列石。そこには、大小二つのストーンサークルがある。**二つの円の中心をつなぐと、ここでは冬至の日の出と夏至の日の入りをつなぐラインになっている（図5）**。三内丸山と逆の関係だが、どちらにせよ、日の出、日の入りを示す東西軸が労働・生活・信仰の機軸に

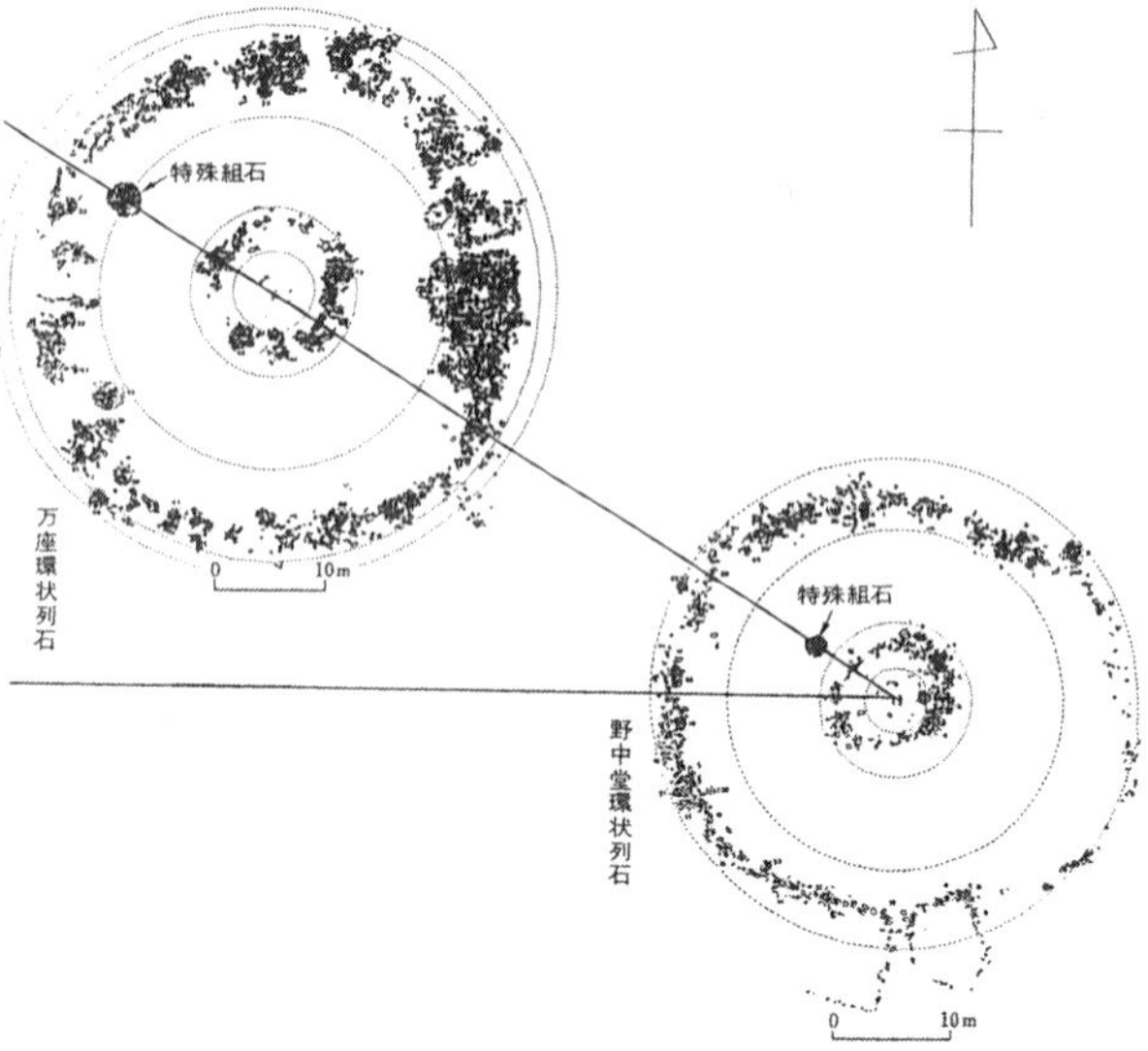

図5 〈冬至の日の出—夏至の日の入り〉ライン／大湯環状列石／（冨樫泰時「秋田県大湯遺跡」『季刊 考古学 別冊6』雄山閣より）

なっていたことが分かる。
弥生時代末期に成立した邪馬台国《やまたいこく》の跡かと言われ、いまなお論争の渦中にある纒向《まきむく》遺跡からも、東西軸が見出されている（奈良県桜井市）。遺跡の中枢をなす、大型建物を含む四つの建物群は東西軸に基づいて配置されていた。

このような軸線に基づく建築配置は大陸の影響を受けており、列島で確認された初例だ。しかし軸線の方向は大陸伝来の南北軸ではなく、列島社会に根を張っていた東西軸を採っていた。実際には真西に向かって南に七度振れているが、これを真正の東西軸と見なしていたのであろう。建物群のなかのすくなくとも一つは祭祀《さいし》施設とみられ、人びとは日の昇る東に向かって祈っていたのだと思われる。

写真2　二上山の雄岳と雌岳の間に沈む夕日（著者撮影）

古墳時代～奈良時代

奈良盆地の南東部、三輪山《みわやま》のふもとにある大神《おおみわ》神社は古墳時代初期、四世紀初頭前後に成立したとみられる（奈良県桜井市）。この神社は本殿をもたないことで知られ、わが国最初の神社とも言われる。今では江戸初期に出来た立派な拝殿から三輪山に向かって、つまり東に向か

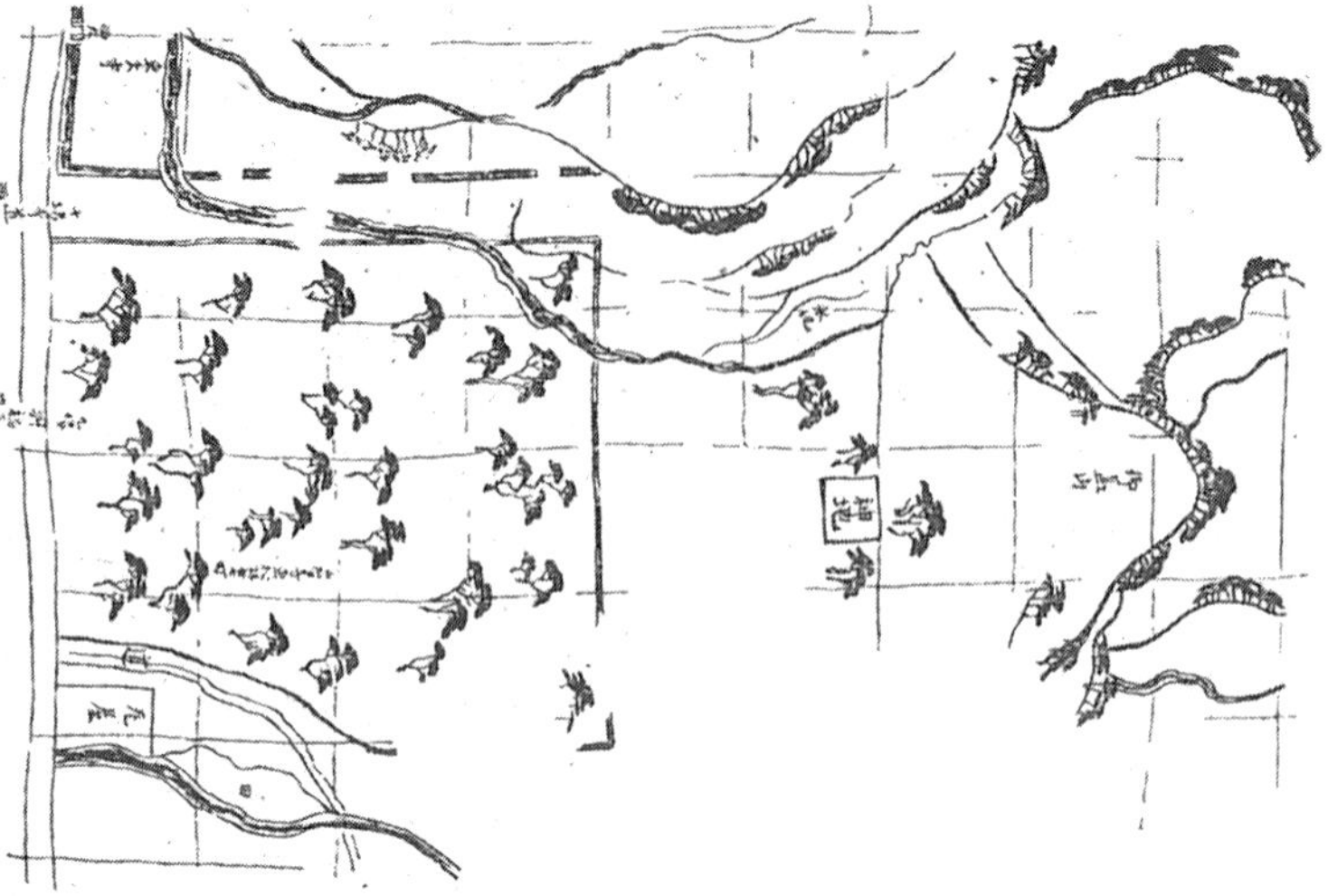

図6　春日大社の前身であった「神地」から東にある御蓋山を拝していた／東大寺山堺四至図（模写）（福山敏男『日本建築史の研究』桑名文星堂より）

って手を合わせる（拝殿の創建は鎌倉時代とされる）。このように、神社は社殿をもたないところからはじまり、礼拝は東に向かっておこなわれた。

　奈良盆地は昔も今も変わらずに、**東の三輪山から日が昇り、対面する西の二上山《ふたかみやま》に日が沈むコスモロジー**（＝方位観、世界観）**につつまれている。**特に彼岸の中日には、大王崇神《すじん》の磯城《しき》瑞垣《みずがき》宮跡と伝わる地から、二上山の二つの峰、雄岳《おだけ》と雌岳《めだけ》の間に日が沈むのを見ることができる（**写真2**）。これを体感したくて秋分の日、現地を訪れた。日が昇る三輪山の東の先には伊勢がある。日の沈む二上山の向こう側には聖徳太子の墓廟や推古陵、用明陵などの古墳群があり、日本版〝王家の谷〟と呼ばれる。そして遥か西には出雲《いずも》の「天日《ひ》隅《すみ》宮」（出雲大社）、そして「日沈宮《ひしずみ》」（日御《ひのみ》碕《さき》神社、夜のアマテラスを祭る）がある……。東西軸が盆地のコスモロジーをつくっていたことをまざまざと感じた至福の時であった。

奈良時代になっても、東に向かって拝む傾向は根づよく残った。七六八年に整備された春日大《かすがたい》社《しゃ》も、もとは社殿がなく、**「神地《しんち》」から御蓋山《みかさやま》に昇る太陽を拝んでいた**。春日大社に隣接する東大寺の山堺《さんがい》四至《しし》図からそれが分かる（**図6**）。

この絵図が描かれたのが七五六年。その十二年後に春日大社が整備されて社殿は南を向いたが、それまでひとは東に向かって拝んでいた。奈良時代の後半になっても東を拝む風習は残っていたのだ。春日大社整備の後に設けられた摂社《せっしゃ》の若宮社《わかみやしゃ》では、今でもひとが東を向いて拝む。それは旧来の根づよい慣習のなごりと言えよう。

東西軸と南北軸の葛藤

以上、ごく簡単に列島社会において古来、根付いていたのは東西軸であったことを駆け足で振りかえった。

一万年以上の長きにわたり、列島では日の巡りを基準とする社会がつづいていた。そこに、北極星を基準とする方位観をともなって、南北重視の仏教伽藍が突然、導入されたのだ。それは列島に広く深く根付いていた東西重視の方位観を、真っ向から否定するものであった。その第一号が蘇我氏による六世紀末の飛鳥寺であり、これにつづく伽藍のなかに太子創建の法隆寺や四天王寺があった。列島社会に根付いていた東西軸と、伽藍とともに導入された南北軸の間に葛藤がなかったわけではない。

日の巡りを基準とする社会と不動の北極星を基準とする社会とは、水と油ほどの違いがある。だが全てが一気に変わったわけではなかった。まずは伽藍や宮殿、そして神社からはじまったが、一般庶民の多くはなお東西軸の世界にあった。

我が国に入った仏教伽藍は原則、南北軸に基づいて建立されたが、これは仏教の教義によるわけではない。中国では伽藍に限らず、記念碑的建築は南に向くのが原則であり、これは中国にひろく根付く方位観、世界観による。仏教発祥の地インドでこの傾向がつよくあるわけではない。

第四章
〈太子を拝む寺〉への大転換

二つの法隆寺の間に起きた大転換の文化的側面を前章で述べた。本章では政治的側面について考察を進める。

聖徳太子が創建し、上宮王家の氏寺《うじでら》であった法隆寺若草伽藍は、上宮王家の滅亡により主を喪った。それにもかかわらず、法隆寺西院伽藍は見事なまでに「再建」された。しかも若草伽藍と西院伽藍は前章で詳説したように、同じ寺とは思えないほど何から何まで対照的であった。そこから立ち上がってくるのは、文化的理由からだけでは説明しきれない、王位をめぐる権力闘争の想像を超える凄まじさである。

1　血筋を代弁する伽藍配置

大陸伝来の伽藍建築の中に、列島社会に根付いていた特有の文化的性格が花開いた、それが法隆寺西院伽藍であった。この伽藍は先行する若草伽藍を真っ向から否定して出現した。これは若草伽藍に対する文化的大転換を意味するとともに、我が国文化への原点回帰でもあった。**伽藍建築においてこれほどの大転換を実行できたのは、神祭りの伝統を担ってきた最高の存在、スメラミコト以外にはあり得ないであろう。**

スメラミコトとは、神のことばを聴くことのできる清浄な御方という意味である。天皇という語は、すでにあった和語スメラミコトに漢語の「天皇」を当てたことによって生まれたとみられる。これは国文学者や古代史家にひろく認められている見解だ（西郷信綱《さいごうのぶつな》「スメラミコト考」、大《おお》津透《つとおる》『神話から歴史へ』）。

法隆寺の「再建」を主導したのは天智天皇と前章で推定したが、いま述べたスメラミコトたる観点からも首肯《しゅこう》できるだろう。

血筋と伽藍配置

それでは、天智天皇はどのような意図で、太子父子が創建した法隆寺と全く対照的な法隆寺を「再建」したのであろうか？　本章では、このテーマを血筋と伽藍配置の関係から探ってゆく。

七世紀当時、王位（皇位）を争う大王たちの血筋は絞り込まれつつあった。だからと言って王位継承がスムースに運ぶわけではなく、むしろ争いは熾烈《しれつ》さを増していた。少数の有力な候補者たちは互いを牽制し合い、シビアに競い合っていた。目を見張るような伽藍を建立することは、文化力のみならず政治力を誇示するものであった。伽藍建立をとおして己の血筋を権威付けたのである。

伽藍の配置には幾つかのタイプがあった。注目したいのは発願者の血筋と伽藍配置タイプとの関係である。なぜかというと、血筋と伽藍配置タイプの間には明確な対応関係が見られるからだ。伽藍の建立を発願するにあたり、同じ血筋にある発願者は同じタイプの伽藍配置を踏襲した。伽藍配置のタイプは、目には見えない血筋を可視化して一種のブランド価値をなしていた。**伽藍配置タイプはそれぞれ発願者の血筋を代弁し、王位（皇位）における発願者の正統性をアピールしていたのである。**

あたらしい視点

これはあたらしい気づきであり、「はじめに」に掲げた第四の視点に連なるものである。発願者たる大王（天皇）の血筋と伽藍配置タイプとの関係を問う視点はこれまで、歴史学にも考古学にも、また建築史学にもまったくなかった。この視点が見落とされてきたのは、建築から歴史を照射する視点が弱かったためだろう。

歴史学はもっぱら文献優先で、建築は付随情報に過ぎない扱いにとどまっていた。考古学は個別の情報にこだわり、また文献との照合に忙しかった。一方、建築史学は建築の枠内での研究に閉じ籠もっていた。というか管見《かんけん》ながら、大学および学会の組織上、今日では考えがたいが（あるいは今日でも変わりないか？）、工学に属す建築史学は建築の枠から出て他領域との関連を探ることを良しとしなかった。従って、外とつながる方向性をもつことはなかったのである。これは建築史学のアイデンティティを守り通そうという、自己保存的欲求によるものであったと著者はみている。

本章では従来にはなかったあたらしい視点から、新旧二つの法隆寺の間に起きた大転換の政治的側面をあきらかにしたい。二つの法隆寺は、じつは王位（皇位）争いに深くかかわっていたのである。

本書では血筋、血脈、血統、系譜、系図等のことばがもちいられるが、使い分けは主に文脈によるものであり、もとより厳密なものではない。しいて言えば、血筋は一本の細い糸のようなつながり、血脈はそのネットワーク、血統は血筋や血脈を束ねたイメージだろうか。

なお古語において「血」は穢《けが》れとして忌避《きひ》される傾向にあった。血縁関係をいう場合でも「血筋」の使用は避けられ、単に「筋」と言っていた（西田《にしだ》知己《ともみ》『血の日本思想史』）。当然ながら、本書では現代語としてこれらの語をもちいる。

2　若草伽藍で起きた太子一族の集団自決

よく知られているように、六四五年に起きた乙巳《いつし》の変（大化《たいか》改新《かいしん》）で蘇我氏主流は滅亡した。その二年前に、教科書はあまり重視しないが、我々の観点からは、じつは大事件が起きていた。太子の子山背大兄王を筆頭とする上宮王家の住む斑鳩宮が突然焼討ちに遭ったのだ。兵を差し向けたのは蘇我入鹿独りと『日本書紀』はいうが、当時の大王皇極《こうぎょく》の弟軽《かる》王が加わっていたとする文献もある。

果たして真相はどうだったのか？

上宮王家の滅亡――斑鳩宮焼討ち事件

すでに述べてきたように、上宮王家が拠点としていた斑鳩宮は、斑鳩寺と呼ばれていた若草伽藍に隣接していた。その跡地は現在、夢殿《ゆめどの》のある東院伽藍と一部重なっている（前掲「プロローグ」図1）。

聖徳太子亡き後あと、上宮王家の当主、山背大兄王は推古後継の座を舒明と争い、敗れた。舒明の没後、その大后《おおきさき》が即位したことにより（皇極《こうぎょく》）、またしても王位を逸した。それでも山背大兄王はなお諦めなかった。そのような事情があったから、山背大兄王は大王家と蘇我氏主流にとり、依然として油断ならぬ相手となっていた。上宮王家が拠点とする斑鳩宮は王家の権勢の証しであったから、敵対者からすると、一族もろとも焼いてしまえ、となったのだろう。

燃えさかる斑鳩宮を脱出した一族は一旦、生駒山《いこまやま》に退避した。四〜五日の長考熟慮の末、山背大兄王は亡き父が説いた無抵抗の精神に則り、王家一族の自決の道を択んだ。『日本書紀』によれば、それが人民の犠牲を出さない最善の道であるとの判断からだった。一族は若草伽藍の五重塔に入り、従容と集団自決を遂げた。全員が縊死《いし》、首吊り自殺であった。その数二十三名と伝わる（『上宮聖徳太子伝補闕記《ほけつき》』）。自決者の数については文献により異同がある。『上宮聖徳法王《じょうぐうしょうとくほうおう》帝説《ていせつ》』は犠牲者数を十五名、『聖徳太子伝暦《でんりやく》』は二十五名とする。だが大規模な集団自決があったことは動かない。

言うまでもなく焼討ちとは、建物もろとも住む人全員を焼き殺そうとする蛮行だ。無抵抗の集団自決は、襲撃者の非道を無言のうちにも激しく糾弾するのであった。

それにしても、なぜ上宮王家の人びとは、根こそぎ亡き者にされなければならなかったのか？

惨劇の原因と背景

斑鳩宮の焼討ちにはじまり、隣接する斑鳩寺、すなわち若草伽藍での一族自決に帰結した惨劇――。なぜ、このようなことが起きたのか、その背景に何があったのだろうか？

そこには王位をめぐる熾烈な争いが蠢いていた。**聖徳太子亡きあとの上宮王家は、蘇我氏および大王家との間にのっぴきならない確執を抱えていたのである。**その事情を、補足をまじえながら『日本書紀』によって簡略に示そう。起点はさきに触れたように、大王推古の後継問題にさかのぼる（**系図**）。

●女性大王推古は六二八年に没した。享年七十五と当時にあって稀な長命であった。後継の座をめぐり、大王敏達《びだつ》の孫で彦人《ひこひと》大兄の子である田村王と、太子の子である山背大兄王が激しく対立した。田村は蘇我氏主流の馬子の子で氏上《うじのかみ》である蝦夷《えみし》が推し、山背は蘇我氏傍流で馬子の弟摩理勢《まりせ》が推した。**推古の後継をめぐり蘇我氏は深刻な内部分裂を起こす。**なお氏上とは氏族のトップの地位にある代表者。氏人《うじびと》を統率して朝廷に参与した。

大王／天皇の系図

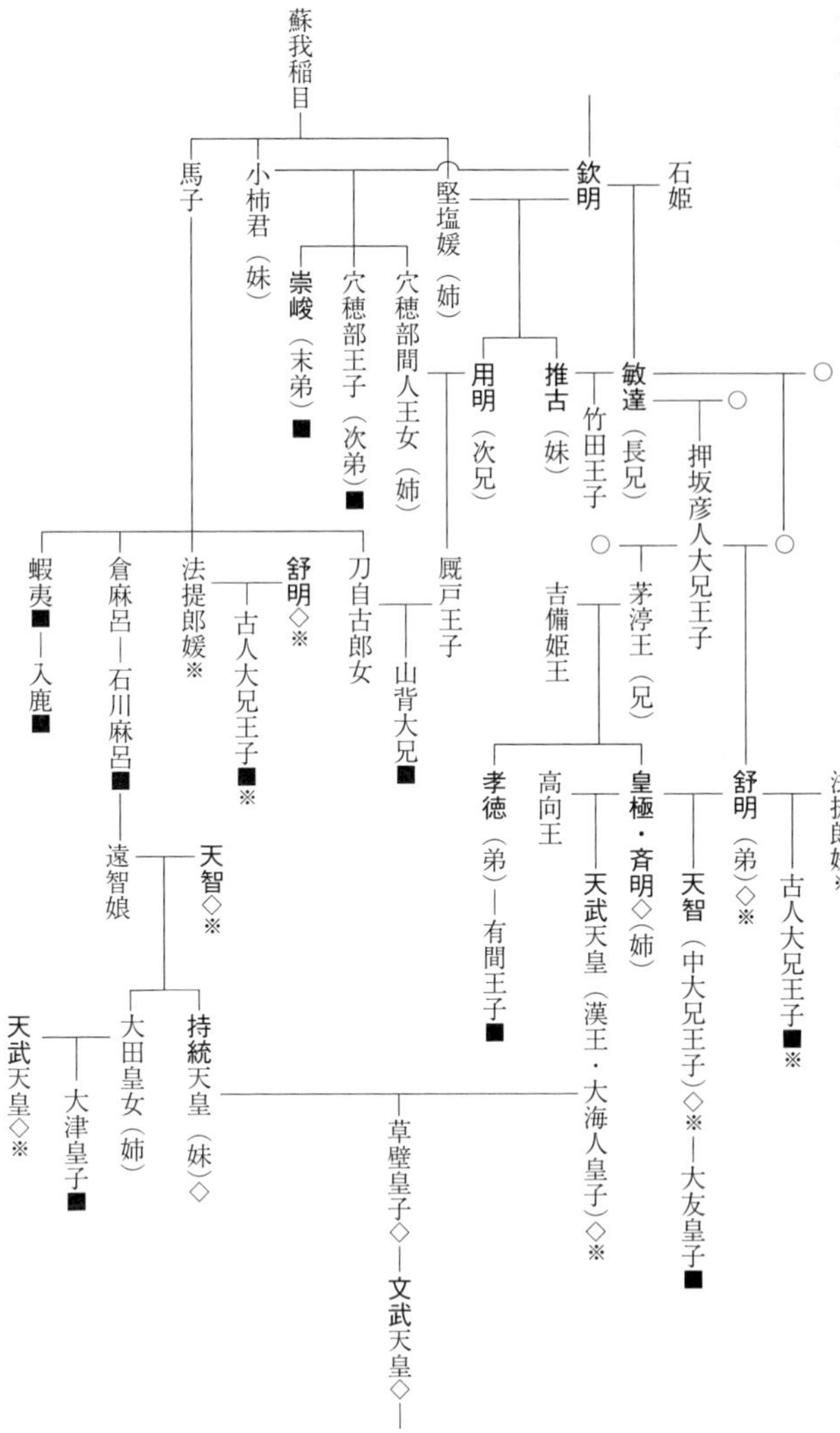

○＝本文で名の出ない人物
■＝自死、刑死、殺害などによる横死
◇＝墳墓が八角墳
※＝重複表示

●田村王に蘇我の血は入っていないが、馬子の娘（蝦夷の妹）を娶っており、すでに古人大兄《ふるひとのおお》王を得ていた。蝦夷を筆頭とする蘇我氏主流には、田村の次に古人を即位させる算段があった。古人大兄とは年長者の意であり、その下が中大兄。母は異なるが、ともに田村の子であった。

●一方の山背大兄王は、皇太子ではなかったものの周囲から即位を嘱望されながら推古より先に没した聖徳太子を父としている（『日本書紀』は聖徳太子を「皇太子」とするが、皇太子制は六八九年に施行された飛鳥浄御原令《あすかきよみはらりよう》からである。荒木敏夫『日本古代の皇太子』）。当時は生前譲位の慣行がなかったから、推古も望んだ太子の即位を、彼女の長命が阻むという皮肉な結果となった。山背には、本来なら推古の後継は父だったとの思いがあり、その次は当然自分のはずとの自負がつよくあった。父の名望《めいぼう》を背に、山背には自分こそ即位すべきとの執念が抜き去りがたくあった。

●太子の存命中は上宮王家と馬子を筆頭とする蘇我本流は良好な関係を保っていた。だが太子が没すると、山背の強烈な自負心が表面に顕《あらわ》れ出た。それは蘇我氏本流から見ると驕慢な思い上がりと映った。

●馬子の弟麻理勢は亡き太子から受けた恩義故に、山背を推したが、理由はそれだけではなかった。自分よりはるかに若い蝦夷が蘇我の氏上として振る舞うことに対する、如何ともしがたい不快感が拭いがたくあった。

●山背には父からも母からも蘇我の血が入っている（前掲系図）。それにもかかわらず、蘇我氏を超える太子の名声を根拠に即位を主張する山背は、蝦夷や子の入鹿ら蘇我氏主流とは全く反りが合わなかった。

●この対立は蘇我氏内部に取り返しのつかない亀裂を走らせた。蘇我氏は二派に分裂して激しく対立した挙げ句、傍流麻理勢一族は処刑に追い込まれた。絞殺であった。こうした陰惨な王位争いの果てに六二九年、田村が即位した。大王舒明である。

集団自決を択んだ上宮王家

舒明亡きあとはその大后が即位しても（皇極、六四二年）、山背は諦めることなく、なお即位の機会をうかがっていた。『日本書紀』は惨事に至る一カ月前の動きをリアルに伝えている。

六四三年十月三日、群臣たちを朝堂前の庭に集めて宴会が開かれた。その席で「位を授けたまふ事を議《はか》る」。十二日、「蘇我臣入鹿、独り謀《はか》りて上宮の王等を廃《す》てて、古人大兄を立てて天皇とせむとする」。

「位を授けたまふ事を議《はか》る」とは、古人大兄の即位を議論したが、まとまらなかった、それで「蘇我臣入鹿、独り謀」ることになった、と解釈される（仁藤敦史《にとうあつし》『東アジアからみた「大化改新」』）。この期に及んで、まだ山背大兄をつよく推す者たちがいたのだ。こうした事態に業《ごう》を煮やした蘇我氏主流と大王家は十一月十一日、邪魔者は消せとばかりに斑鳩宮に火を掛け、山背を筆頭とする上宮王家の殲滅《せんめつ》を図るのであった。

なお斑鳩宮跡の、現在の伝法堂《でんぽうどう》周辺からは焼けた壁土や少量ながら瓦が出土している（浅野清《あさのきよし》「法隆寺伝法堂の解体」）。住居棟は萱葺き屋根であったろうから、瓦が出土したことから斑鳩宮内には小規模な仏堂があったと考えられよう。

ここで太子が生前、熱心に説いていたと伝わる、ある仏教説話に触れておこう。それは四世紀のインドで成立した『金光明経《こんこうみょうきょう》』にある説話で、捨身飼虎《しゃしんしこ》と呼ばれる、釈迦前世の物語である。飢えた虎の親子を哀れんで、釈迦の前世にあたる薩埵《さった》王子が我が身を差し出したという教えで、究極の利他と犠牲の精神を説くものであった。この教えは太子が注釈した『勝鬘経義疏《しょうまんぎょうぎしょ》』に引かれている。『勝鬘経』は、勝鬘夫人《ぶにん》というインドの王妃が大乗仏教の教えを説き、これを釈迦が是と認める形式で進む。義疏とは経典の解説書だ。

太子は『勝鬘経』を大王推古に講義したという。またこの教えは大王推古の愛蔵品とされる国宝・玉虫厨子《ずし》の側面に絵解きされている（大宝蔵院《だいほうぞういん》にて公開されている）。厨子とは仏像などを納める箱。玉虫厨子は檜製で上下二層からなり、これが台座に載る。高さ二・三メートル。なお厨子には推古の念持仏《ねんじぶつ》が安置されていたが、鎌倉時代に盗難に遭い、現状は仮のほとけが納められている。

無抵抗での集団自決という、不戦の精神にもとづく一族の利他的、犠牲的行為は、亡き太子の説いた捨身飼虎の教えを、身をもって体現するものであった。それだけに人びとは滅亡した王家を憐れみ、同情の涙を流した。もともと上宮王家の祖、聖徳太子は仏教の師として人びとに敬慕されていたから、王家への憐憫《れんびん》の情は太子への篤い信仰へと高まり燃え広がった。

大王家の企み

前述のように、襲撃を命じたのは蘇我入鹿一人と『日本書紀』はいう。しかし、これには疑問がある。諸王子たちと共謀したともいわれ（『藤氏《とうし》家伝』）、そこには時の女性大王皇極の弟、軽王《かる》も含まれていたと書く文献もあるからだ（前掲『補闕記』）。

この軽王が、二年後の乙巳の変を経て、なんと大王に昇りつめる。これに注目するなら、蘇我氏主流と大王家が結託して、上宮王家を抹殺した疑いが濃厚だ。当時の多くの人びとはそう受け取ったであろう。

二年後の六四五年、亡き舒明と皇極の間の子・中大兄王子が蝦夷の甥・蘇我倉山田石川麻呂《そがのくらやまだのいしかわまろ》ら蘇我氏傍流と結託し、皇極の飛鳥板蓋宮《いたぶきのみや》にて入鹿ら蘇我氏本流を殲滅する事件が起きた（乙巳《いっし》の変）。これを受けて皇極は弟の軽王に譲位した。大王孝徳《こうとく》の誕生である。

乙巳の変というと教科書を含め、一般には、中大兄王子と中臣鎌足《なかとみのかまたり》が蘇我氏を討ったと語られることが多いが、**じつは大豪族であった蘇我氏がこの時も内部分裂を起こし、傍流が主流を滅亡させた動きでもあった**。傍流を代表する蘇我倉山田石川麻呂は持統天皇母方の祖父である。

孝徳は二年前の上宮王家殲滅に一役買っていたから、大王家において存在感を高めていた。皇極が弟に譲位したのは論功行賞《ろんこうこうしょう》の意味合いがあったとみられる。

大王家は蘇我氏主流と結託して上宮王家を殲滅し（斑鳩宮焼討ち＋集団自決）、**さらには摩理勢**

亡き後の蘇我氏傍流と結託して蘇我氏本流を殲滅した（乙巳の変）。最大豪族である蘇我氏を利用したうえで排除してゆく大王家の手腕は見事と言うしかない。一連の出来事をとおして、大王家はアイデンティティを強化してゆく。その中核に〈皇極―中大兄〉の母子がいた。

　しかし全て上首尾とはいかなかった。如何ともしがたい負の遺産を抱え込むこととなったのである。**山背大兄王は一族の死に場所に若草伽藍、すなわち太子が金堂を建て、自分が五重塔を建てた法隆寺を択んだ。**

　このことが大きな意味をもち、波紋を広げた。太子ゆかりのこの寺、法隆寺若草伽藍は一族の壮絶な利他と自己犠牲の現場になったのである。もともと太子は生前より敬われ慕われていただけに、その教えに殉《じゅん》じて上宮王家がほぼ滅亡したことの衝撃は殊の外、大きかった。しかも滅んだ現場が太子発願の寺であったから、なおさらだ。

　この事態は大王家の信頼と権威を大いに揺るがせた。蘇我氏主流と大王家が結託して斑鳩宮に火を掛け、太子発願の法隆寺における上宮王家の集団自決に帰結した一連の事実――。そこに大王家が絡んでいた疑いが濃厚である以上、人びとの非難の矛先がいつ大王家に向かってもおかしくなかった。そうした空気のなかで、太子創建の法隆寺若草伽藍は大王家にとって非常に厄介な存在になっていた。主を喪ったこの寺は自ずと上宮王家の高貴な血筋と気高い精神を伝える、このうえない記念碑となっていたからだ。

　孝徳のあと、皇極が再び即位（斉明《さいめい》）。その後を継ぐ予定の中大兄王子（天智天皇）は、上宮王家の集団自決という忌まわしい大事件の記憶を消す決意を固めた。それには、**事件の現場となっ**

た法隆寺を焼却し、これに代わる別の寺を造るに如《し》くはない——。

六七〇年四月、時の天皇天智は太子父子創建の法隆寺若草伽藍に火を放ち、全焼させたのではないか。

火災記事をどう読むか

すでに触れてきたが、『日本書紀』の法隆寺火災記事は年を跨いで二度出てくる。

天智八年（六六九年）是の冬に、斑鳩寺（＝法隆寺）に災《ひつ》けり
天智九年（六七〇年）四月、法隆寺に災けり。一屋も余ること無し。大雨ふり雷震《な》る

通説は六六九年の最初の記事を編纂上の誤りとして無視する。そして六七〇年の記事における「法隆寺」を若草伽藍とみなし、被災を事実とみなす。

まず、史料を簡単に誤りと切って捨てるのには問題がある。それに二つの記事は極めて近接しており、間違いなら編纂者も気付きそうなものだ。そして通説は六七〇年の火災の原因を落雷とする。

法隆寺をめぐる前述の政治的状況を考慮に入れると、通説とは全く違う読み方が可能になる。初めの記事は天智が命じた放火が失敗したことを示し、二度目の記事は翌年、再び放火を試みて成功したことを伝えている、と読めないか。そう読むことができるなら、これは「はじめに」の

第二の問題に解答するための思考の補助線になる。

二度目の記事には、確かに「大雨ふり雷震る」とある。だから落雷が原因と読むわけだ。しかし注意しなければならないのは、必ずしも落雷が原因だと言っているわけではないことだ。この箇所を予見なく読めば、

法隆寺に火災が起きた ↓ 一棟も残らなかった ↓ 大雨が降り雷が鳴った

というながれになる。火災の原因が落雷だとは書いているわけではないのだ。読み手が、つい、落雷が原因と早合点してしまうのは、誤読を誘導する編纂者の詐術に乗せられているのではないか。

じつは「大雨ふり雷震る」と似た表現は、『日本書紀』の他の箇所にも出てくる。それは五八七年の〈蘇我―物部《もののべ》〉の戦（丁未《ていび》の乱）で、蘇我側が物部側の将軍を八つ裂きにした時も「雷鳴り大雨ふる」とある。この場合も「雷」が原因でないのはあきらかだ。これは状況の激烈さを伝え、ドラマチックな効果を上げるための常套句とみるべきだろう。

なお『日本書紀』は四月に起きた法隆寺全焼の翌月の記事に、若い娘を歌垣《うたがき》に誘う、脈絡を欠いた不可解な童謡《わざうた》を載せている。岩波文庫版補注によれば、漢書などでは火災記事などの後に童謡を載せる例があり、これに倣ったとする。史書としての体裁を整えたもので、さしたる意味はないとみる。一方、前掲の釈はつぎのように書いている（『法隆寺の横顔』、傍点著者）。

前後に聯絡《れんらく》のない童謡が、忽《たちま》ちこんなところへくる道理はないやうに思われる。（略）これを法隆寺の火難を預言する童謡と解すれば、まんざら放火の疑ひがないとはいえない。

主張も論拠も薄くて弱いが、放火を疑う見方があるにはあったのだ。

天智が抱えたジレンマ

消すべきは忌まわしい惨劇の現場であり、これとむすびついた上宮王家への追慕、そして太子を祖とする血筋への尊崇《そんすう》であった。現場は燃やしてしまえば消える。しかし追慕や尊崇はそうはいかない。放火という荒療治が、却って太子信仰を燃え上がらせかねないのだ。

乙巳の変にはじまる〝血塗られし手〟の記憶も生々しい中大兄王子、のちの天智天皇であった。かれは蘇我入鹿を六四五年六月に、兄の古人大兄をその三カ月後に、妃の父で持統の祖父である蘇我倉山田石川麻呂を六四九年に、孝徳の子・有間王子《ありまのみこ》を六五八年にと、王族豪族を問わず、危険とみなした者を次々に葬った。なかには石川麻呂の場合のように、甚だしい誤認にもとづく殺害もあった。こうした非道な殺戮を繰りかえしたすえに、天皇の血筋が定まっていったのである。このうえさらに法隆寺を力づくで潰すなら、たとえ即位しても、清浄であるべき祭祀王スメラミコト（すなわち天皇）として一層の負い目を抱えることになる。こうした葛藤に苛まれた中大兄王子は、極めて高等な宗教的戦略を練るに至る。

それは**集団自決した子孫から聖徳太子を切り離し、太子のみを仏教上の聖人に祭り上げる**、という大胆な企みである。太子を完全に仏教上の礼拝対象とし、自決した山背大兄王以下、子孫たちとは異次元の存在に高める試みである。以下、中大兄王子の胸の内を推理する。

――集団自決の現場となった法隆寺若草伽藍を焼き払い、陰惨な事件の記憶を忘却の彼方に追いやろう。時の経過とともに世代は変わり、記憶は薄らぎ消えてゆく……。そして敷地を改め、若草伽藍とは一線を画したあたらしい法隆寺を建立する。その法隆寺は若草伽藍を全否定するものでなくてはならぬ。すなわち、**若草伽藍の〈タテ〉配置に替えて、あたらしい法隆寺は〈ヨコ〉配置を採る**。そこで太子を血脈から解放し、釈迦と同体の仏教的崇拝対象に祭り上げるのだ。

3　若草伽藍の全焼時に西院伽藍の金堂は完成していた

『日本書紀』の読み直しをとおして法隆寺若草伽藍の焼失は、じつは時の天皇、天智による放火であった可能性をみた。その可能性はかなり高いと著者はみている。

意外なところから、これを裏付ける事実があきらかになった。法隆寺若草伽藍が全焼した六七〇年に、今あるあたらしい法隆寺、つまり西院伽藍の金堂がすでに完成していた可能性が浮上してきた。

伐採年データの衝撃

きっかけは、木材の伐採年を判定する科学的方法が法隆寺に適用されたことだ。樹皮直下から数年分の年輪の詰まり方（年輪幅の変化）を確認できれば、過去に集積されたデータから伐採年を割り出すことができる。年輪年代測定法と呼ばれるこの方法によって、法隆寺西院伽藍にもちいられた樹木の伐採年が判明した（奈良文化財研究所、二〇〇四年）。

その結果は想定よりかなり早かったため、大きな驚きをもって迎えられた。金堂にもちいられた天井材の伐採年が、六六七年（杉材《すぎざい》）と六六八年（檜材《ひのきざい》）と判明したのだ。

天井板の取付けは建築工事の最終段階になる。もちろん、伐採してから用材として使うまでに一定の乾燥期間を要する。しかし長年にわたるものではなく、概ね一年前後であったろう。法隆寺造営において、建築用材は工事の進行状況に合わせて、その都度伐採されていた。天井板の伐採年が六六七年、および六六八年ということは、「六七〇年の火災のあとに再建された」とされている金堂の完成時期に、大きな問いを投げかけてくる。それは、今ある金堂は、法隆寺若草伽藍の火災時にはほぼ完成していたのではないか？　という問いである。

『日本書紀』によれば、若草伽藍が火災に遭ったのが六六九年冬、そして六七〇年四月。西院伽藍の金堂の天井材の伐採年が六六八年ならば、天井の取付けは工期の最終段階だから、**若草伽藍に火災のあった六六九年冬、そして六七〇年四月に金堂はほぼ完成していた可能性が充分にあるのだ。**

天智が命じた放火

あたらしい法隆寺の構想は中大兄王子の胸中に温められていたが、それが具体的に、着工へと動き出したのは、金堂の天井材の伐採年と金堂の工期などから、六六〇年代半ば頃とみることができる。当時の政治状況をみると、六六〇年代前半に中大兄王子が指揮を執った唐・新羅《しらぎ》との戦い、すなわち白村江《はくすきのえ》の戦いが起きている。大敗を喫したのが六六三年であったから、法隆寺の一新計画が具体化したのはそのあとの、おそらく六六四年〜五年頃ではなかったか。すなわち、あたらしい法隆寺たる西院伽藍を主導したのは、即位直前の中大兄王子であった。これが「はじめに」で提起した第二の問題への解答である。

一方、近江の大津京への遷都が六六七年、中大兄王子が正式に即位したのが六六八年であった（天智天皇）。従って天井材にもちいた樹木の伐採が同時期であることからして、あたらしい法隆寺金堂の着工は大津京に遷都する前の、中大兄王子がまだ飛鳥にいた頃であったとみられる。

さて、あたらしい金堂が完成すれば、**血統色を濃厚に帯びて太子信仰の聖地と化した若草伽藍は一刻も早く消し去りたい**。若草伽藍の金堂に安置されている、本尊に据える予定の釈迦三尊像を完成したばかりのあたらしい金堂に移したうえで、若草伽藍に火を放ったのではないか。

すなわち、六六九年と六七〇年の火災は人為であり、すでに即位していた天智が命じた放火であったと考えられるのだ。最初は失敗したが、二度目に成功したのであった。

4 〈太子が拝む寺〉から〈太子を拝む寺〉へ

ここで法隆寺の呼称について述べておきたい。寺院には一般に、所在地を冠した名と理念を冠した法名があるが、初期にあっては地域名を冠していた。法隆寺もご多分に漏れず、最初の名は斑鳩寺であった。『日本書紀』によれば、法隆寺という法名を得たのは天武八年（六七九年）四月であった。太子が没して五十七年後であった。

「諸寺《てらでら》の名を定む」とあるのが該当記事で、この時、飛鳥寺は元興寺《がんごうじ》と、斑鳩寺は法隆寺と定められた。太子父子が創建した法隆寺を斑鳩寺と呼び、法隆寺という呼称は今あるあたらしい法隆寺に限定するのも一法だが、一般化していない。おそらく抵抗を感じる向きもあるのではないだろうか。

本書では慣例にしたがい、厩戸王子を聖徳太子と呼ぶのと同様、法隆寺で通すが、二つの法隆寺を区別する場合はこれまでと同様に、太子創建の斑鳩寺を法隆寺若草伽藍、今あるあたらしい法隆寺を法隆寺西院伽藍と呼ぶ。

振りかえれば今、聖徳太子が没して千四百年もの歳月が経過している。聖徳太子は没後の敬称であるから、大王用明の息子であった**厩戸王子は「聖徳太子」という名はもちろんのこと、「法隆寺」という名も知らなかった。**日本人なら誰もが知る厩戸ゆかりの超ビッグネームを自身は知らなかったとは皮肉ななりゆきだが、しかしそこには、その後の日本人の心情と歴史が染み付いている。

さて天智が主導したあたらしい法隆寺の建立は若草伽藍、すなわち太子父子創建の法隆寺を消すことを前提にしていた。若草伽藍の本尊は薬師如来であった。**太子をはじめ一族はこの薬師像を拝んでいた。**

ところがあたらしい法隆寺では、太子と等身大に造られた釈迦像が本尊とされた。すなわち、**太子は拝まれる立場に入れ替わってしまうのであった。**同じ法隆寺といいながら、全く別の寺になったといえるほどの変わりようなのだ。このようなことがいったいなぜ、起こったのか？

二つある本尊の謎

前節で、金堂の天井材にもちいられた樹木の伐採年データから、火災の前に、今ある金堂がほぼ完成していた可能性が高いことをみた。このことは別の角度からも裏付けられる。

現在、法隆寺金堂には異例なことに、本尊仏が二体ある。この二つの本尊仏の存在こそ、**法隆寺は二つあったこと、そして若草伽藍が西院伽藍にあたらしく生まれ変わったことを示しているのだ。**

太子創建の金堂に安置されていた薬師像。

天智主導の現金堂に安置されている釈迦三尊像。

前者の薬師像については、既述のように、法隆寺では〝根本本尊〟と呼ぶ。これが太子創建の若草伽藍の金堂に安置されていた本尊であったからだ。高さ六三・八センチと比較的小さい像である。現在は本尊の釈迦三尊像の東に安置されている。

だが、作風から見てこの像が当初のものとは考えにくい。美術史では白鳳時代（この時代概念についてはプロローグ）、つまり大化後の七世紀後半に造られた模像とみられている。そうなると元の本尊仏は、六七〇年の火災の際に金堂もろとも焼失したとみるのが無理のないところであろう、その後、この薬師像の模像が制作され、元からあった本尊、つまり〝根本本尊〟と位置づけられたとみられるのである。

すでに述べたように（前章1）、薬師像の銘文によれば、父用明を弔うために、太子によってこの像とこれを納める金堂が造られた。それが若草伽藍の金堂であった。六〇七年に、**太子が薬師像を拝むために建てた金堂から法隆寺ははじまったのである。**

薬師像と釈迦三尊像の明暗

さて、今ある金堂の本尊である釈迦三尊像は、その名のとおり三体のほとけからなる。中央に釈迦像が座し、左右に脇侍《わきじ》が立つ。釈迦像の光背裏面に刻まれた銘文によれば、太子が亡くなった翌年の六二三年に完成している。台座を含めて高さ四メートル近くもあるこの大きな釈迦三尊像は当初、どこに納められたのであろうか？

諸説あるが、やはりオーソドックスに、太子創建の若草伽藍の金堂に安置されたとみるのが無理のないところだろう。斑鳩宮も候補に挙がるが、この宮は六四三年に焼討ちに遭い、焼失した。

ところが釈迦三尊像に火災の痕跡は見出せないのである。なお斑鳩宮の焼討ちの際、隣地にある若草伽藍に火は及ばず、この伽藍が焼失するのは六七〇年である。

もっとも、釈迦三尊像が太子創建の金堂に安置されていたとみる場合、小ぶりな本尊薬師像と大ぶりな釈迦三尊像をヨコに並べてもバランスがとれない。このことも議論を呼んできた。しかし、釈迦三尊像の前に根本本尊の薬師像を置くレイアウト（御前立《おまえだ》ち）であれば、懸念は消えるのではないか。

太子創建の金堂にあった釈迦三尊像は、六七〇年の火災の際、急遽若草伽藍の金堂から運び出されて、危うく難を逃れたとされてきた。しかし、光背を含めて四〇〇キロ余りもあり、高さ四メートル近いこの巨大な像を、（通説がいうような）予期せぬ大火の最中に素早く持ち出せたものか？

おまけにこの像には今言ったように、火災の痕跡が全く見出せないのである。これは、かの岡《おか》倉天心《くらてんしん》（覚三《かくぞう》）はじめ多くの論者が抱いた疑問だ。東京帝国大学の学生であった天心は、日本政府により同大学に招かれたアメリカの哲学者アーネスト・フェノロサの助手となって日本各地の古美術の調査に奔走し、その神髄に触れる。法隆寺の僧たちも見たことのない夢殿の秘仏・救世《くせ》観音像を、フェノロサとともに初めて実見した話はよく知られる。

天心は二十七歳で東京美術学校（現・東京藝術大学美術学部）校長となり、東洋および日本の美術の、西洋にない独自性を説いた。怒涛のように押し寄せる欧米志向の〝文明開化〟の波と、伽藍や仏教美術の破壊に走る〝廃仏毀釈〟の嵐に抗し、あたらしい日本画の創出に力を注いだ。海外への啓蒙活動にも精力的に取り組み、英語で書かれた主著『茶の本』では主に禅や道教思想の見地から日本美術の価値を説いた。

話を戻そう。青年校長岡倉天心はこの釈迦三尊像について、東京美術学校の講義「美学及美術史」でつぎのように論じた（『日本美術史』）。

火災の際いかにして一丈有余の大銅像を持ち出し得たるか。（略）その諸像を視るに火を経たるの痕跡だになし

若草伽藍が全焼した六七〇年四月、太子が拝んでいた六〇七年完成の薬師像と太子没後の六二三年に完成した釈迦三尊像がともに若草伽藍の金堂内に安置されていた、と仮に想定しよう。小さい元の本尊（「根本本尊」）が焼失して模像が造られたのに、これよりはるかに巨大で重く、移動困難な釈迦三尊像が火災の痕跡もなく現存している。これはどうみても辻褄が合わない。

火災の前に釈迦三尊像は、ほぼ完成していた今ある金堂に移されていた——。

こうみるほうが、はるかに無理がない。事前に移されていたとみられることは、さきに提示した放火説を別の角度から裏付ける。というのは、六六九年冬の最初の放火の時点であたらしい金堂がほぼ完成していたとみることは、年輪年代法の示す樹木の伐採年の六六七、六六八年と無理なく整合するからだ。

若草伽藍の金堂に鎮座していた釈迦三尊像は、あたらしい金堂に移されてあたらしい本尊とな

った。寺の本尊が変わることはそう珍しくないが、ここに述べた法隆寺のような経緯は異例かつ特殊である。さきにも述べたように、これはもう別の寺になったに等しいと言えるのではないか。

聖徳太子は釈迦である――あたらしい本尊はアピールする

金堂に安置された釈迦三尊像の大きな光背の裏面に、像が制作されるに至った経緯が刻まれている。そのなかにつぎの文言があり、注目される。

造釋像**尺寸王身**

読み下すと「釋像の尺寸王身なるを造る」。王とは厩戸王子、つまり聖徳太子を指す。全体の意味は、「釈迦像は太子と等身大で造る」。

太子を釈迦に見立てているのだ。ならばお顔も太子に似せて造像したにちがいあるまい。このお顔は東院の夢殿の本尊、救世《くせ》観音像に似ている。そう見て異論はあまりないのではないか。あえて違いを言えば、金堂の像がアルカイックでやや硬く、正面性がつよい。これに比べて夢殿の像は洗練されてやわらかく、優美な印象を与える。八角形をなす夢殿内にはこの像を中心に周回できる空間(プラダクシナー・パタ、「はじめに」)が配されている。昭和期に活躍した文芸評論家・亀井《かめい》勝一郎《かついちろう》は正面より側面のほうが神々しいとまで言う(『大和古寺風物誌《やまとこじふうぶつし》』)。全方位からの視線を受けても隙がない、ということであろう。このような違いがあっても、モデルは共有されているようにみられることから、夢殿の救世観音像も太子のお姿とみてよいのではないか。
銘文によれば釈迦三尊の造像は太子臨終の六二一年に膳《かしわで》夫人、山背大兄王をはじめとする諸王そして諸臣らによって発願された。しかし膳夫人は発願して間もなく崩じ、太子もその翌日に崩じた。この像を制作したのは止利《とり》仏師で、翌六二三年に完成した。止利仏師は六〇九年に、すでに飛鳥寺の本尊である釈迦如来坐像、通称飛鳥大仏を完成させていた。

法隆寺を一新しようとする者にとって、太子と等身大の釈迦像がすでにあるとはまさに〝渡りに舟〟、あたらしい法隆寺に打ってつけだ。これを本尊に据えるのは、法隆寺一新計画の当初から決まっていたであろう。

「尺寸王身」の釈迦像があたらしい法隆寺の本尊となったことの意味は限りなく大きい。**太子はその血脈から解き放たれ、釈迦と一体化されて普遍信仰のなかに祭り上げられた。**その時、集団自決した上宮王家の人びとは太子との血脈を失い、歴史から抹殺されたに等しかった。

逆に言えば、実在の人物厩戸王子は天智によって〝褒め殺され〟、仏教上の聖人として崇め奉られた。この企ては、厩戸王子の尊貴《そんき》な血筋を仏教の普遍信仰のなかに昇華させ、無化する試みであった。

若草伽藍の焼却によって、そこを舞台とした集団自決はなかったも同然とされた。一族滅亡という凄まじい利他的自己犠牲を敢行した上宮王家の存在が、やがて人びとの記憶から消えゆくのは時間の問題であった。そして独り太子のみが仏教的崇敬の対象として、永遠の生を得ることとなった。こうして大王家は、ひとまず安全地帯に滑り込んだのである。

このように本尊が変わり、敷地も伽藍をつらぬく中軸線の角度も伽藍配置もガラッと変わって、法隆寺はまさに生まれ変わった。一般に、法隆寺は「再建」されたと言われるが、単に焼けたから再建した、という単純な話ではなかった。繰りかえすが、この時、今ある法隆寺は当時の最高権力者、天智天皇によって太子創建の法隆寺とは別の寺に生まれ変わったのである。劇的に——。

その内実は、〝**太子が拝む寺**〟から〝**太子を拝む寺**〟**に転換したことにある**。これを単なる「再建」とは言えないし、むしろそれは誤解を生む表現と著者は考える（その後、法隆寺は薬師寺、興福寺とともに法相《ほっそう》宗の総本山となった。戦後になって独立し、聖徳宗の総本山になっている。ちなみに聖徳宗の寺は全国に二十四カ寺ある）。

5　〝法隆寺ファミリー〟と〝太子コロニー〟

法隆寺に関連して触れておきたい寺々がある。

斑鳩の里には法隆寺によく似た、二つの小さな寺がある。法輪寺《ほうりんじ》と法起寺《ほっきじ》だ。規模から言って法隆寺が親ならば、二寺は子供たちと言えようか。さらには太子父子が創建した法隆寺、つまり若草伽藍はさしずめ祖父となろうか。これら四つの寺を〝法隆寺ファミリー〟と呼ぼう。

もっとも若草伽藍は現存しないので、一般には法隆寺、法輪寺、法起寺を斑鳩三寺と呼ぶ。また景観的に塔が特に印象的であるので、斑鳩三塔とも呼んでいる。

なお法輪寺三重塔は昭和十九年に落雷により焼失し、現在の塔は昭和五十年に再建された。法起寺は「法隆寺地域の仏教建造物」の一つとして世界遺産に登録されている。

法隆寺ファミリー

法輪寺と法起寺はそれぞれ三重塔をもつ。そして金堂と塔が〈ヨコ並び〉に配置されている。〈タテ一列〉配置に対して〈ヨコ並び〉配置では金堂と塔がほぼ同格とみられるが、そこでも違いが認められる。法輪寺では法隆寺と同じく金堂が東、塔が西なのに対し、法起寺では逆になっている（**図1**）。

塔には舎利が、金堂には本尊仏が納められるとは、「はじめに」で述べたが、金堂と塔の配置について、石田茂作は一九六四年におこなわれた法隆寺の講習会でつぎのように語っている（「法隆寺式伽藍配置について」）。塔を前にして金堂を後にする〈南北タテ一列〉配置では、「現身仏《げんしんぶつ》を通して理想仏を見ようとする」。

すなわち舎利を「現身仏」、本尊を「理想仏」とみているわけである。これだけではどちらを重視しているのか不明だが、著者の見解を添えるなら、伽藍はそもそもストゥーパ（塔）からはじまったという経緯か

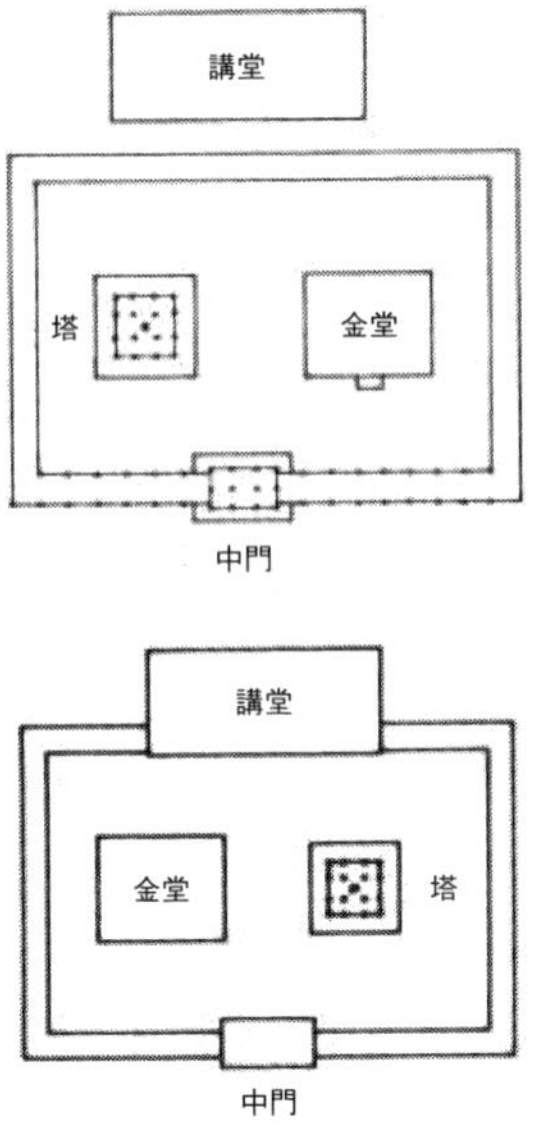

図1　法輪寺、法起寺／伽藍配置復元図（『日本古寺美術全集 第二巻』集英社より）

らみて（第一章リード）、塔が重視されていた。これに対して〈東西ヨコ並び〉配置では塔と金堂はほぼ同格になっているが、石田が説く仏教的価値観によれば、「仏教では古来、右を上位とし、左を下位とする習慣があった（日本とは正反対）」と言う。法隆寺と法輪寺では南面して（ほとけから見て）右に塔、左に金堂を配するのは、塔をやや上位に置いていたからだと指摘する。そして法起寺で配置が逆になるのは、金堂をやや上位に置いているからだと説明する。つまり舎利に象徴される「現身仏」より、本尊に象徴される「理想仏」が上位にきているわけである。これは仏教教義における価値観の変化であった。

さて法起寺三重塔の造営年代については信頼できる資料がある。当初の露盤《ろばん》は現存しないが、鎌倉時代の法隆寺僧顕真《けんしん》による『聖徳太子伝私記』に露盤にあった銘文が書き写されている。露盤とは塔の屋根の頂部に据えられた相輪《そうりん》の一部。金属製で箱状をなす（**図2**）。これによれば、塔は七〇六年に完成した。

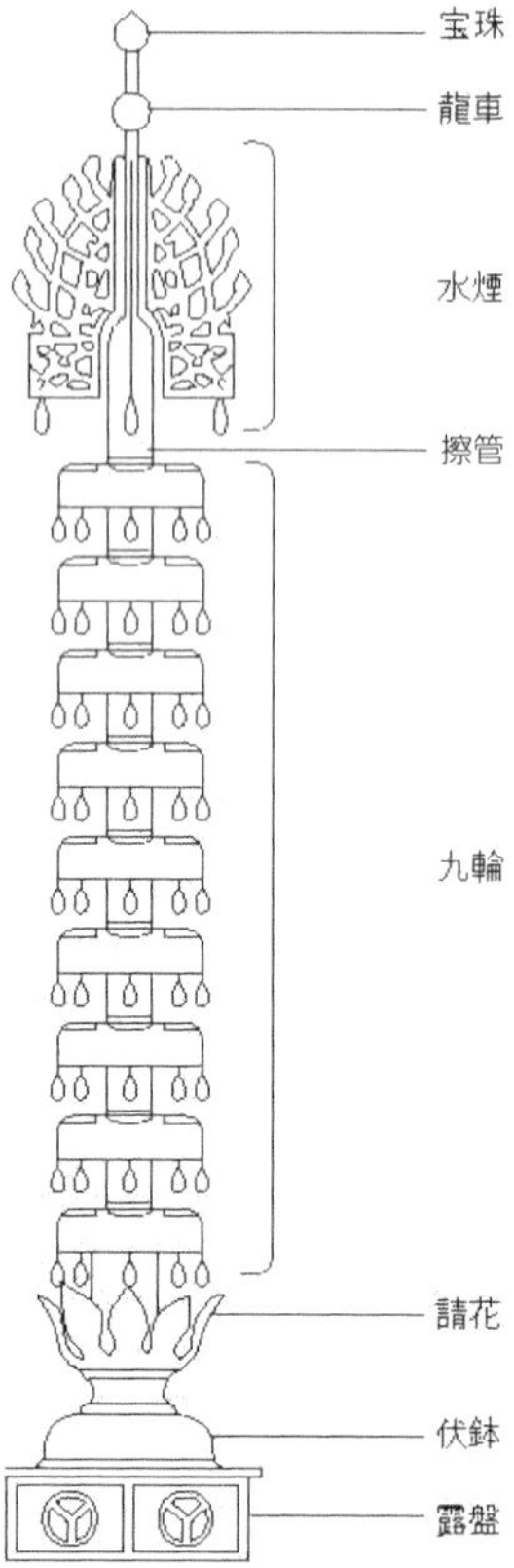

図2　塔の頂部に載る相輪（拙著『空海 塔のコスモロジー』春秋社より）

斑鳩三塔には建築的な共通点がある。まず柱にエンタシス（＝胴張り、第一章リード）が見られる。そして雲斗雲肘木によって軒が支えられている（前掲第二章写真3）。こうした特徴は飛鳥様式とみなされるが、しかし建立されたのは白鳳時代であった。

太子コロニー

昭和九年に法隆寺の昭和大修理がはじまったが（〜昭和六十年）、五重塔の解体修理がおこなわれたのは昭和十七年〜二七年であった。その結果、非常に興味深い共通点がさらにあることが分かった。法隆寺五重塔の三重、五重の屋根の軒の出の寸法が、法輪寺と法起寺の二重、三重の屋根の軒の出の寸法に一致したのだ（浅野清「法隆寺五重塔と金堂の解体」）。

これは三つの寺が一体的に建築されていたことを示している。**参考のレベルを超えて、同じ職人集団が関わったとみて大過ない**。そのくらい共通性、一体性が高いのだ。彼らが担った三つの寺の造営順をみると、法輪寺が法隆寺に先行し、法起寺は法隆寺の後である。法輪寺金堂の造営は出土した瓦から六五〇年代とみられる。

法輪寺があたらしい法隆寺に先行していることから、法輪寺は法隆寺のための試作の意味合いがあったとみられている。若草伽藍のあと、法輪寺を発掘調査した石田茂作は列柱回廊に囲まれた聖域の規模に関し、興味深い指摘をしている。法輪寺を「一倍半にして法隆寺が再建された」、つまり法輪寺を試作として法隆寺が再建されたと言うのである（前掲「法隆寺式伽藍配置について」）。

法隆寺の試作としての法輪寺の金堂が六五〇年代に造営され、その後、三重塔が六五〇～六六〇年代に造営されたとすると、法隆寺若草伽藍の焼失した六七〇年より前から、あたらしい法隆寺の造営が秘かに計画されていた可能性があることを裏付けている。

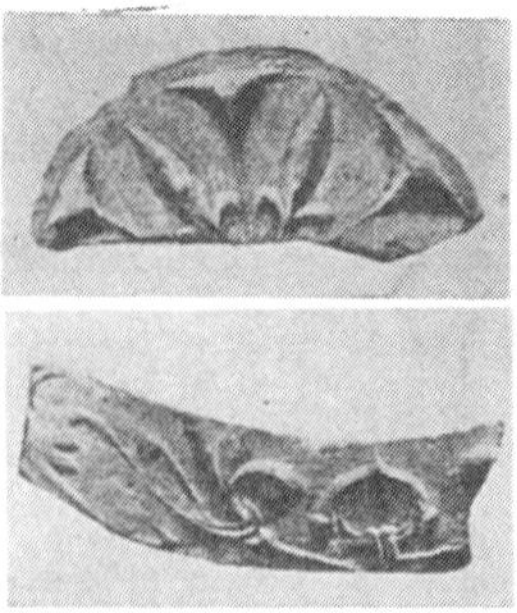

写真　斑鳩宮跡から出土した軒瓦の瓦当デザイン（『斑鳩の白い道のうえに』朝日新聞社より）

すでに触れたところだが、聖徳太子が拠点とした斑鳩宮跡から、瓦が出土している（本章2）。宮内に小さな仏堂があったとみられるのだ。美術史家の上原和《うえはらかず》は、瓦当《がとう》に施された紋様意匠は「最高の出来栄え」を示しているという（**写真**）。それらをデザインし製作した職人集団を、かれは〝太子コロニー〟と名付けた（『斑鳩の白い道のうえに』）。なお瓦当とは、軒先に並ぶ丸瓦《まるがわら》あるいは平瓦《ひらがわら》の先端部分をいい、そこに紋様が施される。

〝太子コロニー〟の面々は斑鳩を拠点とする上宮王家お抱えの職人集団として世代交代をしながら、**若草伽藍をはじめとする〝法隆寺ファミリー〟の造営を次々と担ったのではないか。**そこには瓦職人のみならず、寺工を中心に彫刻師や画工などがいたであろう。コロニーを「文化人聚落」と捉える上原は、これらの職能人のほか、文章を書く渡来人や学僧などが斑鳩に集結し、仏教教学と芸術を担う集団をつくっていたと想定した。そのリーダーとして彼らを主導したのは勿論、聖徳太子である。

〝法隆寺ファミリー〟の成立には、前提として職人集団〝太子コロニー〟の存在があったのではないか。彼らは太子の意向を汲んで、斑鳩宮と斑鳩寺（＝若草伽藍）の金堂を造営した。太子没後は息子の山背大兄とともに、五重塔の造営に取り組んだのであろう。それは太子を敬い信奉する職人集団〝太子コロニー〟の、世代を超える活動となったのである。ところが、彼らを召し抱えていた上宮王家は滅亡してしまった——。

施主を失った〝太子コロニー〟は、中大兄率いる朝廷の傘下に入るよりほかなかった。金堂と塔の〈東西ヨコ並び〉は中大兄の指示によるものだろう。これに倣い、法輪寺・法隆寺・法起寺の三つの寺はみな〈東西ヨコ並び〉配置を採ったのである。

様式の古さの理由が分かった

再建・非再建論争のなかで、今ある法隆寺を太子創建とする非再建説最大の論拠に、建築様式の古さが挙げられていた。再建されたとした場合、中大兄王子の指示に従って伽藍配置はガラッと変わったのに、個々の建築デザインにはなぜ古い飛鳥様式が採用されたのか？

これについて謎は依然として解明されていない。これを解く鍵は、いま述べたばかりの〝太子コロニー〟の存在にあるのではないか。太子なきあとも彼らが世代を超えて存続したとすれば、伽藍配置については中大兄王子の指示に従うにしても、**個々の建築のデザインについては彼らの流儀、つまり信奉する太子の下で造った若草伽藍の建築デザイン様式を可能な限りつらぬいたのではないか。**

さすがの中大兄王子も、そこまで気が回らなかったというのが実情ではなかったか。あるいは、個々の建築デザインについては〝太子コロニー〟に任せたということか。

但し合理的な理由で改善された点もあった。第2節で触れた玉虫厨子の上層部は金堂と思しき建築のミニチュアになっている。これは若草伽藍の金堂を模した可能性があるが、その瓦屋根を見ると上方と下方の間に折り目がついていて、そこで傾き（勾配《こうばい》）が切り替わっている（専門用語で「錣《しころ》葺き」という）。おそらく若草伽藍の金堂の屋根もそのようなものであったろう。しかし西院伽藍金堂の軒の出は深いものの、屋根に折り目はない。理由は錣葺きの場合、勾配の切り替え箇所に雨水が貯まりやすく、雨漏りの原因になりやすいからだ。

さて伽藍配置の大転換は受け入れるよりほかなかったが、法隆寺西院伽藍の「実物」を見る限り、建築様式については彼ら〝太子コロニー〟の流儀は認められていた。彼らが世代を超えて機能していたのなら、白鳳時代に飛鳥様式の建築が造られるのは充分にあり得ることなのだ。太子が建てた若草伽藍の飛鳥様式は、錣葺きを除き、大方保持されていたのである。

世代を超えて〝太子コロニー〟があたらしい法隆寺の造営を担ったのであれば、建築様式の古さは説明できる。太子の建築様式を残すこと、それは〝太子コロニー〟の矜持であったのだ。

第五章
なぜ法隆寺だけ中門の真ん中に柱が立つのか

若草伽藍が発掘されたことにより、法隆寺西院伽藍とは別に、聖徳太子父子が創建した法隆寺があったことが判明した。しかしそれで片が付いたわけではなかった。若草伽藍の配置は西院伽藍の配置の特異性を逆照射するのである（第二章3）。

その後、さらに驚くべきことが判明した。この特異な〈東西ヨコ並び〉の伽藍配置は西院伽藍が代表する〝法隆寺ファミリー〟が最初ではなかった――。

法隆寺に先行して、金堂と塔が〈東西ヨコ並び〉に配置された巨大伽藍があったことがあきらかになったのである。この寺は『日本書紀』が九重塔をもつと特筆する大寺で、建てたのは大王舒明、皇極の夫であり中大兄王子の父である。

〈東西ヨコ並び〉配置は〈舒明―天智〉の父子で受け継がれ、洗練されていったのだ。

1 『日本書紀』の中の百済大寺

『日本書紀』が伝える九重塔をもつ大寺。

大陸ならいざ知らず、我が列島でほんとうかと疑いたくなるほどの巨大な規模であり、伽藍配置はもちろんのこと、その実在すら不明であった。実際、九重塔については技術的に無理と、存在を否定する学説まであった。そんな大寺の痕跡が二十世紀も末になって出土したのである。これは考古学および歴史学において大きな衝撃をもって迎えられた。

奈良県桜井市吉備に、江戸時代に造られた大きな溜池がある。名を吉備池《きびいけ》という。護岸工事が必要となったため、これに先立ち一九九六年、吉備池周縁の発掘調査がはじまった（奈良文化財研究所、桜井市教育委員会）。そこにだれも予想しなかった驚きの大発見が待っていたのである。若草伽藍の発掘から六十年の歳月が経過していた。

まずは『日本書紀』がどのようにこの大寺を描いているのかを押さえておこう。

満を持す大王

六三九年、大王の舒明が九重塔をもつ大寺と大宮の建立に着手した。場所は「百済川の側《ほとり》」。これにちなみ、寺は百済大寺と呼ばれる。大寺とは単に大きいだけでなく、造営費や維持費を国から供給される官寺を意味する。百済大寺は我が国初の官寺であった。

　前大王の推古の晩年に伽藍の数は四十六にもなっていた。しかしいずれも王族か豪族による建立であった。代々、専ら神祭りを担ってきた大王は、気が付けば、伽藍の建立に大きく後れを取っていた。そこで舒明は大王の威信を賭けて、規模も内容も既存のいかなる伽藍をも超える、初の官寺を建立することを思い立つ。その様子を『日本書紀』は克明に描写する。舒明は六三九年七月、「今年、大宮及び大寺を造作《つく》らしむ」と高らかに宣言した。そして、「西の民は宮を造り、東の民は寺を作る」ことを基本方針とした。百済川の西岸に大宮が建ち、東岸に大寺が建つという壮大な構図だ。おそらく聖徳太子の斑鳩宮と斑鳩寺（若草伽藍）が対をなして東西に並ぶ構想に刺激を受け、さらに壮大にしたのだろう。百済川は現在の米川《よねかわ》とみられ、その流域にある百済の地は、百済出身の渡来人が開拓し居住する地であった。広くは磐余《いわれ》と呼ばれる地域である（**図1**）。

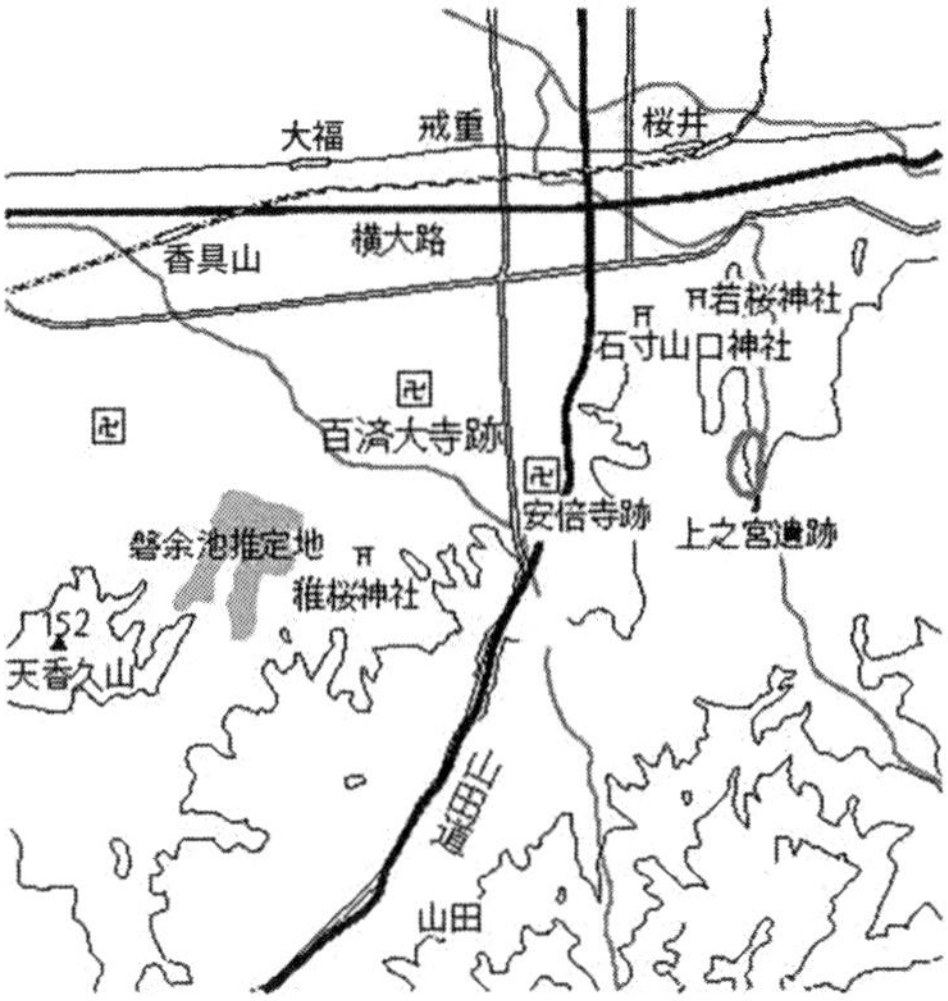

図1　磐余地域にある百済大寺位置図（辰巳和弘『聖樹と古代大和の王宮』より作成）

　この川は最終的に大和川に合流し、やがて難波の海に注ぎ込む。現状より川幅があり、流量も多かった。舟運も可能で、建設資材の運搬にも有利であった。それに、海外からの賓客や使節を川伝いに舟で迎え入れることも可能だった。

「西の民〜、東の民〜」ということばは、単に業務の分担を意味するものではなかったろう。そこには大事業をなすに当たり、国家を挙げて人民を総動員しようとする、舒明のつよい意思が込められている。当然のこととして、王族や豪族に全面協力をもとめる大号令であった。

百済大寺の遺構からは若草伽藍の瓦と同じ紋様をもつ瓦が出土した。瓦の製作にもちいる型が上宮王家から提供されたとみられる。これをもって舒明と上宮王家の関係は悪くはなかったとする見解があるが、いかがであろうか。王族や豪族に全面協力をもとめられた状況下、これを無視して無用な軋轢が生じるのを上宮王家は避けたと著者は考えている。実際、使い古した瓦型であったから、その瓦の出来はよいものではなかった。

飛鳥から磐余へ

当時、都は飛鳥にあった。蘇我氏はまず我が国初の本格的伽藍である飛鳥寺を飛鳥に建立し、推古の王宮として小墾田宮《おはりだのみや》を飛鳥に設けていた。舒明の王宮も当初は飛鳥にあった（飛鳥岡本宮《あすかおかもとのみや》）。磐余《いわれ》の百済川のほとりに大宮と大寺を建てるとは、言うまでもなく、飛鳥から磐余への遷都にほかならなかった。舒明は、飛鳥を拠点とする蘇我氏の意向を無視し、強引に押し切ろうとしていた。蘇我氏主流に推されて即位した舒明だが、蘇我氏の影響から脱却する意思を鮮明にしたのである。つぎにこのことを具体的に述べよう。

2 〝もう一つ〟の系譜

磐余の地は天香久山《あまのかぐやま》の北東にある。聖地三輪山の南西麓に広がる磯城《しき》と蘇我氏が根拠地とする飛鳥の間だ。『日本書紀』によれば、継体の磐余玉穂宮《たまほ》など歴代大王の宮があったところであり、舒明が属す王家の始祖、敏達《びだつ》の百済大井宮《くだらのおおいのみや》も磐余にあった（**図2**）。

舒明の父は押坂《おしさか》彦人大兄王子で、祖父は敏達。舒明の大后（のちの皇極）は押坂彦人大兄《おしさかのひこひとのおおえ》の孫であり、敏達は曾祖父。このように舒明と皇極はともに敏達と彦人大兄の血を引いており、極度の近親婚であった。

すでに蘇我系の妃が古人大兄を産んでいるのに、さらに子持ちの大后を迎えたのは、非蘇我系の血筋の合流によって血の濃度を高め、アイデンティティを強化する狙いがあったからであろう（前掲系図）。極めて政治色の濃い婚姻であった。

目に見えない血筋の可視化

敏達を始祖とするこの血統は、蘇我氏全盛の時代にあって蘇我氏の血を全く引かない王統（大王の血統）を築いていた。これを歴史学では「押坂《おしさか》王家」と呼ぶ（吉川真司『飛鳥の都』）。

敏達は舒明の祖父であったから、敏達の百済大井宮のあった磐余への遷都、および百済大宮・

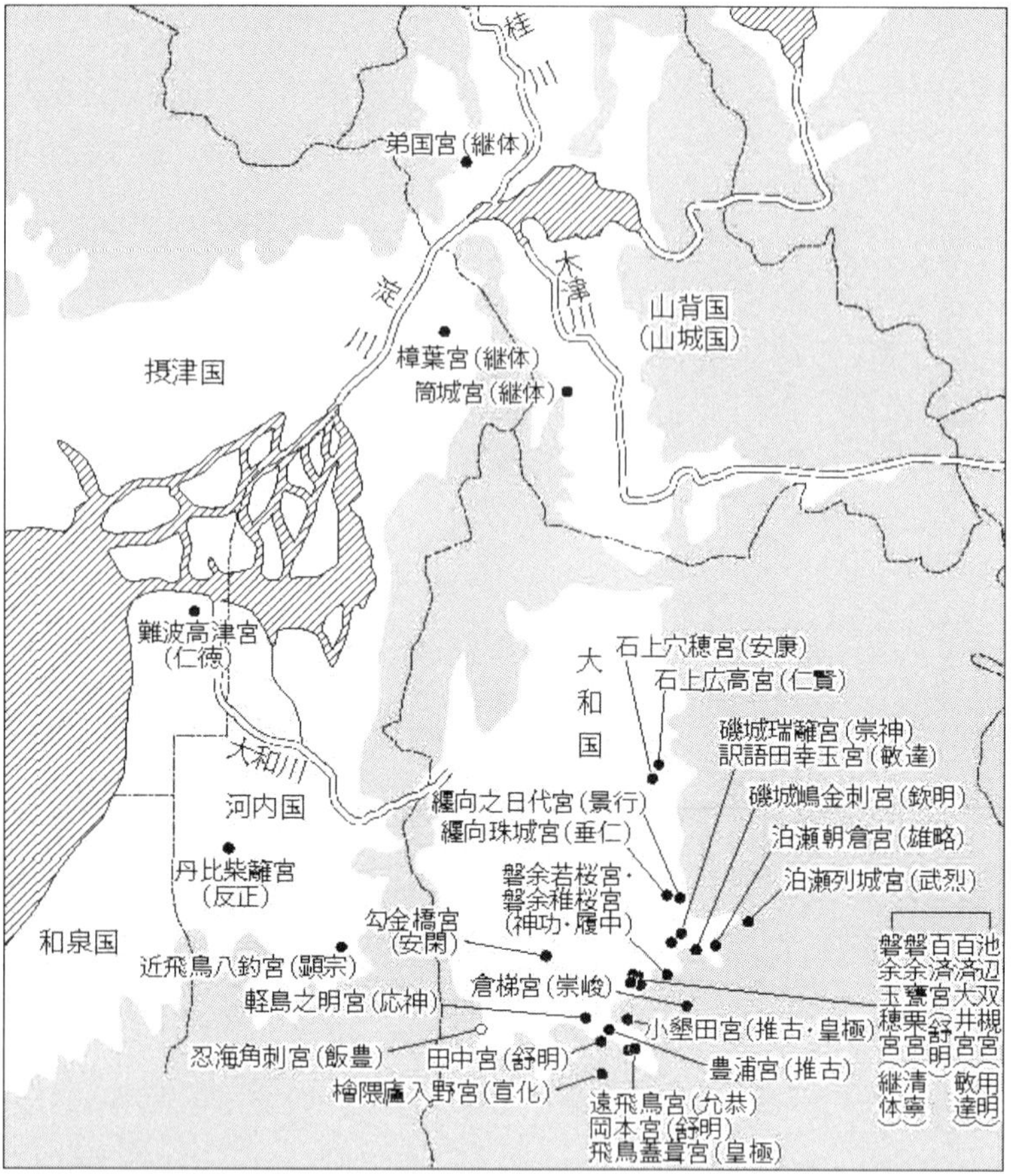

図2　歴代王宮分布図（山田邦和「山陵と京郊の葬地」『講座畿内の考古学3 王宮と王都』雄山閣より作成）

大寺の建立は、飛鳥を拠点とする蘇我氏の支配圏を脱し、敏達の王統への回帰を意味した。同時にそれは敏達と舒明の〈祖父―孫〉の血のつながりを、目に見えるかたちでアピールした。すなわち、目に見えない血筋を可視化したのである。

前章で述べたように、舒明は蘇我馬子の娘を妃とし、その間に儲けた長男が古人大兄王子であった。蘇我氏にはこの古人大兄を即位させる意図があり、それ故、蘇我氏は古人の父である田村（のちの舒明）を大王に推したのである。

しかし即位した舒明は蘇我氏の影響を排し、祖父敏達の王統への回帰を志向した。その具体的なあらわれが磐余への遷都であり、「大宮及び大寺」の建立であった。これによって敏達につながっていることを壮大な規模で具体的に示したのである。すなわち、遷都と建築をとおして、見えない血筋を誇示したと言える。まさに建築は最大最強のメディアであったのだ。

このように重要な意味をもつ百済大寺であったが、その存在は長く藪の中にあった――。当時の王統を整理しよう。

用明 → 崇峻 → 推古▼

と三代つづいた大王はみな欽明の子であり、蘇我の娘を母としていた（▼は女性を示す。以下同様）。聖徳太子はこの血脈に属していた。すなわち用明の息子であり、崇峻と推古の甥であり、かつ推古の義理の息子でもあった。太子には四名の妃がいたが、そのうち三名が蘇我の血を引いている。第一夫人の菟道貝蛸《うじのかいたこ》王女は敏達と額田部《ぬかたべ》王女（＝豊御食炊屋《とよみけかしきや》姫、のちの推古）の子である。また第二夫人の刀自古郎女《とじこいらつめ》は蘇我馬子の娘であり、儲けた長男が山背大兄である。まさに蘇我氏全盛の時代であったのだ。

しかしそのなかにあって、前述のように、全く蘇我氏とも上宮王家とも接点をもたない〝もう一つ〟の王統があった。それが「押坂王家」である。簡略に示すと、

敏達→（押坂彦人大兄王子）→舒明→

という血筋である。敏達の大后であった非蘇我系の広姫《ひろひめ》は、押坂彦人大兄を含め一男二女を儲けたのちに没した。次いで蘇我系の額田部《ぬかたべ》王女（のちの推古）が敏達の大后となり竹田王子《たけだのみこ》を儲けるも、王子は幼くして没した。そのため、敏達が遺したのは非蘇我系の子孫のみとなった。これが押坂王家である。**この王統は押坂彦人大兄の即位がなかったためか、長らく注目されてこなかった。**しかし即位していなくても、血筋はつながっていた。敏達のあと、〈用明―崇峻―推古▼〉の蘇我系三代を迂回するなら（この三代は敏達の弟と妹である）、

敏達→（押坂彦人大兄王子）→舒明→皇極▼→孝徳《こうとく》―斉明《さいめい》（＝皇極）▼→天智→
天武→

とつづく大王・天皇の系譜には蘇我氏の血が入っていないのだ（前掲系図）。蘇我氏傍流の母をもつ持統に至り、皇統に初めて蘇我の血が入った。これが現代の皇室にながれ込んでいるのである。蘇我氏との接点をもたなかった、この〝もう一つ〟の系譜はどのように形成されたのか、さらに探ろう。

〝中興の祖〟としての舒明——押坂王家を打ち立てる

歴史学では、大王の世襲は継体《けいたい》の子の欽明《きんめい》からはじまるとされる（大平聡《おおひらさとし》「世襲王権の成立」ほか）。欽明は蘇我系の后妃《こうひ》（堅塩媛《きたしひめ》、小姉君《おあねのきみ》の姉妹）と非蘇我系の后妃（石姫《いしひめ》）をもった。従って大王は、蘇我系と非蘇我系の二つの系譜をもつこととなった。

蘇我系大王の系譜　＝〈欽明 → 用明 → 崇峻 → 推古▼〉
非蘇我系大王の系譜＝〈欽明 → 敏達 → 押坂彦人大兄 → 舒明 → 皇極▼〉

後者こそ本書の注目する〝もう一つ〟の系譜である（前掲第四章系図）。それは祖父敏達を始祖とし、（この時点では）蘇我氏とも上宮王家とも血のつながらない、舒明からはじまる王統である。伏流としてあった、この〝もう一つ〟の王統がやがて主流をなす——。これを打ち立てることこそ、舒明のつよい願望であり意思であった。磐余の地に遷都して大宮と大寺を建立するとは、その明白な、具体的なあらわれであった。

歴史学において舒明の重要度はそれほど高くはない。だがかれは、押坂王家〝中興の祖〟と位置付けられるべき存在であったのだ。〝中興〟というのは父押坂彦人大兄が即位しなかったにもかかわらず、山背大兄を退けて即位したからである。もっとも舒明の即位には蘇我氏の思惑があったのだが――。

押坂王家の確立は、舒明のみならず、彦人大兄の孫であった大后とも共有する切実な欲求であった。舒明が没した時、息子の中大兄王子はまだ十五歳。即位したのは大后であった（皇極）。政治の実権は皇極に移るが、天智と天武を産み、初めて重祚《ちょうそ》（斉明として再び即位）を断行した女傑であった。

舒明系のアイデンティティ

舒明からはじまる系譜を具体的に裏付ける根拠を四点ほど挙げよう。まずは大和の国を理想郷と礼讃する、印象深い万葉歌から――。

やまとには群山《むらやま》あれど　とりよろふ天の香久山
登り立ち　国見をすれば
国原《くにはら》は煙《けぶり》立ちたつ　海原はかまめ立ちたつ
うまし国ぞ　あきづ島　やまとの国は

だれしも一度は聞き覚えのある歌だろう。これを歌った（ことになっている）のは大王舒明である。注目したいのは『万葉集』における掲載順位である。この歌は巻一の二番目に出てくる。一番目は英雄的大王として知られる雄略《ゆうりやく》（「大王ワカタケル」）で、次が一世紀半もの時を越えて舒明の歌なのだ。そこから大王（天皇）や皇族（王族）などの歌がつづく。

『万葉集』は舒明を王統譜における〝中興の祖〟と位置づけ、高く評価していることが分かる。これが舒明を王統の起点とする第一の論拠である。舒明を起点とすれば、祖父の敏達は王統の淵源と言うべきか。『万葉集』の最終的編纂者は奈良時代を生きた大伴家持《おおとものやかもち》だが、かれが全てを編纂したわけではない。巻一は持統朝における編纂が基になっており、そこから持統の舒明に対する評価を読み取ることができる。

次に挙げるのは『古事記』である。八世紀の初めに成立した『古事記』は舒明の直前の、推古で終わっている。そこまでが「古事」なのであった。推古のあと、**舒明から自分たちの新時代がはじまった**、という意識が編纂者にあったのだ。

さらに、古墳の形を挙げよう。大王・天皇陵のあたらしい形として八角墳《はっかくふん》が登場した。これは舒明陵からはじまり、

舒明陵（段ノ塚古墳）→斉明▼（＝皇極）陵（牽牛子《けんごし》塚古墳）→天智陵（御廟野《ごびょうの》古墳）→天武・持統▼陵（野口王墓《のぐちおうのはか》古墳）→草壁《くさかべ》皇子陵（束明神《つかみょうじん》古墳）→文武陵（中尾山《なかおやま》古墳）

と文武までつづいた。八角墳を打ち出したのは舒明を葬った皇極とみるのが妥当だろう。ここからも舒明および皇極が、自らを起点とする王統を打ち立てようとしていたことが分かる。あたらしい王統意識の萌芽が八角墳のあたらしい伝統を呼ぶことになった、逆に言えば、**八角墳があたらしい王統意識を可視化したのである。**

なお『万葉集』において「わが大君」の前に枕詞的に「やすみしし」ということばがよく出てくる。多くの場合「安見しし」と訓むが、これは「八隅しし」でもあった。つまり世界を八角形とみなし、これを治めておられるのが大君と解していたのである。

八角墳は、古代中国の世界観にもとづくものであった。そこでは世界を八角形と見なしていたのである。紀元前二世紀、道教的観点に立つ前漢の古典『淮南子《えなんじ》』に八角形の世界が出てくるのだ。そして中国には八角形の祭祀用の壇（「方壇八隅」）や鏡（「八稜鏡」）はある。だが、この形の墳墓は大陸に見出せず、日本独自の表現となっている。我が国には観念的な思想を躊躇《ちゅうちょ》なく図式化し、具体物に託す傾向があるようだ。内容の本質的理解はさておき、表徴的形態をすぐに取り込むと言ったら言い過ぎだろうか。

日本史研究の立場から『老子』現代語訳に挑んだ保立道久《ほたてみちひさ》は、「〈継体《けいたい》―欽明―敏達〉の王統が神仙《しんせん》思想（≠道教≠老荘思想）をもっていた」とする。神仙思想とは、不老不死（長生《ちょうせい》）の理想を仙人に託して追求するものであり、道教の母胎となった。仙人の住む不老不死の理想郷を神仙境という。また老荘思想とは、春秋時代（紀元前七七〇年～前四〇三年）を生きた老子《ろうし》と戦国時代（紀元前五世紀～前二二一年）を生きた荘子《そうし》が説いた思想の総称である。

そして保立は、「仏法を信《う》けたまわずして文史《ぶんし》を愛《この》みたまう」（『日本書紀』）と評された「敏達は『老子』を読んでいた可能性が高い」ことを指摘し、「〈敏達―押坂彦人大兄―舒明〉の王統は継続的に老荘思想に傾倒していた」という。舒明陵からはじまった八角墳の伝統は、こうした思想的ながれを汲んだものであった。

最後に挙げるのは、初の勅願寺となった百済大寺である。あたらしい王統意識は太子創建の法隆寺を全否定すべく、**百済大寺において全くあたらしい伽藍配置を生み出した**。すなわち、反・太子系王統のつよい意思が、塔と金堂が〈東西ヨコ〉に並ぶ、我が国ならではの全くあたらしい伽藍配置を現出させるのであった。これは特に強調したい点であり、つぎに詳しく述べよう。

3　反・太子系の〈東西ヨコ並び〉配置

文献上でしか知られておらず、その所在地すら不明であった百済大寺。九重塔をもっていたというそのあまりに巨大な規模故に、不在説すら囁かれていた。

しかし二十世紀も末になって一九九六年、その遺構としか考えられない巨大な土壇が東西に二つ出現した。予期せぬ事態に、発掘調査に当たった調査者たちの驚きは大きかった。場所は奈良県桜井市ののどかに広がる緑ゆたかな田園地帯。豊かな水を満々と湛え、周囲に農業用水を供給する大きな溜池《ためいけ》。江戸時代に出来たこの溜池に護岸工事がなされることになり、これに先行して発掘調査がおこなわれた（奈良文化財研究所、明日香村教育委員会）。吉備池と呼ばれるこの溜池の南東の隅と南西の隅に矩形状《くけいじょう》の喰い込みが見られていたので、何か建物の痕跡であろうと思われていたが、まさか百済大寺であったとは――。

一方、全く別の廃寺跡を百済大寺に措定していた論者たちは戸惑い故か、吉備池に出土した遺構を百済大寺跡とすることに異論を呈したが、やがて時の経過とともに消えていった。

〈東西ヨコ並び〉第一号の衝撃

最初にあきらかになったのは吉備池南東の隅から出土した、東西三七メートル×南北二五メートルの長方形土壇であった。前例なき途方もない規模に、発掘者たちは色めき立った。決定打になったのは、その西にある三二メートル四方もの正方形土壇である。まさに九重塔にふさわしい巨大な規模であり、中心部に心柱《しんばしら》を抜き取った穴の痕跡が見出された（※基本文献『大和吉備池廃寺――百済大寺跡』）。これは九重塔跡にちがいない。そうなると、もう一つの、最初にあきらかになった長方形土壇は金堂跡にちがいない。

なんと金堂と塔が〈東西ヨコ並び〉に配置されているではないか！

これが『日本書紀』のいう「大寺」なら、着工は六三九年である。若草伽藍の焼失は六七〇年であるから、常識的にはその「再建」である法隆寺西院伽藍の造営は六七〇年以降になる。百済大寺の着工が六三九年ということは、意外にも、金堂と塔の〈東西ヨコ並び〉配置が法隆寺西院伽藍に先んじて実現していたのだ。しかも法隆寺をはるかに上回る規模で（前掲「はじめに」図

1)。

金堂と塔を〈東西ヨコ並び〉に配置するのは法隆寺（ファミリー）にはじまると長いこと思われてきた。これに先んじて同じ配置タイプが実在していたとは大きな驚きだった。我が国の神祭りを担う大王として、**舒明は列島で培われていた方位観を伽藍配置に初めて反映させていたのである。**

このように百済大寺の概要があきらかになった今、我々は大王舒明を改めて再評価しなければならない。かれは押坂王家〝中興の祖〟として、敢然と〈東西ヨコ並び〉の伽藍配置を打ち出し、実現したのである。

舒明の前代、大王推古の晩期には、前述のように『日本書紀』によれば、王族や豪族たちが建てた伽藍が四十六に昇ったが、塔をもつものはほぼ全て〈タテ一列〉の伽藍配置を採っていたであろう。世の中に遅れまいと、そして一刻も早く先進文明を摂取せんと、彼らはわれ先にと競い合っていたのである。

こうした状況を前にして、神祭りを本務とする大王は危機感を抱いたのであろう。初の勅願寺の建立にあたり舒明は、列島社会の基軸をなしてきた東西軸（第三章3）の導入に敢然と踏み切ったのである。そうさせたのは、列島に根付いた文化を守ろうというスメラミコトとしてのつよい意志、そして国政を担う最高権力者としての矜持であったにちがいない。

注目されるのは、百済大寺の建立にあたり、〈タテ〉配置から〈ヨコ〉配置へと、太子創建の法隆寺とは正反対の伽藍配置を出現させたことだ。ここで建築デザインは政治言語と化した。太子父子の法隆寺を、舒明は建築デザインを使って真っ向から全否定して見せたのである――。

前節で述べたように、舒明は蘇我氏とも、蘇我色のつよい上宮王家ともつながらない王統の樹立を期していた。〈東西ヨコ並び〉配置をもつ初の官寺、百済大寺の建立は、王位を競い、敗れたあともなお王位を窺う山背大兄への完全なる勝利宣言であった。この意味を込めて、上宮王家を象徴する若草伽藍の〈タテ一列〉から、これを全否定する〈ヨコ並び〉へと伽藍配置を転換した。これにより上宮王家を嘲笑うかのように権威を失墜させる、すくなくとも弱体化させることをもくろんだのである。

〈タテ一列〉と〈ヨコ並び〉の間には、はっきりとした大きな断絶がある。舒明が採った〈ヨコ並び〉には太子父子の〈タテ一列〉を真っ向から否定する、つよい意志が込められていた。ここに、**建築がすぐれて政治的言語であること、言い換えれば最大最強の目にものを見せるメディアであったことを我々はまざまざと知るのである。**

百済大寺は成功したか

すでに述べたように、形も高さもボリュームも違う金堂と塔をヨコに並べる左右非対称の配置は、ただでさえバランスがとりにくい（第三章2）。まして百済大寺は前代未聞の巨大な規模を誇っていた。発掘調査に基づく配置復元図を建築家の眼で見ると（前掲「はじめに」図1）、壮大な伽藍であることはよく分かる。しかし、それだけ逆に、全体としてまとまっているか、という点で大きな懸念が生じるのを禁じ得ない……。具体的に言うと、百済大寺では金堂と九重塔がそれぞれ巨大な規模をもち、圧倒的な迫力を誇っている。金堂も九重塔もそれぞれ素晴らしい建築であったろう。だが伽藍の全体像を想い浮かべると、「自己完結している巨大建築がただ単にヨコに並んでいるだけではないか?」「全体としての統一感に乏しいのではないか?」という懸念が頭をもたげてくるのだ。ボリュームたっぷりの〝巨漢〟金堂と度肝を抜く高さの〝超人〟九重塔がお互い顔を向けることなく、それぞれ南を向き、ただヨコに並んでいる。これだけでは相互の関係性は甚だ弱い……。百済大寺という巨大伽藍は、一つのまとまった建築景観をなしていたと言えるのだろうか?

残念ながら、否定的な答えしか出てこないのだ。それが建築家としての経験にもとづく著者の判断である。百済大寺は〈東西ヨコ並び〉配置の先駆であったが、そのデザインは成功したとは言いがたい（塔と金堂を囲う列柱回廊の外、北側に講堂とみられる大規模建築があった。だが列柱回廊の外であっただけに、回廊に囲まれた聖域空間に直接影響を及ぼすものではなかった）。

ポイントは中門のあり方にある。

発掘調査においてはっきりと分かる中門の跡は、一カ所しか確認できなかった。それは金堂寄りにあった。これ一つでは列柱回廊に囲まれた広大な空間を統御できないだろう。**発掘者はこれを金堂のための中門であったと想定し、もう一つ、九重塔のための中門が別にあった可能性をみている**（前掲「はじめに」図1）。卓見であろう。

というのは我が国にあって、建物がヨコ並びに配される場合、それぞれに対応して門や鳥居を用意することはよく見られるからである。この傾向は特に神社によく見られるが、列島社会に根差していた感性の発露といえるだろう。それが初の勅願寺に現れたのだから、さすがと評価したいところだ。

しかしそれでも、巨大金堂と九重塔がヨコに並ぶ落ち着きのなさが解消されていたとは言いがたい。形も高さもボリュームも異なる巨大建築を擁する、列柱回廊で囲まれた広大な空間——。慣例にならって中門が二つあったところで、この広大な空間が統御されたとは考えにくいのだ。

百済大寺のその後

六三九年に百済大寺の建立を発願した舒明であったが、わずか二年後に没してしまう。九重塔はもちろん、金堂も大規模だっただけに舒明が完成を見ることはなかった。一方、大宮は萱葺き屋根の掘立て柱によっていたとみられるので、規模は大きくても完成していただろう。だが大宮跡はまだ発見されていない。

建設の途上にあった百済大寺は、舒明を継いだ大后の皇極が引き継いだ。六六八年に天智が丈《じょう》六《ろく》の釈迦像を寄進していることから（『扶桑略記』など）、金堂の完成は確かとみられる。丈六とは一丈六尺の略。釈迦の身長と伝わることから仏像の寸法の一つの標準となった。高さ約四・八メートルの像である。

なお百済大寺が焼失したと伝える古文献がある（『大安寺伽藍縁起幷流記資財帳』）。だが発掘調査の結果、火災の痕跡は見出されていない。

付記　百済大寺と法隆寺の間

〈東西ヨコ並び〉の伽藍配置は百済大寺が先行し、これが法隆寺に乗り移ったことを見た。だが、この間に、金堂と塔の〈ヨコ並び〉配置がなかったわけではない。その痕跡を見よう。例として尼寺《にんじ》廃寺（奈良県香芝《かしば》市）と穴太《あのう》廃寺（滋賀県大津市）を挙げることができる。

奈良盆地の西にそびえる二上山の北の山陵にある尼寺《にんじ》廃寺には北遺跡と南遺跡があり、その距離は一〇〇メートルほど。北遺跡の発掘調査は一九九一年から二〇〇一年にかけておこなわれ、金堂と塔の〈ヨコ並び〉配置がはっきりと認められた。但し中軸は東西に走り、建物は東を向く。これは境内の東側に官道《かんどう》が通っていたためとみられる。つまりこの道に面して東に中門を開き、北に金堂、南に塔があった。方位を別にすれば、法隆寺と同じ伽藍配置を採っていた。

つづいて二〇〇一年にはじまった南遺跡の発掘調査は敷地の状況から充分に進んだとは言いがたいが、伽藍は南を向き、東に金堂、西に塔があったとみてよい。方位を含めて法隆寺と同じ配置を採っていた（香芝市教育委員会）。

南遺跡の造営がはじまったのは七世紀半ば、北遺跡は七世紀後半とみられる。方位取りは異なるものの二つの遺跡は同じ伽藍配置をもち、近接した位置にある南と北の遺跡はペアをなしている。おそらく南が僧寺で北が尼寺だったのであろう。また北遺跡の塔心礎は巨大で、その柱座は若草伽藍のものとよく似ている。これらを建立した人物は不明だが、寺の在りようから前述の〝法隆寺コロニー〟職人集団との関連を想わせる。

中大兄王子は六七七年に近江大津京に遷都し、翌年即位したが（天智天皇）、大津京にも注目すべき寺がある。一九八七年に発掘調査がなされた穴太《あのう》廃寺である（滋賀県教育委員会）。当初この寺の中軸線は地域在来の地割りに合わせて北東に三十度ほど振れていた。しかし大津京遷都にともない、京の地割りに合わせて正方位に則るよう建て替えられていた。塔と金堂は法隆寺と反対に（法起寺と同じく）、東に塔、西に金堂という配置である（前章5）。

このように少なからぬ寺に〝法隆寺コロニー〟、あるいは天智の関与の跡を窺うことができる。単なる流行上の変遷というより、そこに〈舒明―天智〉父子のつよい意思が込められているとみてよいのではないか。

付記2　百済大寺の数奇な運命

六三九年に百済大寺の建立を発願した舒明であったが、わずか二年後に没してしまう。九重塔はもちろん、金堂も大規模だっただけに舒明が完成を見ることはなかった。一方、大宮は萱葺き屋根の掘立て柱によっていたとみられるので、規模は大きくても完成していただろう。だが大宮跡はまだ発見されていない。

建設の途上にあった百済大寺は、舒明の大后が引き継いだ（舒明が没した翌年に即位して皇極）。六六八年に舒明・皇極（斉明）の息子である天智が丈六の釈迦像を寄進していることから（『扶桑略記』など）、金堂の完成は確かとみられる。丈六とは一丈六尺の略。釈迦の身長と伝わることから仏像の寸法の一つの標準となった。高さ約四・八メートルの像である。
なお百済大寺が焼失したと伝える古文献がある（『大安寺伽藍縁起并《ならびに》流《る》記《き》資財帳』）。だが発掘調査の結果、火災の痕跡は見出されていない。

磐余に建造された百済大寺はその後、飛鳥に移築され高市《たけち》大寺《だいじ》と（六七三年）、さらに大《だい》官大寺《かんだいじ》と名を変えた（六七七年）。高市は地名。大官は「おほつかさ」とも訓じられ、天皇を意味するとも言われる。『日本書紀』に出てくる大寺はこの三寺に限られる（木下正史『飛鳥幻の寺、大官大寺の謎』）。いわば我が国における筆頭の寺であったのだ。

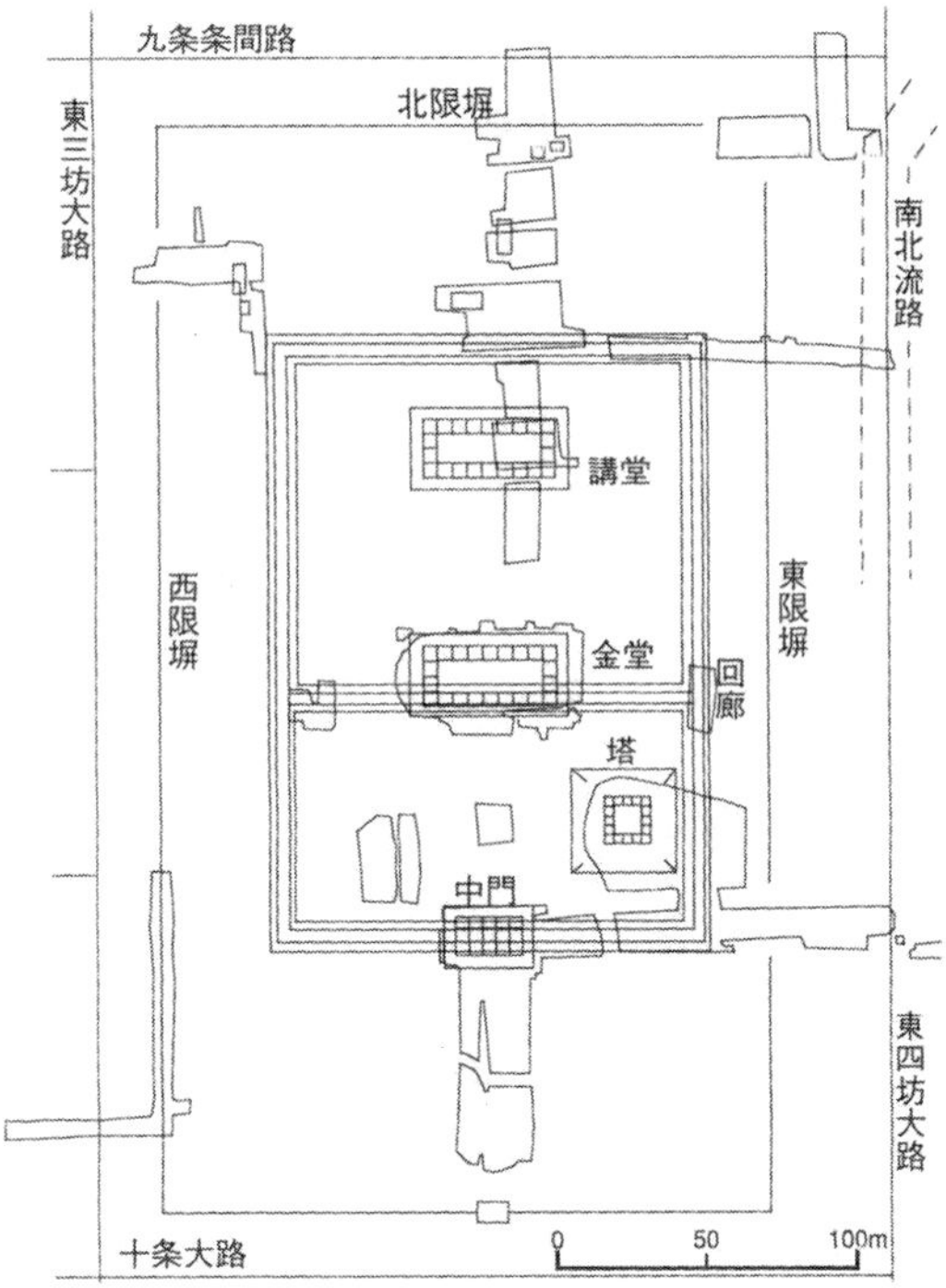

図3　大官大寺／藤原京／伽藍配置発掘遺構図（『飛鳥幻の寺、大官大寺の謎』角川選書より）

その後、大官大寺は藤原京への遷都にともない京内に移転し、さらには平城京の大安寺《だいあんじ》へと、名を変えながら

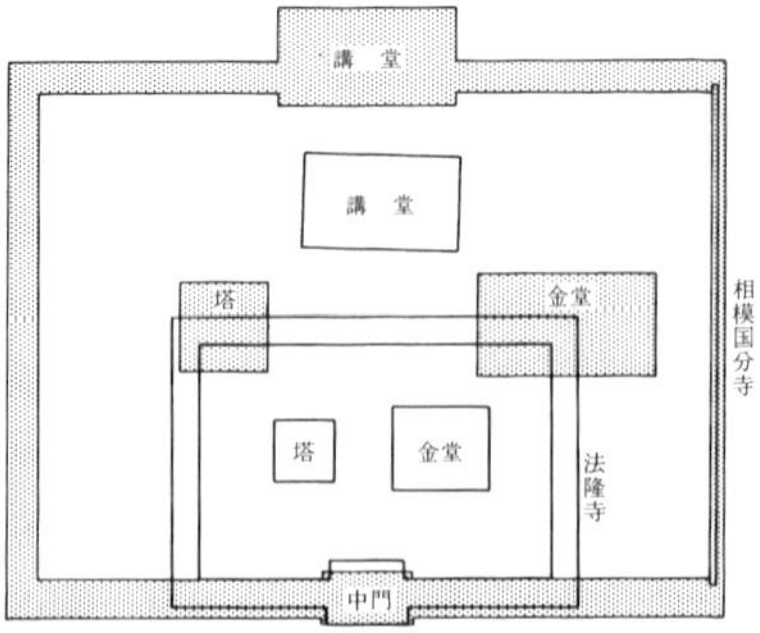

図4　相模国分寺と法隆寺の比較／伽藍配置復元図（『飛鳥の寺と国分寺』岩波書店より）

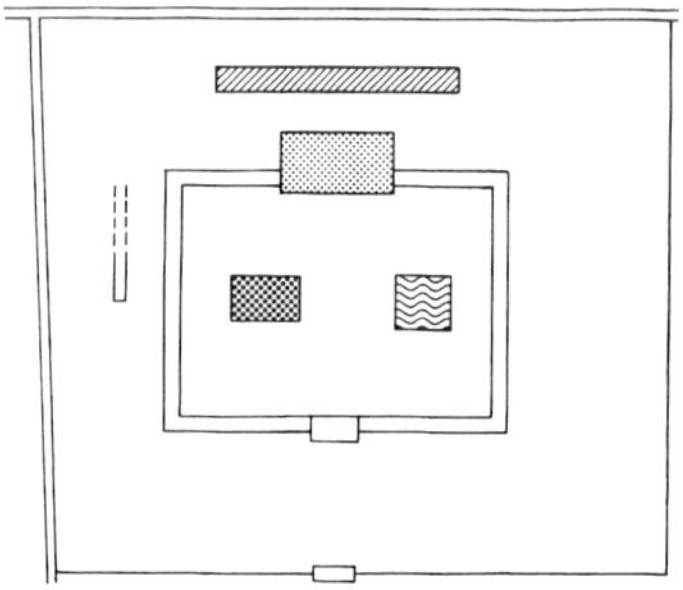
図5　美濃国分寺／伽藍配置復元図（『飛鳥の寺と国分寺』岩波書店より）

も国家の大寺として存続した。但し伽藍配置は藤原京の大官大寺《だいかんだいじ》で変わり（図3）、平城京の大安寺でさらに大きく変わった。その変化は非常に激しく、原形を全くとどめない。百済大寺は国家の大寺として改善の余地がある、とみられていたのだろう。なぜかと言えば、左右非対称の伽藍配置は威厳に欠けたからだ。但し、聖武《しょうむ》の詔《みことのり》によって全国各地に建立された国分寺には、金堂と塔が〈東西ヨコ並び〉をなす伽藍配置が出土している。明確に認められるものとして相模《さがみ》国分寺（神奈川県海《え》老名《びな》市、図4）、美濃《みの》国分寺（岐阜県大垣市、図5）、能登《のと》国分寺（石川県七尾《ななお》市）などがある。相模では法隆寺と同じ伽藍配置を見せるが、美濃と能登では塔が東で金堂が西と、法起寺と同じ伽藍配置を採っている。

　なお太子創建の法隆寺や四天王寺に見られた、塔と金堂が〈南北タテ一列〉につらなる伽藍配置は国分寺以外にも見られない。すでに過去のものとみなされていたようだ。

4　三極の芽生え――法隆寺が成功した要因

十代前半であった中大兄王子は、父舒明が発願した百済大寺の九重塔や巨大金堂が日に日に、刻々と建ち上がってゆくさまを見ていたであろう。当時は母である大后（のちの皇極）の下で育てられていたが、あるいは父に連れられ、槌音《つちおと》の響きの絶えない現場で説明を受けることもあったかもしれない。空前の規模で建築群が建設されてゆくダイナミックな躍動感に、少年中大兄は目を輝かせ心を躍らせたことだろう。

だが父は百済大寺の完成を見ることなく没した。発願者を失った百済大寺であったが、後を継いだ大后、皇極の下で完成した。その雄姿を目にした時、少年中大兄は何を感じたであろうか？

父の失敗を活かした天智

中大兄王子、のちの天智天皇は法隆寺を一新するに当たり、父舒明の建てた百済大寺を反面教師とし、そこから多くを学んだようだ。

なぜそう言えるのかと言えば、今あるあたらしい法隆寺は百済大寺と同じ伽藍配置を採りながらも、百済大寺と比べて、かなり綿密な配置設計がなされているからだ。父が遺した百済大寺を改良し、あたらしい法隆寺で見事な建築空間を実現させたのである。

そのポイントを端的に示そう。

百済大寺では金堂と塔、それぞれに中門を付けていたが、法隆寺では二つの中門を一つに合体させた。そういう設計過程があったから、中門の規模は前例を見ないほど巨大化し、中門は独自の存在感を発揮するようになった。第一章で体感したように――。

ここで中門の真ん中に柱が立った経緯を考えてみよう。

中門に出入り口は一つ、これが常識だ。しかし法隆寺では特異な事情があった。**百済大寺で二つあった中門を一つに合体させたのである。**そこに生まれた中門は必然的に二つの口をもち、真ん中に柱が立つこととなった。

真ん中の柱の右にある口は右手（東）にある金堂のための中門のなごりである。

真ん中の柱の左にある口は左手（西）にある五重塔のための中門のなごりである。

百済大寺を踏まえた法隆寺の出現

一般に、中門は古代にさかのぼるほど規模が大きくなる傾向がある。しかしそのなかにあって、法隆寺の中門は断然大きい。復元図で見る限り、先行した飛鳥寺や四天王寺の中門と比べものにならないほどなのだ。あたらしい法隆寺の建立において、天智は父舒明の遺した伽藍配置タイプを受け継ぐとともに、賢明にもその改善すべき点を鋭く察知し、法隆寺で見事な結実を見せた。伽藍の設計において、天智は父を大きく超えたのだ。

当時は建築家という存在はなかった。技術はもちろん、棟梁《とうりょう》が担ったが、百済大寺の〈東西ヨコ並び〉配置にみる前例のない発想や、法隆寺における中門のあり方などは発願者の主導の下でなされたと考えられる。発願者は美意識も問われ、美意識は権力者の権威を高めたのである。

百済大寺の存在がまだ知られていなかった時、つぎのような疑問が著者の胸中にあった。

――法隆寺がもつ〈東西ヨコ並び〉の伽藍配置はいったい、どこからやって来たのか？

それとも我が国で生まれた、我が国にしかない固有の伽藍配置なのか？

大陸にこの配置を見出せないがために、我が国固有であり、かつ初例と長いこと考えられてきた。しかし、何の前触れもなく出現したにしては、この特異な構成をもつ法隆寺は絶妙な仕上がりを見せている。前例もなしに、これほどユニークで完成度の高い傑作が突然出現するだろうか？

この疑問が著者のなかで消えることはなかったのだが、百済大寺という確かな先行例があったことが判明して、法隆寺が突然あらわれたのではなかったことがようやく納得できた。千三百年以上の長きにわたって地中に眠っていた百済大寺跡の予期せぬ出土により、今ある法隆寺に先んじて〈東西ヨコ並び〉配置の大伽藍があったことが分かった。そして、これを踏まえて初めて法隆寺の完璧な設計が可能となったのだ。

なぜ法隆寺だけなのか

法隆寺のように、中門の真ん中に立つ柱の事例は他に見られない。法隆寺だけなのはなぜか？

このことはかねてより多くの議論を呼んできた。この謎を解くために梅原猛が『隠された十字架――法隆寺論』を著したことを覚えておられる読者もおられよう。そこで梅原は、中門の真ん中に立つ柱は聖徳太子の怨霊を封じ込めるためだとの説を圧倒的な熱量で唱えた。アカデミズムはこの説をほぼ無視したが、梅原説が非常に多くの読者を得たことは、「はじめに」で触れたとおりである。

しかしいま述べたように、中門の真ん中に柱が立ったのは、百済大寺の二つの中門が法隆寺で合体した結果であった。百済大寺から法隆寺へと変異する過程で生じた、極めて稀有な出来事であった。そこに怨霊が入り込む余地など全くなかったのだ。そして、このような事例が法隆寺以外に見られないのは当然のことであったのだ。

話をまとめよう。百済大寺から法隆寺への過程において、二つの中門が一つに合体するという特異で特殊な事情が発生した。それは二度と繰りかえされない、この時だけの一回性の出来事だったのである。「はじめに」に掲げた第一の問題はこれで解決された。

二つの中門の合体は百済大寺から法隆寺にいたる設計過程で起きたと同時に、舒明から皇極を経て天智に至る代替わりの過程で起きた、いわば〝突然変異〟なのであった。そのため、法隆寺における二つの中門の合体と同じようなことは、二度と起きなかったのである。

自ずと発生した三極とその効果

百済大寺の中門のあり方が見直され、今ある法隆寺が生まれた。金堂のための中門と五重塔のための中門を合体させ、二つの口をもつ一つの堂々たる中門としたのである。そこに生まれたのは、金堂や五重塔に位負けしないほどの重量感に満ちた建築物であった。その結果、中門・金堂・五重塔は、中門を頂点とする逆三角形をなすに至った。聖域に三極が発生したのである。**頂点をなす中門は、金堂と五重塔を引き付けて統合する、〝扇《おうぎ》の要《かなめ》〟のようだ。**この重厚な中門が、ヨコに並んで視覚的に不安定になりかねない金堂と五重塔をいわば〝扇の要〟として統合し、安定した三極構造をもたらした。

――中門真ん中に立つ柱が列柱回廊に囲まれた聖域をまとめる〝扇の要〟であることは、ある

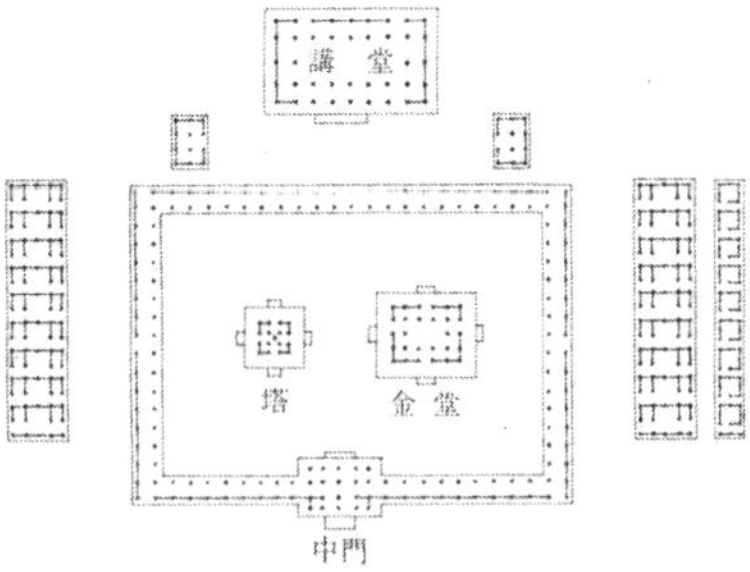

図6　法隆寺西院伽藍／配置復元図（日本建築学会編『日本建築図集』彰国社より）

写真　かつてあった回廊の位置から中門を見る。真ん中の柱が構図を引き締めている（著者撮影）

地点に立つと実感できる。現在と異なり、かつて列柱回廊は折れ曲がることなく整形をなしていた（**図6**）。その回廊と中軸線が交わるポイントから中門を見ると、左右非対称な金堂と五重塔を従えて、中門が空間全体を効果的にまとめ、引き締めているのが実感できる（**写真**）。

三極構造を表徴する三角形という図形は、極めて緊密で強固な視覚的まとまり（「ゲシュタルト」）をつくる。「ゲシュタルト」とは視覚心理学の用語で、視覚的まとまりのある形態をいう（アルンハイム『美術と視覚』）。

これは不安定な印象をもたらした百済大寺から格段に進化した姿である。設計過程において生じた二つの中門の合体は、当初から三極を意識してのものではなかったろう。父舒明が建てた百済大寺を見て改善策を模索した結果、自ずと三極にたどり着いたというのが実態であったと考えられる。このように、意図的にというよりは百済大寺の反省から偶発的に生まれた三極構造だが、その発生は法隆寺の設計を成功に導く大きな要因となった。

巨大で重量感たっぷりな中門がどっかと腰を据え、その真ん中に立つ柱が列柱回廊に囲まれた聖域の中軸線をピタリと定めた。真ん中に立つ柱が全ての起点になったのである。そして列柱回廊の柱間寸法はモジュール（単位寸法）となった。これらを使って金堂、五重塔の位置が定まり、そして列柱回廊全体の寸法が定まった（前掲第二章図3）。

中門の真ん中に立つ柱は二つの口をつくり出すだけでなく、聖域空間の全体を秩序づける絶対の中軸線をつくり出しているのだ。

いま述べているのは工事の過程ではなく、設計の過程である。注意深く見ると、列柱回廊の金堂側と塔側で回廊の長さが異なる。塔に対する金堂のボリュームの大きさに配慮して、列柱回廊の金堂側の長さは塔側の長さより柱間一つ分だけ長くなっている。驚嘆すべき緻密な全体計画である。

法隆寺論争において新非再建論者の足立康が唱えたような〝なりゆき〟で法隆寺が出来上がったのではなかった（第二章）。いま見たように、大胆で精妙な全体計画が当初から明確にあったのだ。中門の真ん中に立つ柱を絶対の基軸として、全体にわたる緻密な寸法計画がなされていた。これに基づいて金堂、五重塔、中門そして列柱回廊が順次建てられていったのである。

第Ⅰ部も大詰めにきた。要点を三つ挙げてまとめとしよう。

（一）太子父子創建の法隆寺若草伽藍は塔と金堂が〈南北タテ一列〉につらなる配置であった。このことが「はじめに」に掲げた第四の問題、つまり、**血筋と伽藍配置の対応関係を探るに当たっての起点となる**。この伽藍配置は百済からのほぼ〝直輸入〟と言えるものであった。

（二）太子父子が創建した法隆寺に対して、舒明が建立した百済大寺では金堂と塔が〈東西ヨコ並び〉に配された。〈タテ〉のものを〈ヨコ〉にしたのである。これは文化的にも政治的にも極めて画期的なことであった。我が国にしか見られない伽藍配置が初の勅願寺で、初めて出現したのである。

このタイプの出現により、太子父子創建の〈南北タテ一列〉の法隆寺はまず文化的に全否定された。伽藍が前提とする南北重視の大陸の世界観の中に、列島社会の基軸であった東西軸が導入されたことは文化的復権と言えたからである。伽藍配置タイプは発願者の血筋と一体であり、血筋を代弁していたから、同時にそれは、**〈南北タテ一列〉の伽藍配置を導入した〈太子―山背大兄〉の血筋、すなわち上宮王家の権威を政治的に否定するものとなった。**これは本書が初めて採る視点である。

百済大寺の建立によって舒明は、蘇我氏とも上宮王家ともつながらない、自身が属す押坂王家のアイデンティティを誇示した。同時にそれは、即位を争った上宮王家に対する文化的、政治的な勝利宣言でもあった。敏達を始祖とする押坂王家の系譜は、改めて舒明から再スタートしたのである。この意味で、舒明は〝中興の祖〟であった。これが実を結び、今日の皇室に至っている。

(三)天智はあらたに法隆寺を建てるにあたり、父舒明が建てた百済大寺の〈東西ヨコ並び〉配置を踏襲した。

〈南北タテ一列〉を実現した**〈聖徳太子→山背大兄〉**父子

〈東西ヨコ並び〉を実現した**〈舒明→天智〉**父子

正反対の伽藍配置を実現した二つの系譜は、このように対比できる。その意味するところは大きい。太子父子が創建した法隆寺に代えて天智があたらしく建てた法隆寺は、父舒明の建てた百済大寺に倣《なら》い、太子父子創建の法隆寺を再び全否定した。ここで再度クローズアップされるのは、発願者の血筋と伽藍配置の関係だ。**伽藍配置のタイプは発願者の血筋を代弁していたのである。**

第Ⅱ部

伊勢神宮と薬師寺は車の両輪

例えば歴史や建築に興味をもつ中学生から、あるいは日本を初めて訪れた外国人から、我が国を代表する社寺建築を問われたなら、ひとはどんな建築を挙げるだろうか？

神社を代表して伊勢神宮、寺を代表して法隆寺を挙げるなら、さして異論はないのではないかと思われる。法隆寺についてはすでに第Ⅰ部で論じた。そこでは二つの法隆寺が王（皇）位争いの血みどろの争いの舞台となっていた。法隆寺は現存する世界最古の木造建築であるが、法隆寺の価値や貴重さはそこだけにあるのではない。大陸から伝来した伽藍でありながら、我が国特有の文化的性格が顕著に表出していたことはもっと注目されていいだろう。

一方、天皇の祖先神、つまり皇祖《こうそ》神《しん》天照大神《あまてらすおおみかみ》（＝アマテラス）を祭る伊勢神宮は、天皇のアイデンティティを可視化する建築である。屋根は分厚い萱葺きで、柱は素木《しらき》のままの掘立て柱と、我が国建築の始原を伝える。だが耐久性に乏しく、短期のうちに必ず建て替えなければならない。建て替えを前提とする建築は恒久性を旨とする世界遺産にそぐわない。

だが伊勢神宮には定期的に社殿を建て替える、式年遷宮というシステムがある。これは世界に類例を見ない。これにより伊勢神宮は二十年ごとに更新され、過去、現在はもちろん、未来に向かって皇室をささえる。建て替えという一見、難点にみえることを利点に転換したところに、巧まざる知恵がはたらいている。

法隆寺も伊勢神宮も七世紀後半に登場した。長い我が国の歴史において、ほぼ同時代の建築だ。そして共通するのは、ともに平穏な環境の下に生み出されたのではなかったことである。建立を発願した者は、単に宗教的事業を推し進めようとか、芸術的な文化財を後世に残そうとかしたわけでもなかった。じつはもっと切実な欲求があったのだ。この点をめぐり第Ⅰ部では法隆寺を論じた。引きつづきここ第Ⅱ部では伊勢神宮を論じよう。

第Ⅰ部の最後で、法隆寺西院伽藍において偶発的に三極が発生したことを見たが、これとは別に、三極構造は天武天皇によって朝鮮半島から薬師寺に導入された。

天武の没後、三極構造は持統天皇によって直ちに伊勢神宮に転移する。

三極は、法隆寺若草伽藍における〈南北タテ一列配置〉と法隆寺西院伽藍における〈東西ヨコ並び配置〉を統合する、比類なき〝結晶体〟であった。この結晶体に国家の繁栄と皇室の弥栄が託されたのだ。三極構造という視覚的強度をそなえた完全で完璧な結晶体は、伊勢神宮の式年遷宮のサイクルに乗って、永遠の未来につながることを約束する——。

第六章

神宮・神明造り・アマテラスは同時に成立した

伊勢神宮は天皇の祖先神アマテラスを祭る。戦中までそれは国家の最高神であった。天皇とはどのような存在であるかを伊勢神宮は具体的に定義してきたし、この点は今も変わっていない。天皇はアマテラスの子孫であることによって、神ないし神に最も近い最高の存在となった。このことによって初めて、天皇は天皇たり得る。この点が天皇の前身形態であった大王と異なるところだ。大王は国家的最高神タカミムスヒを祭ったが、皇祖神はまだ成立していなかった（著者関連文献＊5）。**天皇の出現以前に皇祖神は存在しなかったのである**。

アマテラスの実在を体現するのが、これを祭る伊勢神宮にほかならない。伊勢神宮はアマテラスを祭ることによって、その子孫である天皇の正統性を可視化する。このような物言いは同義語反復に近いが、そのなかに一つでもリアルに感じ取ることができれば、説得力はこの上ないものになる。

天皇を定義する伊勢神宮が存在することの政治的意味は測り知れない。その重要性は法隆寺以上と言えるかもしれない。同時に、それは危うさを孕む存在でもある。

考えてもみよう。伽藍の場合、建立の発願者が天皇であっても、天皇はあくまで、ほとけに教えられ、導かれる立場にある。この時、**天皇はいわば仏弟子《ぶつ》として、つまりは人間として存在する。**

ところが神宮ではどうであろう。天皇は伽藍における立場の限界をやすやすと超える。**天皇はそこで、神ないし神に最も近い存在となるのである。**

1 伊勢神宮のレゾンデートルと神明造り

伊勢神宮は皇祖神アマテラスの御在所《おざいしょ》である正殿によって、皇祖神の存在を明示する。同時に伊勢神宮は、**天皇は皇祖神アマテラスの子孫であるから尊い、という天皇のレゾンデートル**（存在理由）**と正統性を可視化する。**これによって天皇は初めて自らのアイデンティティを得るのである。伊勢神宮なくして天皇は存在し得ない、と言って過言ではないであろう。このような伊勢神宮はいったい、いつ成立したのであろうか？

伊勢神宮の成立年代

成立年代については諸説ある。主なものとして、

（一）（実年代を当てると）三世紀後半から四世紀前半の大王垂仁《すいにん》の代

（二）五世紀後半の大王雄略《ゆうりゃく》の代
（三）七世紀後半の天武・持統の代
（四）七世紀末の文武の代

（一）は『日本書紀』の説くところだが、伝承の域を出ない。
（二）の雄略の代の祭神は、皇祖神アマテラスに先立つ国家的最高神タカミムスヒである。アマテラスはまだ成立していない。
（四）は『続日本紀』の記事にもとづくが、解釈が一面的で説得力を欠く。

歴史学では（三）がほぼ定説化しており、本書の見解も（三）に分類される。だが、さらに本書は、**アマテラスを祭る伊勢神宮の成立を、分けても持統朝に特定する**。その理由をこれから述べよう。

伽藍と神宮によって権威は可視化された

神祭りを本務とする大王が仏教を受け入れるには紆余曲折があった。仏教の導入に邁進した実力豪族蘇我氏の隆盛もあり、最終的に大王はこれを受け入れた。『日本書紀』によれば、仏教公伝は五五二年のことだが、歴史学では疑問視され、前掲の『上宮聖徳法王帝説』や『元興寺縁起《がんごうじえんぎ》』のいう五三八年が有力視されている。もっとも、以上を踏まえたうえで古代史の上田正昭《うえだまさあき》は五四八年説を唱える（『神と仏の古代史』）。六世紀前半ないし半ばと押さえておこう。

時の大王は伝来した仏教が先進的国際スタンダードであると認識し、その導入者であることによって大王の権威を保つ道を択んだのである。そして第二章冒頭に提示したような、伽藍に代表される大陸文明がひろく列島社会にもたらされた。こうしたながれの中で大王自身が最初に咲かせた大輪の華、それが百済大寺であった（第五章1）。

一方、伊勢神宮の社殿は伽藍に見るような、堂々たる体軀《たいく》を誇る堅固な建築ではない。列島に古くから存続してきた萱葺き屋根と掘立て柱の、じつに簡素な小建築である。

馴染み深い萱葺き、掘立て柱の建築を皇祖神の御在所としたのは、そうであってこそ、列島社会における皇祖神のリアリティを得ることができたからである。大陸文明の先進性は認めざるを得ないが、一方、列島社会の歴史を大陸文明で全て塗り替えるわけにはいかなかった。先進か後進かというものさしとは別の、列島社会のアイデンティティの発露がそこにあった。こうして生まれたのが伊勢神宮の正殿を中心とする社殿群である。それは一部に仏教伽藍の影響を残しながらも（第九章1）、列島文明のエッセンスの凝縮と言えた。

大王および天皇の権威は、伽藍と神宮という系統の異なる二種の記念碑的建築によって可視化されてきた。重い瓦の屋根をもち、礎石の上に立つ太い柱によって支えられた伽藍建築についてはは第Ⅰ部で述べた。神宮社殿の概要をつぎに述べよう。

神明造りのあらまし

伊勢神宮の正殿は神明《しんめい》造りと呼ばれる。図解するとつぎのようだ（**図1**）。

厚い萱《かや》葺きの切妻《きりづま》屋根をもち、掘立て柱に支持された高床の木造建築である。両妻側に独り立つ棟《むな》持ち柱が外観を特徴づける。木部は全て素木のままであり、塗装はなされない。但し木部には銅の表面に金メッキを施した金銅《こんどう》製の装飾がなされるのも大きな特徴である。なお高床とは、通常の一階床より高い位置にある床をいう。

萱葺き屋根は今では稀少だが、かつて列島ではいたるところに見られ、材料には葦《あし》や藁《わら》などをもちいる。切妻とは最もシンプルな三角屋根だ。妻側とは切妻の三角形が見える側をいう。これに直交する側、つまり屋根の軒が水平に見える側を平《ひら》と呼ぶが、平側の正面中央に階段と入口扉が付き、平入りとなっている。高床建築が平入りなのは、じつは特異なあり方だった。これについては後述する（第九章1）。

棟持ち柱の棟《むね》とは、屋根の頂部をなす稜線を指す。神明造りでは屋根頂部の棟木《むなぎ》が両妻側に突出し、これを棟持ち柱が支持する。この棟持ち

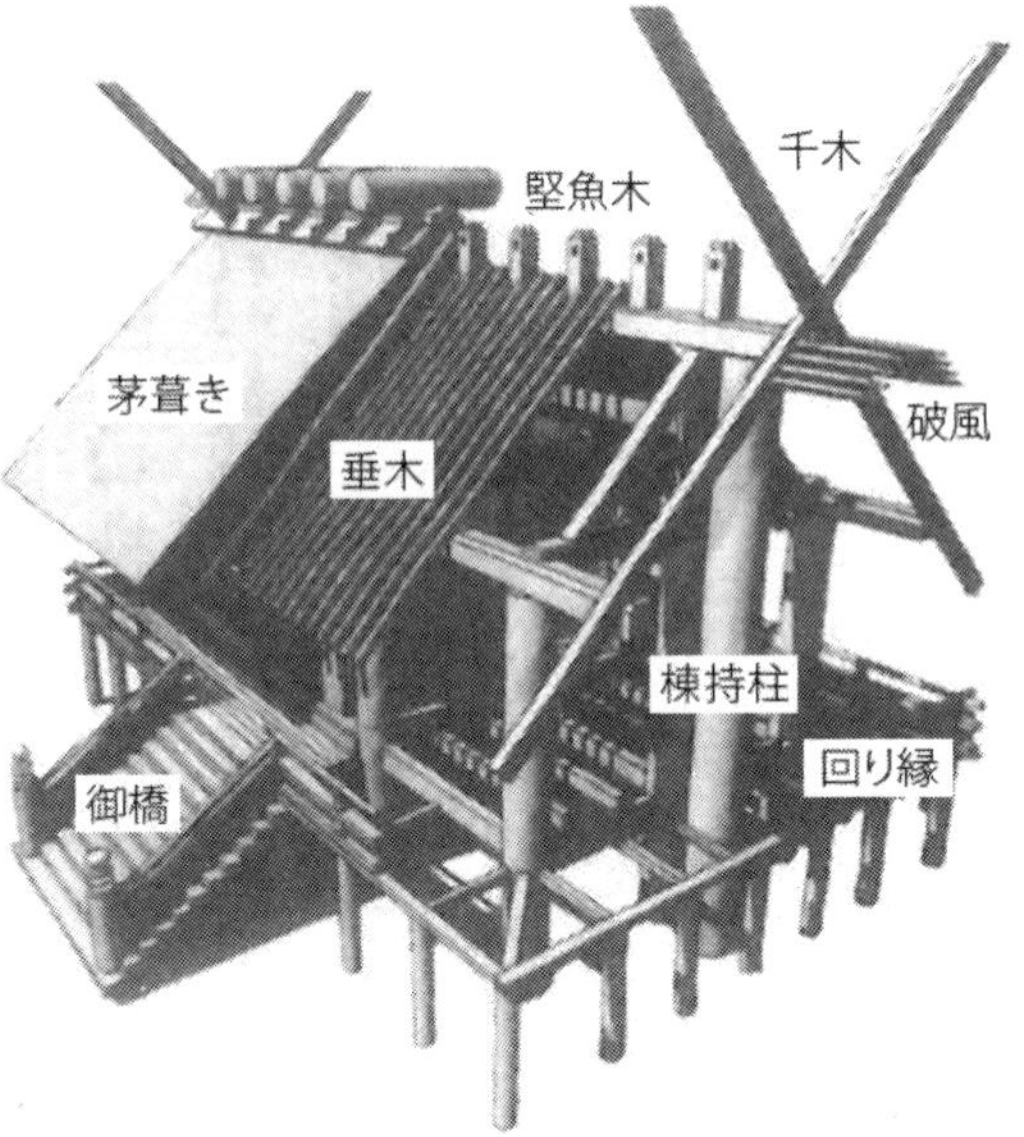

図1　伊勢神宮内宮正殿／部位説明図（『週刊日本遺産 伊勢神宮』より）

図2　西洋の建築理論書に示された原始の小屋（ロージエ『建築試論』扉絵、中央公論美術出版より）

柱は独立して立つので、非常に目を引く存在になっている。

切妻部では千木《ちぎ》が交差して天に伸び、その上端と下端に金属装飾が被る。また棟木の上には、膨らみのある円筒形の堅魚木《かつおぎ》が載る（内宮では十本、外宮では九本）。堅魚木両端の円形木口《こぐち》にも金属装飾が被る。木口とは部材の横断面のことである。

切妻屋根を建築の始原とするのは我が国や東アジアだけではない。西洋建築の起源とされるギリシャ神殿も木造切妻屋根をもち、瓦で葺かれた。洋の東西を問わず、最もシンプルな切妻は屋根の原型の一つと言っていいだろう（**図2**）。

床のあり方について述べると、掘立て柱による木造建築には土間と高床の二種があった。古来、高床は土間に比べ、総じて格が高かった。宝物を納める宝殿も、収穫した稲を納める稲倉《いなぐら》も、そして神の御在所である神社の正殿（本殿）も多くは高床だ。そうなる理由は、高さが自ずともっている優位性故である一方、浸水・湿気対策という実利的な理由もあった。そして正殿の四周に回り縁と呼ばれる縁側が付く。これも見逃すことのできない、注目すべき特徴である。また正面中央の階段および回り縁の高欄《こうらん》（手摺り）には五色に塗り分けられた珠玉《しゅぎょく》が付く。

神明造りとはおよそ以上のようだが、掘立て柱による萱葺きの木造建築にしては、じつはかなり手が込んでいる。列島に古くからある建築工法の枠内で、精一杯意匠をこらしているのである。このように整備された神明造りは、伊勢神宮が皇祖神アマテラスを祭るようになってからである。

校倉造りから神明造りへ――稲倉から宮殿へのメタモルフォーゼ

伊勢神宮の正殿が神明造りになる前は、社殿はみな校倉《あぜくら》造りであった。伊勢神宮が校倉造り？と初めて聞く方は驚かれるだろう。校倉造りといえば、東大寺の正倉院《しょうそういん》がよく知られる。そこから説き起こそう。宝物を納めるこの木造建築は湿気を防ぐため高床になっており、これに校倉部が載る。そこでは部材の断面が三角形、精確に言うと、三つの角を切り落とした六角形の部材が積まれて壁を造り、コーナー部で交差して部材が突き出ている。そこに柱も回り縁もない。もちろん、床下に柱はある。

写真　伊勢神宮外宮／板校倉造りの御饌殿（日本建築学会編『日本建築史圖集』彰国社より）

さて現在、伊勢神宮には校倉造りの社殿が一棟だけある。外宮の御饌殿《みけでん》だ。そこでは、壁面をつくる分厚い横板が社殿の四隅で交差している（**写真**）。壁が校倉造りであるほかは、他の社殿と同じく、萱葺きの切妻屋根をもつ、掘立て柱による高床建築だ。御饌とは神に捧げる食事のこと。従って御饌殿はアマテラスに食事を捧げるための社殿である。毎日、朝夕二度の食事の際はアマテラスにこちらにお越しいただき、外宮の豊受《とようけ》大神が相伴《しょうばん》する（図3）。これを神宮では日別朝夕大御饌祭《ひごとあさゆうおおみけさい》と呼ぶ。

正倉院《しょうそういん》と異なり、御饌殿では交差する部材が厚い板なので、「板校倉《いたあぜくら》造り」と呼ばれる。厚いとはいえ板であるから、正倉院の角材ほど強くない。また、萱葺きの屋根は雨水を含むとかなりの重量になる。地震が加われば崩れかねない。これに対応するために、両妻部《りょうつまぶ》に棟持ち柱が独り立つ（正倉院にはなし）。これでしっかりと屋根荷重を支えるのだ。板校倉造りでは棟持ち柱が構造体としての役割を果たし、不可欠の存在になっている。

神明造りになっても独立棟持ち柱が立っている。じつはこの柱、あるに越したことはないが、構造的に不可欠と言うわけではない。神明造りでは社殿の四隅には円柱が立っているので、構造的にはこれで十分なのだ。それでは、四隅に円柱が立つようになったのはなぜか？

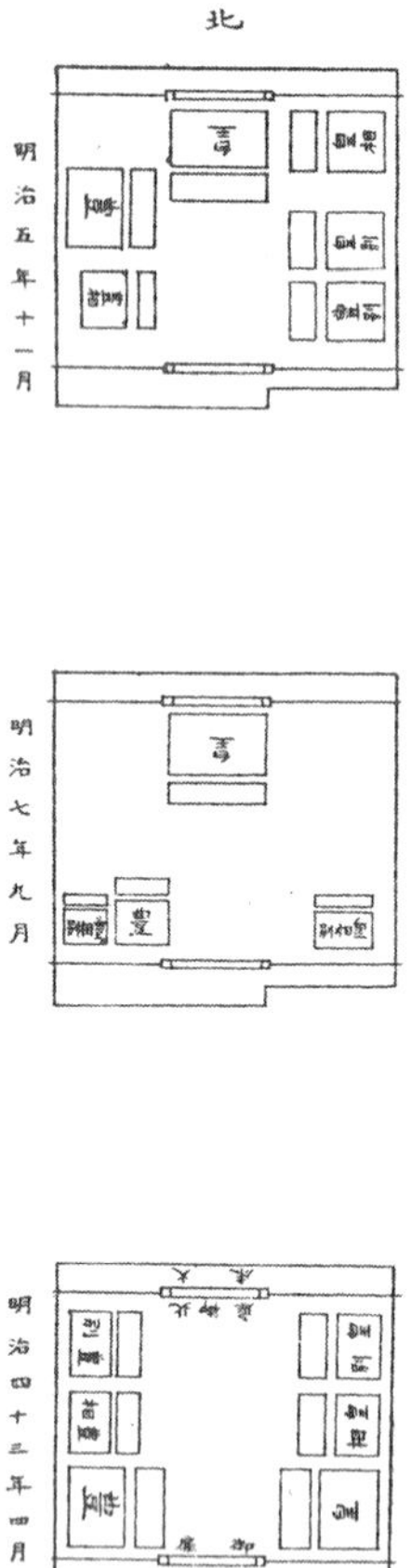

図3　伊勢神宮外宮御饌殿／御座配置図／短期間のうちに変遷が見られる（福山敏男『伊勢神宮の建築と歴史』より）

神明造りの成立——稲倉から宮殿へのメタモルフォーゼ（2）

板校倉造りが稲倉風であるのに対し、神明造りは稲倉風社殿を宮殿化したと言える。それを象徴するのが、**社殿の四周に取り付いた回り縁の存在だ**。なぜなら、これは宮殿であることをアピールする要素だからだ。厳密に言うと、神明造りは回り縁の付く正殿のみをいう。但し宝殿など、その他の社殿も総称して神明造りと呼ぶ場合もある。

稲倉風社殿は、正殿と呼ぶより宝殿と呼ぶべき段階にあったと言えるが、その宝殿が宮殿化して正殿になったのはなぜか？

詳しくは次節で述べるが、〈アマテラスは持統天皇である〉という想定の下、もちろんイマジナリーにだが、伊勢神宮は持統天皇の御在所となった。そうなると、正殿は稲倉風のままというわけにはいかない。正殿を宮殿風に仕立てあげる必要が出てきたのである。そこで浮かんだアイデアが、正殿の四周に回り縁を付けることであった。

だが、大きな問題が生じた。

板校倉造りに回り縁を付けると、社殿の四隅で交差する横板が回り縁に突き出てしまうのだ。実際に回り縁を巡り歩くことはないものの、視覚的に、まさに〝通せん坊〟状態をつくってしまう。校倉造りと回り縁は甚だ相性がよくないのである。そこで社殿の四隅に、あらかじめ板厚に合わせた寸法で縦溝を切った円柱を立てる。そして横板を縦溝に差し込めば、横板の端部が突出することなく壁ができあがる。

図4　創設当時の伊勢神宮内宮正殿／外観復元図。現在より柱は細く、萱葺きはボサボサ。千木と堅魚木に飾り金物はなかった

以上が社殿の四隅には円柱が立つようになった理由である。これで一件落着だ。四隅に円柱を立てて回り縁を付加したことは、板校倉造りから変態（メタモルフォーゼ）を起こして神明造りが生まれたことを如実に物語る。

しかし、**社殿の四隅に円柱が立ったとき、独立棟持ち柱は構造的に不要となった。それでもなお、この柱は残った。**なぜだろうか？

社殿（宝殿）が稲倉風であることは、祭神が稲を育てる日の神であり稲霊でもあることを示しているが、独立棟持ち柱は視覚的インパクトが殊の外つよく、存在感を発揮していた。従って神明造りが成立しても、この独立棟持ち柱が省かれることはなかった。それどころか、構造的役割から解放された独立棟持ち柱こそ、伊勢神宮の尊貴性、精神性を象徴するものとなった（**図4**）。そもそも独立棟持ち柱は、板校倉造りに見たように、構造的に必要なものであったから、別段珍しいものではなかった。むしろ構造的な役割を終えてから、尊貴性、精神性を増して神宮を象徴するものになったのである。

2　アマテラスの成立と神明造り

前節で見たように、神明造りの正殿は、稲倉風板校倉造りの宝殿に〝変換と装飾〟を加えて成立した。〝変換〟とは校倉造りからの脱却であり、〝装飾〟とは棟持ち柱の残存と回り縁の付加である。前節で見たようにこれらを総称してメタモルフォーゼと呼ぶなら、**神明造りの正殿は、板校倉造りの宝殿がメタモルフォーゼをなして生まれたと言える。**

それは日の神が皇祖神アマテラスに変貌する過程とパラレルであった。

伊勢神宮には式年遷宮という制度があるが、伊勢神宮の内部文書『太神宮諸雑事記《だいじんぐうしょぞうじき》』によれば、その第一回が挙行されたのは六九〇年（持統四年）九月であった。まさにその年の正月に持統天皇が正真正銘の〝神として〟即位していた（詳しくは第七章3、十二章1）。**同じ年に挙行された第一回式年遷宮は持統の即位と密接にリンクしており、この最初の式年遷宮において〈アマテラス＝持統〉を祭る神明造りの正殿が成立したとみられるのだ。**神明造りの成立は天皇の祖先神である〈アマテラス＝持統〉の成立と不可分であった。その詳細を追う。

天武朝でアマテラスは成立していたか

これまで伊勢神宮というと、天武天皇とのかかわりから説き起こされることが多かった。まずはそこに注目しよう。

六七三年（天武二年）四月、天皇は大来《おおく》皇女を斎王《さいおう》に指名した。斎王とは都を離れて（多くの場合、伊勢にある）斎宮《さいぐう》に居住し、天皇に代わって皇祖神に仕える未婚の皇女ないしは皇族女性。斎王を斎宮とも呼ぶ。大来はまず泊瀬《はつせ》の斎宮に一年半ほど滞在して身を浄め、翌六七四年十月に伊勢に向かうのであった。泊瀬とは初瀬、長谷寺《はせでら》のある地域である（奈良県桜井市東部）。史実として伊勢神宮が『日本書紀』に登場するのは、この記事が最初である（新谷尚紀《しんたにたかのり》『神社とは何か』）。そう言えるのは、これをさかのぼる記事はいずれも神話的、伝承的内容であるからだ。よく知られるつぎの記事もその域を出ない。

『日本書紀』によれば六七二年六月二十四日、大海人《おおあま》皇子、のちの天武天皇は前帝天智の後継をめぐって、その息子大友皇子《おおとものおうじ》と争い壬申《じんしん》の乱を起こした。二十六日に大海人皇子らは迹太川《とおがわ》の畔で「天照太神を望拝《ぼうはい》」したという。

従来、この記事は伊勢神宮を遠くに望んで必勝を祈願したと解釈されてきたが、この時点で伊勢神宮はまだ成立しておらず、従ってアマテラスもまだ成立していない（倉本一宏《くらもとかずひろ》（『壬申の乱』））。倉本はまた、そこから伊勢神宮は望めないとまで言う。ある従軍日記によれば拝礼したのは辰《たつ》の刻（七時〜九時）という。日はすでに昇っている時刻だ。前日は悪天候であったが、ようやく晴れ間が射してきた。伊勢湾から昇った太陽が雲間から顔をのぞかせた時、一同大いに感激して望拝したのであろう。この太陽はアマテラスが成立する以前の、自然神である太陽霊ないしは日の神であった（詳しくは第七章1）。

関連して、鎌倉時代末から南北朝時代初め、外宮を祭る渡会氏《わたらい》によって編纂されたとみられる神宮の内部文書に興味深い記述がある。「天照太神を望拝」したこの時、大海人のちの天武天皇が式年遷宮を構想したというのである（「二所太神宮例文」）。

大伴皇子謀反の時、天武天皇の御宿願に依りてなり

「大伴皇子」は大友皇子に同じ。「大伴皇子謀反の時」とは壬申の乱を指す。乱の途上で天武が伊勢を「望拝」して必勝祈願をしたが、二十年に一度の式年遷宮はその時以来の「御宿願」というのである。ほんとうだろうか？

前掲の『太神宮諸雑事記』には流布本と異本があり、じつは式年遷宮制の成立時期について見解が分かれている。流布本には六八八年、異本には六八五年とあるが、異本の六八五年説は皇學館大学学長を務めた田中卓《たなかたかし》によって否定されている（「式年遷宮の起源」）。式年遷宮制が成立した六八八年（持統二年）は、持統の即位式そして最初の式年遷宮が挙行される二年前であり、持統称制《しょうせい》の時期であった。称制とは正式に即位式を経ずして、実質的に天皇として権力を行使することと。そもそも『日本書紀』の「望拝」記事そのものが曖昧さを残している。これにかこつけての「御宿願」は、壬申の乱に勝利した天武への過度の英雄視から生まれた創作の可能性がある。

それにしても乱のさなかに二十年に一度の式年遷宮を構想したというのは、にわかには信じがたい話である。この文書「例文」は鎌倉〜南北朝時代のものであり、なにぶんにも数百年の時を

経ている。この点からも信憑性に疑問が生じるのは否めない。神宮内部で式年遷宮は天武天皇の「御宿願」と伝承されていたのであろう。

天武と持統の間

大友皇子の斬首《ざんしゅ》にまで及んで六七二年七月二十六日、乱が終結した。捕らえられた大友側の群臣や将軍たちへの処断が下されてゆく。天武が飛鳥に凱旋したのが九月十二日であった。論功行賞を済ませたのが十二月四日。乱の後始末のみならず、新政権の樹立にむけて余念のない天武であった。この年に斉明の後《のちの》飛鳥岡本宮の南に「宮室《おほみや》」を増設し、冬にこの飛鳥浄御原《きよみはら》宮に入った。この時期天武は、飛鳥浄御原の造営から新政権の陣容固め、即位式の準備そして政策構想にとエネルギッシュに取り組んで多忙を極めた。即位式を挙げたのが翌六七三年二月。そして先述のように、娘の大来を斎王に指名し、まずは泊瀬に向かわせたのが四月。まさにめまぐるしい日程のなかでの斉王の指名であった。

大来が泊瀬での浄《きよ》めを終えて伊勢に向かったのは翌六七四年十月であるが、この時、天照大神、すなわち、**アマテラスはまだ成立していなかった**。それは次節で述べるように、持統即位の前年の六八九年になっても皇祖神は「天照らす日女《ひるめ》の命」と歌われており（『万葉集』巻二―一六七）、天照大神（＝アマテラス）にはまだ届いていなかったからだ。また、このことから、伊勢神宮はまだ板校倉造りの段階にあったと考えられる。そしてもとより耐久性に問題を抱えていた神宮社殿であったけれども、この時点で二十年に一度の式年遷宮制にまで構想が及んでいたとは考えがたい。前節で見たように、神宮社殿は板校倉造りが前身形態であったことからすれば、**大来皇女が伊勢に派遣された段階では正殿は成立しておらず宝殿の段階にあったし、まだ板校倉造りであったと考えられるのだ。**

即位式、式年遷宮、アマテラス、神明造りは一体だった

天武が没したのは六八六年であった。天武後継の本命は皇后鸕野《うの》が産んだ唯一人の愛息草壁皇子《くさかべのみこ》であったが、皇后の期待に反して六八九年に病没してしまう（享年二十八）。自らの血に固執する皇后はここで重大な決意をする。そしてつぎのように思い定めるのであった。

——草壁の遺児、つまり孫の珂瑠《かる》王を皇位に就ける。そうするにはまず自分が即位するしかない。そして、制度的にまだ確立していない譲位を確実におこなうには、自分が皇祖アマテラスとして振舞うに如くはない。そうすることによって後継指名権を獲得するのだ。

生前譲位の初例は皇極であるとよく言われるが、それは乙巳の変をともなってのことであり、制度化されていたわけではなかった。皇后鸕野の大胆極まりない決意は実際、着々と現実のものとなる。

すなわち持統（称制《しょうせい》）主導の下、六八八年に式年遷宮制が定められ、生身の女帝持統は六九〇年正月、実在する正真正銘の神として即位した。これは天武にもない、史上初のことであった。同年九月には女神アマテラスを祭る伊勢神宮が最初の式年遷宮を迎えた。この時、神としての女帝持統と女神アマテラスが重なった。**女帝持統になぞらえられたことによって、伊勢神宮正殿に**

祭られる神は一気に身体性とリアリティを獲得した。正殿は独りアマテラスのみならず、現人神《あらひとがみ》として持統のおわす宮殿という神話的、政治的性格を帯びることとなったのである。〈アマテラス＝持統〉のお住まいになる正殿が、板校倉造りの稲倉のままであっていいはずがない。**第一回式年遷宮において板校倉造りが神明造りに転換された。**神明造りはこういう事情と経緯のなかで生まれた。その結果、正殿は稲倉のイメージを残しつつ、宮殿の性格が付与されたのである。板校倉造りを脱却して神明造りの成立を促した要因はここにあった。事実、内宮で回り縁や高欄《こうらん》など宮殿の設《しつら》えをもつのは〈アマテラス＝持統〉のおわす正殿だけであり、他の社殿にはない。それは現在でも変わらない。

同じ年に遂行された、持統天皇即位式と〈アマテラス＝持統〉を祭る伊勢神宮第一回式年遷宮、そして神明造りの成立は極めて周到に、一体のものとして執りおこなわれた。**皇祖神アマテラスを祖先とする天皇制はこの年、六九〇年に成立した。**『古事記』も『日本書紀』も「天照大神」を古くからある神として語るが、実際には、その成立は持統即位の六九〇年だったとみられるのである。

なお、伊勢神宮の研究において先駆的かつ絶大な影響力をもった建築史家の福山敏男《ふくやまとしお》は、伊勢神宮を特徴づける神明造りの成立を「天武天皇の御代迄溯《みだいまでさかのぼ》らしめて差し支へはない」とした（※基本文献『伊勢神宮の建築と歴史』）。だがその論拠は漠然としていた。ここまでの考察から、持統朝のはじまりにおいて、すなわち第一回式年遷宮において神明造りが成立したとみるのが無理のないところであろう。

第七章
神話が予告する

伊勢神宮の正殿が突然、今見るような神明造りとしてあらわれたのではなかった。板校倉造りに発する形成過程は、皇祖神の形成過程とパラレルであった。神明造りと皇祖神アマテラスは持ちつ持たれつ、密接不可分の関係のなかで醸成され、成立したのである。その詳細を見ることにより、神明造りと皇祖神の由来が見えてくる。

それは女性天皇持統の神格化にリンクしていた――。

1　持統天皇の神格化にリンクする神明造り

神明造りの成立には、伊勢神宮の祭神が自然神から人格神へ、すなわち日の神から皇祖神へと変貌したことが大きくかかわっていた。

稲倉が宝殿になる

まずは「天照大御神《あまてらすおおみかみ》」が誕生する印象的な場面を『古事記』に見よう（要約）。

イザナギがイザナミの逝った黄泉《よみ》国から帰還して目を洗うと、「天照大御神」が生まれた。イザナギは生まれたばかりの「天照大御神」に玉《ぎょく》の連なる首飾りと高天原《たかまがはら》を授けた。**首飾りの名は「御倉板挙之神《みくらたな》」である。**

天照大御神はその名からして日の神。燦燦《さんさん》と太陽のエネルギーを受けて稲は発育し、たわわに実って豊作を迎える。天照大御神に授けられた首飾りは、これもその名からして「稲倉の棚に祭られる神」、つまり稲の精霊である稲霊《いなだま》の御神体《ごしんたい》だ。神霊が宿り、神そのものとして扱われる物を御神体という。**この首飾り、つまり稲霊の御神体が祭られた稲倉は正殿というより、その前身というべき宝殿と呼ぶにふさわしい。**

天照大御神は「御倉板挙之神」の名をもつ首飾りを授けられた。この首飾りを身に付けた天照大御神は日の神であるとともに稲霊でもあることがはっきりと示された。この生まれたばかりの天照大御神はあくまでも稲霊を宿したアニミズム漂う日の神であり、のちに持統天皇になぞらえられるアマテラスではない。アニミズムとは自然界のあらゆる存在や現象に霊魂を見出す信仰であり、そのような態度をいう。これに対してアマテラスはアニミズムを脱却した神である。『古事記』は全編にわたって「天照大御神」と表記を統一するが、そこには四段階にわたる成長過程があった。それを見るには『日本書紀』神代篇を見なければならない。

皇祖神はアマテラスの名を得て神明造りに祭られた

さて『日本書紀』でこの神は、成長するごとにつぎのように名を変えてゆく。

（一）「日神《ひのかみ》」：太陽霊であり稲霊でもある**自然神**：**板校倉造り**
（二）「大日孁貴《おおひるめのむち》＝大日孁尊《おおひるめのみこと》」：自然神が女性の**人格神**になる：**板校倉造り**
（三）「天照《あまてらす》大日孁尊」：天照と形容された「大日孁尊」が独自性と尊貴性を増し、**皇祖神**と性格付けられる。『万葉集』では「天照らす日女《ひるめ》の命」：**板校倉造り**
（四）「天照大神《おおみかみ》」：持統天皇に擬されるこの神の**完成形**：**神明造り**

本書は最終形態としての「天照大神」をアマテラスと表記しているが、**じつはこのようにさまざまな名をともなって段階的に神格が向上しているのである。これに符合するように社殿も変化した。**（一）（二）（三）に対応していたのが板校倉造りの社殿であった。前章でみたように、天武天皇は天武三年（六七四年）に大来皇女を斎王として伊勢に派遣したが、その時皇祖神はまだ（三）の段階にあり、神宮はまだ板校倉造りの段階にあった。それは正殿と呼ぶよりまさに宝殿だが、これが初期の形であったと考えられる。

『日本書紀』における（一）「日神」と（二）「大日孁貴＝大日孁尊」の登場は年代をもたない遥か古《いにしへ》のこと。だが（三）**「天照大日孁尊」になると、極めて近い呼称が『万葉集』に出てくる**（巻二―一六七）。**「天照らす日女の命」**である。

　これは六八九年四月、のちに持統となる鸕野皇后唯一人の愛息草壁皇子の葬儀の場での挽歌《ばんか》に初出した。挽歌とは死者を悼んで送る歌だが、そのなかに高天原の前身的表現として「天の河原」「天の原」が打ち出されていた。このことから、**天上世界である高天原とこれを主宰するアマテラスの創出に向かって早くも手が打たれていたことが分かる。**この挽歌は持統お抱えの歌人、柿本人麻呂《かきのもとのひとまろ》が歌ったものだが、当然朝廷側から出ていた注文に応えたものであったにちがいない。翌六九〇年正月に皇后は即位して持統天皇が成立するが、その前から、持統をアマテラスになぞらえる準備が着々と精力的に進められていたのである。そしてアマテラスが成立するにともない同年九月、伊勢神宮第一回式年遷宮で神明造りもまた成立するのであった。

　アニミズム漂す日の神としての自然神が人格神となり、さらに皇祖神に至る過程の痕跡が『日本書紀』と『万葉集』に見て取れるのは興味深い。同時にそれは、皇祖アマテラスが人為的、恣意的につくられていった過程とも言える。アマテラスは性急に、かなり無理して生まれた政治の産物であった。

　日の神・太陽神・太陽霊への信仰は列島に限らず、東アジアをはじめ世界各地に見られる。そのなかにあって日の神信仰が盛んであった伊勢地方に祭られた神を人格神化し、さらに皇祖神化したのがアマテラスであった（著者文献＊5）。

2　天孫降臨神話の政治的効用

『古事記』は七一二年に編纂が終了して元明《げんめい》天皇に献上された。元明は、若くして即位するも早逝した持統の孫、文武の母である。『日本書紀』は七二〇年に編纂が終了して元正《げんしょう》天皇に献上された。元正は元明の長女であり文武の姉だ。

朝廷内で醸成されてきた天孫降臨神話は二つの史書『古事記』と『日本書紀』で初めて成文化された。先行した『古事記』と異なり、『日本書紀』に収められた天孫降臨神話には本文のほか第八の一書《あるふみ》まで、さまざまなバリエーションがある。

奇妙な展開

『日本書紀』神代篇では、本文につづいて「一書に曰《い》はく」として異説を掲げるスタイルが頻出する（神代篇につづく歴史篇では「或る本《ふみ》に曰はく」となるが、頻度は少ない）。誠実な編纂態度に見えるものの、新説を違和感なく挿入する手法でもある。『古事記』および『日本書紀』第一、第二の一書における天孫降臨神話を見ると、かなり奇妙な展開になっていることに気付く。

——天つ神たちが集う高天原にて。

皇祖神アマテラスが息子のオシホミミに降臨して地上を治めるよう命じた。だが孫のニニギが生まれるや急遽方針を変えて、なんと生まれたばかりの孫に降臨を命じる。成人している我が子を脇において、幼い孫に降臨を命じて地上を治めさせるとは――、だれが見ても不自然極まりない展開だ。そこには政治的策謀がはたらいていた。

〈アマテラス＝持統〉
〈オシホミミ＝亡き草壁〉
〈ニニギ＝草壁の遺児、文武〉

という対応関係に気づけば、疑問は直ちに氷解する。地上の現実が天上の神話に反映しているのだ。なおオシホミミ（＝忍穂耳）は、多くの実をつけて頭《こうべ》を垂れる稲穂の意。ニニギ（＝瓊瓊杵）とは稲の穂がにぎにぎしく、たわわに実っているさまを表す。いずれも稲の精霊、稲霊を示す名になっている。神話ではこのあと、つぎのように代替わりしてゆく。

ニニギ　↓　ヒコホホデミ　↓　ウガヤフキアエズ　↓　初代神武

これが天孫降臨神話と天皇の対応関係だ。そこでは、**実在の天皇持統が孫に降臨を命ずる皇祖神アマテラスになぞらえられていた。**押さえておきたいポイントだ。

姉弟が男女の関係に？——奇妙な展開（2）

奇妙な展開はまだある。

天孫降臨神話に先立って、『古事記』『日本書紀』神代篇にはアマテラスのいる高天原に弟のスサノオが昇って来てウケイをおこなう場面だ。よく知られる〝天の岩屋戸〟神話の前段に当たる。ウケイの現代語訳は誓約だが、なんともピンとこない。基本文献『古事記』西宮校注によれば、ウケイとは「あらかじめ神に誓約したとおりの結果が現れるかどうかで神意を占うこと」という。自分が勝つと誓い、そのとおりの結果が得られれば、それが神意であったとなる。実際に何をしたのかというと、『古事記』によれば、アマテラスとスサノオは互いの持ち物を交換し、これを物実《ものざね》として何人子を生めるかを競うのだ。**こうなると姉弟は男女の関係になる。**物実とは物を生み出す種である。ここで〝交換〟がキータームになる。

アマテラスはスサノオから渡された剣を物実として三柱の女児（女神）を、スサノオはアマテラスから渡された勾玉《まがたま》を物実として五柱の男児（男神）を生む。この時、さしずめ剣は精子の、**勾玉は卵子**（卵巣）**の喩えになっている。**

この子産みの段は神道において物議を醸した。東京大学教授であった佐藤正英『古事記神話を読む』によれば、概略以下のようだ。室町時代末期に興った吉田神道は秘伝として、姉弟であるアマテラスとスサノオが男女の関係を結んだと解釈していた。これを耳にした、江戸前期の大名で朱子学と吉田神道に帰依していた保科正之《ほしなまさゆき》は、「日の神であるアマテラスが弟と性的交渉をもつという不道徳を犯すはずがないと言って涙を流した」という。また儒家神道を説いた山崎闇斎《あんさい》は「男女の道のことはなかったぞ」と口を極めて激しく否定した（『神代巻講義』）。だが時代が降って明治に入ると、東京大学教授の白鳥庫吉《しらとりくらきち》はつぎのように視野をひろげた。

天地陰陽の二神が互いにその物実を取り交わして子を生んだという思想は、ひとり我が神代史に現れるのみでなく、漢土にもこれに類したもののあることを忘れてはならぬ。

大陸でも我が国でも、物実の交換が両者の性的交渉を意味していると説くのであった（『神代史の新研究』）。

アマテラスは「私が渡した勾玉を物実として五柱の男児が生まれたのだから、男児たちは私の子だ」と主張する。そして「スサノオから渡された剣を物実として三柱の女児（女神）が生まれたのだから、女児たちはスサノオの子だ」と言い聞かせた。それが道理だと言うのである。だがスサノオは聞き入れない。「我がこころは清廉潔白だ。だから女児が生まれた。我が勝利だ」と勝ち誇り、その勢いのまま高天原で乱暴狼藉をはたらく。アマテラスは難を逃れて、あの〝天の岩屋戸〟に閉じ籠もるのである。最終的にスサノオは高天原から追放される。

女児を得たから勝利したというのはなんとも不思議だが、西宮校注によれば、それはスサノオの錯覚という。また哲学者の桑子敏雄は、どちらが勝ったのかよりも重要なのは、「**アマテラスが皇祖となって男子の系統を得る**」ことだと言う（『風土のなかの神々』）。

なるほど〈アマテラス＝持統〉の前提に立てば、スサノオがアマテラスと男女の関係になるということは、スサノオは持統の夫の天武とみなされているのではないか、とのアナロジー（類比）が生まれる。そうなると草壁は天武天皇が得た男子であるが、このアマテラスとスサノオの〝物実交換〟神話によれば、**草壁の物実は持統が提供したのだから、じつは草壁は持統の系統に属することになる。**

なんとも強引な論理にみえるが、そこまで深謀遠慮をめぐらせているとも言えるだろう。桑子は「スサノオが高天原を蹂躙し、地上では、天武天皇が皇統を混乱させた」とするが、あながち的を外しているとは言えない（前掲書、第十二章1）。

天皇に姓は不要である

宮内庁の宮内公文書館には〝皇室の戸籍〟というべき皇統譜が所蔵されている。そこでは、「世系第一」としてアマテラスが、「皇統第一・世系第六」して「神武天皇」が明記されている。**このように天上の高天原におわす神と血筋がつながることにより、天皇が権威付けられている。**なんと神につながる〝戸籍〟が現存するのである！（皇統譜の作成は明治三年にはじまり、大正十五年に旧皇統譜令が制定されるまで五十六年の歳月を費やした。この間、『日本書紀』で天皇と同等の扱いを受けている神功皇后、そして既に明治天皇の裁可を受けている弘文天皇を皇統に含めるかという問題や、南朝・北朝に分立していた皇統をどう整理するかなど――これが難題であった――、多くの問題が議論された。半世紀を超えるこれだけ長い時間を要したことは、皇統なるものが操作・粉飾と不可分であることを示すと遠藤正敏はいう。『天皇と戸籍』）。

天皇は高天原におわす神の子孫である。つまり現人神なのであるから、臣下とは隔絶した関係にあり、臣下に姓を与える立場にあるのが天皇であった。このような存在は他に存在せず、天皇は唯一無二の存在だ。そもそも天皇は高天原におわす神と血がつながっているのであるから、地上では必須となる姓であるが、そんなものは天皇には不要だ、という理屈の上に立つのが天皇という存在なのであった。**姓をもつ大王から脱皮して姓をもたなくなった天皇が、天孫降臨神話をともなって、姓をもたないことへの理論的根拠を得たのである。**

そもそも、我が国古代の氏姓制度において姓《かばね》とは、王権内における各氏族の身分を示す称号であり、五世紀後半頃に成立した。中央の有力氏族には臣《おみ》と連《むらじ》が大王から授けられた。臣は大王に従う謂わば地域の王であり、擬制的に大王の子孫と位置づけられた。連は特定の職能を世襲でつなぐことにより大王に仕えたが、これは神々の子孫と位置づけられた。これも擬制である。その後、姓の授与はひろがりを見せたが、七世紀半ばの大化改新を契機に、氏姓制度は衰退を見る。七世紀後半ともなると、律令国家の形成にともなって庚午年籍《こうごねんじゃく》など、全国的な戸籍が作製されるようになった。この段階で一般庶民にも姓が与えられるようになり、こうして国家的身分制度が成立した。姓を名乗ることは天皇の支配を受けることにほかならない、という暗黙の了解は江戸時代末期まで受け入れられていた。

だが、こうした動きとは別に、平安時代末になるとあたらしい事態が発生する。武士たちのあいだで勝手に「名字《みょうじ》」を自称する動きがはじまったのである。それは武士団を構成する者たちが共有する呼称が必要になったからだ。ここでも擬制がもとめられたのである。この動きは貴族たちにもひろがりを見せ、通称として使われるようになる。当初は古代から伝わる姓が正式な呼称であったが、やがて名字の使用がひろまり世襲されるようになると、日常生活において姓は段々もちいられなくなる。室町時代になると農民層にまで名字がひろがりはじめ、姓と立場が逆転する。名字が正式な呼称となる展開を見せるのだ。江戸時代に入ると武士だけが名字を公称することが許されたが、実際には、名字を勝手に使い出す農民や町人たちがこれまで以上に続出した（武光誠『名字と日本人』）。

さらに詳細にわたることは本書の主旨から逸脱しかねないので、ここまでとしたい。振りかえれば、中世以降、姓と名字は併存し混同もされてきたのであるが、概ね姓から名字へと変遷してきた。ここで今日につながるポイントに触れておくと、明治八年に平民苗字必称義務令が発布され、国民はみな自分の好きな苗字（名字）をもつようになった。但し姓から名字への変遷があっても、**天皇が姓をもたない慣行は今も変わらずに維持されている。**

天皇家の深謀遠慮

天皇が〝姓をもたない〟ことと〝（通常の）戸籍をもたない〟ことは、コインの表と裏の関係にある（遠藤、前掲書）。『日本書紀』を見ると、允恭《いんぎょう》の代には戸籍についてかなり具体的な記事があるが、全階層にわたって全国一斉におこなった統一的な戸籍作りとなると、さきに触れた天智九年（六七〇年）の庚午年籍を待たねばならない。姓をもっていたそれまでの大王を脱して、天皇が姓も戸籍をもたず、貴賤を問わず庶民にも姓と戸籍を授ける完全な存在になったのは、この時であったろうか（代替わりは父子直系継承であるべきことを示した「不改常典《ふかいのじょうてん》（改むまじき常の典）」が天智朝において定められた。これは庚午年籍の作成と連動した動きであった可能性があるかもしれない。不改常典については著者関連文献＊8）。

ところで往時、東アジアの国際スタンダードとなっていた中国で、革命と言えば、取りも直さず易姓《えきせい》革命であった。それは王朝トップの姓が変わること、つまり王朝の交代を意味した。逆に言うと、我が国のように、**天皇が姓をもたないとは、革命というものが理屈の上で成り立たないことを意味した。**あらかじめ革命が無効になっているのだ（松本健一『孟子の革命思想と日本』）。

このことに気づくと、天皇に姓がなく、戸籍もないという発想は、まさに天才的であると合点する。その後、天皇の神格化と臣下との隔絶化が進み、天孫降臨神話の醸成に至るのだ。

さて六九〇年にアマテラスとして即位した持統は、六九七年に孫に譲位した。すなわち天孫降臨神話は、**持統即位の七年後を先取りするストーリーになっていた。**ここで神話は遠い昔の出来事を伝えるのではなく、**これから現実に起きることを、なんと予告しているのだ。**同時に、持統から孫への譲位を神話で権威付け、正統化するものでもあった。

『古事記』と『日本書紀』が天孫降臨神話を成文化する前に、この神話は朝廷内で創作されていた。そして草壁皇子の葬儀、持統の即位式、伊勢神宮の第一回式年遷宮、神明造りの成立、即位の翌年に催行された大嘗祭《だいじょうさい》など、重要行事をとおして着々と朝廷内に浸透していく（詳しくは第十二章1）。

このように天孫降臨神話は我々がふつうに考える牧歌的な神話ではなく、繰りかえすが、極めて政治的に創作された。すなわち、**神話の創作によって現実の政治を動かそうとし、事実、動かしたのである。**恐るべき神話の効用というべきだろう。

『神話から歴史へ』と題する一般向け歴史書がよくあるように、ふつう神話は歴史記述のおこなわれる前の段階で作られたと考えられている。だが天孫降臨神話はそうではなかった。持統天皇から孫への代替わりがスムーズにおこなわれるように、あらかじめ事前に、政治的に創作されていたのである。それが現実となり、やがて歴史となってゆくのだから、まさに鳥肌ものと言っていい。

天孫降臨神話はいつ『日本書紀』に書き込まれたのか

『日本書紀』によれば、その編纂作業は六八一年の天武天皇の詔にはじまった。まずは広範にわたる史料の収集から着手されたことは言うまでもない。『日本書紀』の成立過程を文章表記の違いから探究した森博達《もりひろみち》によれば、冒頭を飾る神代篇の巻第一、第二は文武朝（六九七年～七〇七年）になって書きはじめられた。そして全体にわたり漢籍《かんぜき》にもとづく潤色と若干の加筆が元明朝（七〇七年～七一五年）におこなわれ、『日本書紀』は元正朝の七二〇年に完成した（『日本書紀の謎を解く』ほか）。画期的な研究にもとづくこの見解はひろく認められている。天孫降臨神話は持統朝で醸成され、文武即位の時点ですでに成立していたから、この神話を文武朝において『日本書紀』神代篇に書き込むことは充分に可能であった。

ところで、六八一年にはじまった編纂作業が史料の収集からはじまったにしても、文章の作成が文武朝からはじまったというのはあまりに遅い。おそらく第一次稿がすでにほぼ出来上がっており、これを全面的に書き改めた第二次稿が決定稿となったのではないか。文武朝で書きはじめられたのはこの第二次稿の可能性があるだろう。

以上が皇祖アマテラスの現実の政治プログラムに取り込まれ、そして成文化されてゆく過程であった。一方、アマテラスの神話学上の成り立ちについては、これとは別個に探究されなければならない。すなわち、アマテラスの前身は神話学の対象となる。

ここでは詳論できないが、アマテラスの成り立ちを神話の系譜の上に置くならば、それは南方の海辺に生まれた太陽女神である。アマテラスのアマは天《あま》であるとともに海《あま》でもあった。空と海が融合するイメージは水平的かつ南方的だ。一方、アマテラスの子孫が高天原から降臨するとは垂直的であり、これは北方神話に由来する。つまり北方起源の高天原を導入し、そこに南方起源の太陽女神を立てた、にわか仕立てのアマテラスであったが、この発想もまさに天才的とさえ言えるだろう。アマテラスには北方性と南方性がミックスされているのである（溝口睦子《みぞぐちむつこ》『アマテラスの誕生』、著者関連文献＊5）。

付記　王位変遷のありようも書き改められた

『日本書紀』に先立って、四〜五世紀の王位の変遷を記録した『帝紀《ていき》』があり、五世紀後半には成立していたとみられる。現存しないが、周辺事情から察するに、その内容は一系的ではなかったようだ。このことは、考古学からも言える。分かりやすい一例を挙げれば、隣接する地域に併存し、共に巨大前方後円墳として名高い百舌鳥《もず》古墳群（大阪府堺《さかい》市）と古市《ふるいち》古墳群（大阪府羽曳野《はびきの》市、藤井寺《ふじいでら》市）は五世紀、同時に並行して造営された。**それぞれを造営した二大氏族の並立があきらかであり、そこから大王が輩出されていたことはほぼ疑いない**（松木武彦《まつきたけひこ》「国の形成と戦い」）。**その前段階においては、さらに多くの氏族が王位を競っていたであろう。**こうした段階を経て、世襲による王位継承が確立しつつあった六世紀、欽明朝にはじまった世襲王権のあり方を過去にさかのぼらせ、『帝紀』の内容を大幅に再編・統合して一系性が生まれた（藤森健太郎《ふじもりけんたろう》「古代の皇位継承と天皇の即位」）。それが母胎となって『日本書紀』の一次稿が生まれ、さらに決定稿に至ったとみられるのである。

太子は釈迦になり持統はアマテラスになった

アマテラスを祭る伊勢神宮の第一回式年遷宮は、持統即位の年に合わせて催行された。当然のことながら、この第一回式年遷宮は持統の即位を祝し権威付ける意味を併せもっていた。アマテラスも持統も、ともに女性であり、持統がアマテラスに擬されることに違和感はなかった。というか、それまでに卓越した政治的技量を見せつけてきた持統であったから、〈アマテラス＝持統〉という一体性には説得力があった。持統には天武との共治《きょうち》、およびこれにつづく称制と、有無を言わせぬ実績があったのだ（上田正昭『古代日本の女帝』）。「共治」とは呼んで字のごとく、共に統治にあたることである。称制を敷いたのは史上、中大兄王子（のちの天智）とその娘の鸕野皇后（のちの持統）の二名しかいない。娘は父の政治手法に倣ったのである。

持統には天性というべき父親譲りのカリスマ性があり、年齢的にも充分に威厳をそなえていた。父天智の享年は四十六であったが、六九〇年正月に即位した時、娘持統はまさに父の享年に達していた。父の人生を引き継ぎ、父になり代わって天皇制を盤石なものにする決意と覚悟をあらたにしたにちがいない。

振りかえれば、法隆寺で聖徳太子が釈迦と同体とされたように、伊勢神宮で持統天皇はアマテラスと同体になった。父天智は法隆寺で太子の釈迦化を主導し、娘持統は伊勢神宮で自らアマテラスと化した。天武の没後、時代は〈天智―持統〉という父と娘のラインで動いてゆく。

3　アマテラスになった持統天皇

女性天皇持統が女神である皇祖神アマテラスとしてふるまったとは、著者の単なる思い込み、ないしは妄想と思われる読者がおられるかもしれない。じつはこのことは国文学ではほぼ定説となっている見方である。しかしそれに頼るのではなく、『日本書紀』を読み込み、そのなかから証拠立てをしておきたい。もちろん、現代の常識からではなく、当時の人びとが浸っていた観念や信仰にもとづいてみてゆくことになる。

神の証拠を得る

六九〇年正月に挙行された持統天皇の即位式に焦点を当てよう。『日本書紀』に注目すべき記述がある。

　神璽《しんじ》の剣・鏡を皇后に奏上《たてまつ》る。皇后、即天皇位《あまつひつぎしろしめ》す

神璽とは、その所有者が神であることを証するものである。大王（天皇）の即位に際し、鏡や剣といった王位を象徴するレガリアとして璽《みしるし》が献上される慣行があった。それは『日本書紀』の「允恭《いんぎょう》天皇」「清寧《せいねい》天皇」「顕宗《けんぞう》天皇」「継体天皇」「推古天皇」「舒明天皇」そして「孝徳天皇」の代に見られる。しかし『日本書紀』を克明に見るならば、王権を保証するだけのレガリアではなく、**神であることを証する神璽が献上されたのは持統が最初であり、天武にもなかったことだ**（神野志隆光『古事記と日本書紀』ほか）。

ところが『万葉集』を紐解くと、「大君は神にしませば」と歌い上げる歌が五首もある。そこで「神にしませば」と歌われた「大君」は持統だけではない。よく知られているように夫の天武は二首に歌われ、天武の二人の息子まで「神にしませば」と歌われている。具体的には、つぎのようだ。人名は大君の該当者である。

●天武天皇：大君は　神にしませば　赤駒《あかこま》の　腹這う田居《たい》を　都となしつ（巻一九―四二六〇、大伴御行《みゆき》）

大君は　神にしませば　水鳥の　すだく水沼を　都となしつ（巻一九―四二六一、不明）

●持統天皇：大君は　神にしませば　天雲《あまくも》の　雷《いかづち》の上に　廬《いほ》りせるかも（巻三―二三五、柿本人麻呂）

●弓削皇子《ゆげのみこ》：大君は　神にしませば　天雲の　五百重《いおえ》が下に　隠りたまひぬ（巻二―二〇五、置始東人《おきそめのあづまひと》）

●長皇子《ながのみこ》：大君は　神にしませば　真木の立つ　荒山中《あらやまなか》に　海をなすかも（巻三―二四一、柿本人麻呂）

「神にしませば」を枕にするこれらの歌は、天皇を天つ神の子孫とする天孫降臨神話につながる。**この神話を天皇の由緒とし、そこに王権の正統性をもとめるのは、中国大陸にも朝鮮半島にもない我が国独自の世界観である**（仁藤智子《にとうさとこ》「古代王権の由緒と正統性」）。

我が国独自の世界観にもとづいて「神にしませば」と謳われる「天皇」、そしてこれを戴く「日本」という律令国家が生まれるのである（第九章3、第十章3）。

だが、よく吟味すれば、「神にしませば」とは、神業《かみわざ》と言えるほどの偉業を讃えるために使われた喩えにとどまり、神そのものと言っているわけではないのではないか。即位しなかった弓削皇子や長皇子にも使われていることからも、そう解釈できよう。『万葉集』で讃えられたレベルを超えて、即位式において神璽が献上された持統は、まさに神そのものでとして迎えられた。このことは居並ぶ皇族、官僚たちにははっきりと示されたのである（詳しくは第十二章1）。神となった天皇持統は、これまでの天皇とは別格の存在となった。夫天武をも超えたのである。

伊勢行幸の謎

持統と伊勢神宮の関係を語るのに格好のエピソードがある。持統は六九二年に伊勢に行幸《ぎょうこう》したが、その経緯を『日本書紀』はつぎのように伝える。

二月十一日、「当に三月三日を以て、伊勢に幸《いでま》さむ」とのたまふ
二月十九日、中納言大三輪朝臣《あそみ》高市麻呂《たけちまろ》、表を上りて敢直言して、天皇の、伊勢に幸さむとし、農時を妨げたまふことを諫《いさ》め争めまつる
三月三日、大三輪朝臣高市麻呂、其《そ》の冠位《かうぶり》を脱きて、朝《みかど》に擎上《ささ》げて重ねて諫めて曰さく、「農作《なりはひ》の節《とき》、車駕《きみ》、未だ以て動《ゆ》きたまふべからず」とまうす
三月六日、天皇、諫《あはめ》に従ひたまはず、遂に伊勢に幸す

容易ならざる事態である。大三輪朝臣高市麻呂という人物は壬申の乱で多大な戦功をあげた、前帝天武以来の重臣である。そのかれが持統に対して諫言したばかりか、「冠位を脱きて」、つま

り職を賭してまでして、二度にわたって強硬に反対したというのだ。公の場で、目の前にいる天皇に対する行動であり、並々ならぬ理由があったにちがいない。なぜ、そこまで強硬に反対したのか？

『日本書紀』が伝える三輪高市麻呂の反対理由は、農繁期の作業を妨げるというものだが、ほんとうにそれだけの理由なら、反対を押し切って伊勢行幸を強行した持統は単に我儘《わがまま》な天皇になってしまう。

明治以前、天皇自身が伊勢神宮を訪れることは全くと言っていいほどなかった。伊勢神宮に天皇自ら足を踏み入れることはタブーであった。そもそも神道で神は和魂《にぎみたま》と荒魂《あらみたま》をもつとされ、祖先神のご機嫌をそこねると天皇であっても荒魂が祟るとされた。天皇自身による親祭《しんさい》がタブー視されたのは、万が一でも祖先神からの祟りがあることを恐れたからであろう。のちのことになるが、聖武天皇の伊勢行幸においても神宮への参拝はなかった。

しかし前例なき持統の伊勢行幸は強行された。伊勢に行幸した六九二年は、内宮最初の式年遷宮が終わってから二年後にあたり、九月に外宮最初の式年遷宮がなされる予定であった。行幸した三月は外宮遷宮の準備が佳境に入った頃であった。今日では内宮と外宮の式年遷宮は同年に催行されるが、これは近世以降の慣例で（第八章２）、以前は内宮の翌々年に外宮で式年遷宮が執りおこなわれた。

強行の理由――伊勢行幸の謎（２）

なぜ持統は、重臣の職を賭しての反対を押し切って伊勢行幸を強行したのだろうか?

結論を先にいえば、この行幸は、自分がアマテラスとして振る舞うことを伊勢神宮に報告し、併せてその許しを得るためだったというのが著者の考えである。すなわち、この時持統は内宮に参拝していたのではないか。すでに即位式において神璽を得ていた持統は天皇在位期間中、アマテラスが女神であることを利用して自らアマテラスとして振る舞うのであった。あるいは、皇祖神を女神アマテラスとしたのは自身の性に合わせた可能性もある。なお本書が説く〈アマテラス=持統〉説は別段、新奇なものではなく、論拠はさまざまとはいえ従来から根づよくある（筑紫《ちくし》中真《のぶざね》『アマテラスの誕生』、上山春平『神々の体系』、近年では新谷尚紀『伊勢神宮と出雲大社』など）。

さきに述べたように、天武後継となった女性天皇持統は即位式で神璽を手に入れて正真正銘の神となっており、〈アマテラス=持統〉を祭る神宮初の式年遷宮を経て自らアマテラスと自認するのであった。その報告をして許しを得ることは、第一回式年遷宮が完結する外宮の式年遷宮の前に、是非とも済ませておかなければならなかったのである。

神格化と言えば、本節冒頭に述べたように天武に対してもなされたが、まだ一般的な神になぞらえるに過ぎなかった。だが、持統はそこにとどまらず、皇祖としてのアマテラスだ。天武の遥か上をゆく企てである。このように周到な計画が持統単独でおこなわれたとは考えられない。**六八九年二月に朝廷に登用されたばかりの藤原不比等《ふじわらのふひと》三十一歳の入れ知恵であろう**。かれは持統の父天智の最側近であった中臣鎌足の息子だから、天武朝では遠ざけられて登用は十年遅れた。しかし以後、不比等は朝廷でめざましい活躍を見せることになる。前節で『日本書紀』が全面的に書き改められたことを述べたが、おそらくこれを主導したのは藤原不比等であった。

振りかえれば、柿本人麻呂が草壁葬儀の場で「天照らす日女の命」を謳《うた》い上げたのは不比等着任の二カ月後であった。そこからはじまる〈アマテラス＝持統〉を演出する数々の企ては枚挙に暇がないほどだ。

史上初めて神として迎えられた即位式、〈アマテラス＝持統〉を祭る伊勢神宮初の式年遷宮、そこにおける神明造りの成立、天皇の血筋を権威付ける天孫降臨神話の創作など、到底、持統独りでなせるものではない。多くは最側近の藤原不比等が推し進めた所業だったのではないか。持統存命中は徹底的に仕えた不比等であった（持統没後は方針を切り替えるが、これについては著者関連文献＊8）。

不比等によって焚き付けられた持統の野望は、夫であった天武を超えていた。その意図を察知したからこそ、三輪高市麻呂は身体を張って、職を賭してまでして、持統の伊勢行幸を止めようとしたのであろう。壬申の乱において命がけで天武に仕え、敬い慕ってきた重臣として、それは決して容認できるものではなかったのである。

しかし持統は強硬に反対する三輪高市麻呂を押し切って自身を女神アマテラスとして押し出し、名実ともに皇祖神としての我が身を徹底的に演出するのであった。

高天原が地上のあり方を決める

重臣三輪高市麻呂が持統の伊勢行幸に反対したのは、しかし、前帝天武への忠義によるものだけではなかったとみられる。本音は、また別のところにあった可能性がある。
『日本書紀』によれば、そもそも大王家の祖先神は三輪山麓の、初代大王の可能性の高い崇神《すじん》の磯城瑞籬宮《しきみつかき》に祭られていた。だがこの神の霊威がつよすぎて共に住むことができなくなり、祖先神は宮中の外に出された。

三輪山の祭祀を担っていたのが地元の祭祀豪族である三輪氏であった。大王家の祖先神を伊勢に移して皇祖神アマテラスとして祭る事態は、そもそも三輪氏にとって、前帝天武への忠義という以上に、看過できない死活問題であった。三輪から伊勢への遷祀は、大王家の祖先神が在地の神（国つ神）から脱皮して、あらたに設定された天つ神の世界の高天原にアマテラスを祭ることを意味したのである。哲学の上山春平はこれを神祇革命と呼んだ（『続・神々の体系』）。

高天原の想定はじつに巧妙かつ功利的であった。その初出は六九七年の文武天皇即位の詔であったが（『続日本紀』）、その後、『古事記』（七〇八年）、『日本書紀』（七二〇年）に取り入れられて結実を見る。高天原の出現により神々は、**高天原を拠点とする天つ神と地上を拠点とする国つ神に二分された**。天皇の祖先はもちろん天つ神であり、そのトップがアマテラス。『古事記』『日本書紀』で成文化された天孫降臨神話によれば、その子孫が地上に降臨してこの世界を治める、それが天皇であり、これに直接仕えるのが一緒に地上に降りてきた天児根命《あめのこやねのみこと》の子孫藤原氏ということになる。

天児根命は藤原氏の氏神《うじがみ》として春日大社に祭られている。また『古事記』には稀代の知恵者として思金神《おもひかねのかみ》（思兼神）が随伴して地上に降りてくるが、これは藤原不比等その人とみられる。このことからも、『古事記』『日本書紀』の編纂を最終的には不比等が主導したことが分かる。

藤原氏以外の豪族たちはこれまで同様、国つ神として自分たちの氏神を祭りつづける。**つまり高天原の出現により、天皇家および藤原氏とその他の豪族たちの間に確固とした一線が引かれたのである。**

このように地上世界全体に被さって高天原が設定され、これを主宰する神アマテラスの子孫が天皇と規定された。これが我が国祭祀の基本構図となった。それまで個々に氏神を祭っていた豪族たちは、高天原の出現をなすすべなく受け入れるしかなかった。口をあんぐりと開けて――。

吉野行幸の謎

持統天皇の代を記述する『日本書紀』巻第三十、「高天原広野姫《たかまのはらひろのひめ》天皇」に目を通すと、だれしもいぶかしく思うことがある。それは、この女性天皇が吉野行幸を繰りかえした回数の多さだ。尋常でないのである。

忍耐づよく数えれば、なんと三十二回にも及ぶ。さらに驚くべきことに、**即位前年の六八九年におこなわれた最初の吉野行幸から、皇位を孫の文武に譲位した六九七年にいたる八年半の間の行幸がが三十一回であるのに対し、譲位後、没するまでの五年間はたったの一回きりなのだ。**即位を期す前年および在位期間中、集中的に吉野行幸を繰りかえしていたのだ。最も回数の多かった六九三年、六九五年はそれぞれなんと年に五回も吉野行幸を敢行し、一回あたりに要した日数は最長で十日間、最短でも四日間であった（読む年表4）。

これはいったい、何を意味しているのか？

吉野は大海人皇子、のちの天武天皇が壬申の乱に臨むにあたり、持統とともに一旦隠遁した地であり、また天智および天武の皇子たち六名を吉野の離宮に召集し、天武の後継は持統が産んだ草壁皇子と決めた〝吉野の盟約〟もそこでおこなわれた（詳しくは十二章1）。これらのことを周囲の人びとが忘れないよう、確認の儀礼として吉野行幸をおこなったという見解がある。そうした面もあったかもしれない。しかしながら即位後も、年に五回も行く必要があったろうか。とてもそうした見解だけでは、吉野行幸の夥しい回数を説明しきれないのだ。

天に入る、高天原に入る

吉野は奈良盆地の南につらなる奥深い山地である。往時より神仙境とされ、道教の聖地であった。そこは不老不死の理想郷であり、蘇《よみがえ》りの場とみられていた。

『日本書紀』によれば持統父方の祖母であり、持統の三代前にあたる大王の斉明は六五六年、自身の拠点とした後《のち》飛鳥岡本宮の「東の山に」「天宮《あまつみや》」と呼ばれる道観《どうかん》、つまり道教の道場を建てた。また同年、深山《みやま》吉野の宮滝《みやたき》の地にも吉野宮を建てた（宮瀧遺跡、奈良県吉野町）。この吉野宮も道観であった可能性が高い。

祖母が建てた吉野宮を持統は極めて積極的に活用した。頻繁に繰りかえされた吉野行幸において毎回、持統はこの宮に入った。さきに触れたように、その回数は即位前年から譲位に至る八年半の間に三十一回にも達し、逗留期間は最長で十日間にも及んだ。これだけ頻繁に、しかも長期にわたることも珍しくない行幸を繰りかえした天皇は他にいない。吉野行幸は持統にとって、何度でもおこなわなければならない必須の行であったのだ。易《えき》に詳しい民俗学の吉野裕子《よしのひろこ》によれば、中国思想からみると、大和の南に位置する吉野は「天」にあたる。持統はこの信仰に染まっていた（『持統天皇——日本古代帝王の呪術』）。

しかし、いかに神仙境とはいえ、吉野行幸への持統の打ちこみ方は異様だ。その目的について『日本書紀』は黙して語らないが、**持統は道教の聖地である吉野への行幸を繰りかえすことによって神憑《かみがか》り、呪術力を自家薬籠《じかやくろう》のものとすることを期していたのではないか。**

何の目的で？

自身がアマテラスになるために——。

呪術といっても今日では説得力をもたないが、古代社会においては大きな力をもっていた。ここで現代の常識を振りかざしては判断を誤るだろう。当時の持統にとっての吉野行幸の目的が問われるのである。

持統にとって吉野に入るとは「天」に入ることであった。その「天」とは、ほかならぬ高天原であり、そこにおわすのはアマテラスであった。このことは、**持統没後にあたえられた和風諡号《しごう》「高天原広野姫天皇」によく符合する。**諡号とは逝去後に与えられる尊称だが、持統は生前からこの名を得ていたという説もある（遠山美都男《とおやまみつお》『天智と持統』）。

持統の和風諡号には『続日本紀』にいう「大倭根子天之広野日女命尊」と『日本書紀』にいう「高天原広野姫天皇」の二通りある。歴史地理学の千田稔《せんだみのる》によれば、両者に共通して見える広野とは吉野宮の前面に広がる広野千軒（地名）のことだという。吉野に広がる広野が高天原であったのなら、持統の吉野入りはまさに高天原で呪術的にアマテラスになり切ることであった（「もう一つの女性天皇論」）。

持統にとって吉野行幸とは、高天原に入ることであった。そこで持統は繰りかえしアマテラスと一体となり、その神威を身につけ、また、身につけた神威を維持し、活性化を図った。持統はアマテラスでありつづけるために、ひたすら秘儀を繰りかえしていたのではないか。

〈持統＝アマテラス〉の基盤は、まさに吉野行幸において培われ、強化されるのであった。もっとも、中国の「天」と日本の天は意味合いが異なる。中国における天が北極星の司る不変の原理であるのに対し、我が国の天、高天原はせいぜい雲の上であり、超絶的な天ではない。山深い吉野の谷間に霧が湧き出れば、そこは雲上の世界である……。

持統にとって行幸を繰りかえしたこの吉野こそ、高天原であった――。

アマテラスの衣を脱ぐ時

さきに触れたように、伊勢神宮には斎王という制度があった（前章2）。ところが、**持統が在位中には斎王が派遣されていないのだ**。本書巻末に用意した読む年表4で確認しよう。

すでに述べたように六七三年四月、天武は斎王に大来皇女を任命。一年半の潔斎《けっさい》期間をへて、皇女は翌六七四年十月に伊勢に赴く。六八六年九月に天武が没するや、皇后鸕野は父天智に倣ってすぐさま称制を敷いて翌月、息子草壁の即位に向かって最大のライバルであった大津皇子《おおつのみこ》を死に追いやる（第十二章1）。そして十一月には大津の姉で斎王の大来を伊勢から戻す。その後、十三年間も伊勢に斎王不在の状態がつづくのである。これはあきらかに天武の意思に反する事態である。

再び斎王が伊勢に派遣されるのは六九八年である。それは持統が孫に譲位して文武天皇が誕生し、持統が上皇となった翌年のことだ。持統の在位中、斎王は不在のままだったのである。大津を葬った後、姉の斎王を伊勢から戻すのは事件の処理として分かる。だが、その後も斎王の派遣がない状態を、なぜ十三年も放置していたのか？

それは、持統がアマテラスと一体化していたことに起因するのではないか。女性天皇持統は六九〇年に飛鳥浄御原宮で即位し、六九四年には藤原宮《ふじわらのみや》に遷居した。一方、アマテラスを祭る神宮は伊勢にある。生身のアマテラスは飛鳥そして藤原におわすのだから、斎王が伊勢にいては、〈持統＝アマテラス〉のアイデンティティが揺らいでしまう。いまや伊勢に斎王は要らないし、いたら辻褄が合わないことになる。それで持統在位の間、斎王停止の状態がつづいたのではないか。

文武に譲位したあと、持統は七〇一年に吉野に行幸したが、行幸する意味が変わった。この年の吉野行幸は一度きりであったが、最長となる十二日間をかけている。譲位を無事に達成したことを丁重に報告するとともに、感謝の意を充分に、余すことなく伝えたのであろう。そしてアマテラスの衣を脱いだことを――（本節は著者関連文献＊6（Ⅳ―一―2）に大幅に加筆修正を施したものである）。

第八章

古を未来に届ける式年遷宮

伊勢神宮の式年遷宮については何度か触れてきた。ここで一旦立ち止まり、そもそも式年遷宮とはどのようなものであるのか、どのような意味をもっているのかについて、改めて考えたい。

伊勢神宮の社殿は昔から寸分違わず変わっていない、とよく言われる。二十年ごとに建て直す式年遷宮があったから、変わりようがないし、変わる必要もないと言われれば、なんとなく納得してしまう。直近では二〇一三年におこなわれた式年遷宮を前にして多くのムック版が刊行され、また新聞やテレビでも式年遷宮は話題を呼んだが、あらゆるメディアが、そこに登場する学者も含めて、こぞって異口同音に、神宮の社殿は昔から寸分違わず変わっていないと繰りかえしていた。これらの常識は、ほんとうだろうか？　じつは極めて怪しいのだ。

盤石《ばんじゃく》に見えるこれら従来の定説を揺さぶりながら、あたらしい定説をもとめてゆこう。

1　式年遷宮というシステムの発明

改めて式年遷宮を定義すると、二十年に一度、社殿を隣の敷地に新築して、天皇の祖先神アマテラスに遷座《せんざ》していただく祭りである。式年遷宮の周期は当初、数えで二十年であったが、江戸時代前期の一六二九年におこなわれた第四十三回からは満で二十年となった。後水尾《ごみずのお》天皇、将軍家光《いえみつ》の時代である。

定期的に時空をリセットする

ここで問題になるのは、「式年遷宮が執りおこなわれるサイクルは、なぜ二十年なのか？」ということだ。木造建築は年々朽ちてゆくが、大地震や巨大台風があれば別として、掘立て柱であっても通例、二十年で倒壊することはまずない。建築部材で最も傷みが早いのは、じつは屋根に葺かれた分厚い萱である。神宮の場合、内部で火を焚くこともないので燻《いぶ》され乾燥することもなく、湿気で朽ちるのが早い。つまり神宮社殿の萱は乾燥が遅く、民家より傷みが早いのだ。中世には漏水予防のために萱の下に野地板《のじいた》が張られた。それでも雨漏りを起こすので、近代に入ってから野地板は銅板で葺かれたりもした。また強風が吹けば萱は吹き飛ばされる。式年遷宮のサイクルは屋根に葺かれた萱で決まると言える。

民家の萱の葺替えは通常、二十年から三十年毎とされるが（例えば白川郷《しらかわごう》）、以上のような事情から、伊勢神宮での萱の葺替えサイクルを早めに二十年としたのであろう。

他の多くの事例と異なり、伊勢神宮では必要が生じたから修理するのではない。**二十年というサイクルをあらかじめ定めることによって、建て替えをひとつのシステムに落とし込んだのである。**この方法は、世界に類例を見ない極めてユニークなもの。建て替えが必要になる前に、いわば先取りして、定期的に新築を繰りかえす。そのことによって、常にあたらしさ、若々しさを保とうというのである。これを神宮では常若《とこわか》と呼んで特に強調する。

言い換えると、押し寄せる経年劣化を押しとどめるだけではなく、社殿を二十年ごとに更新して再生を繰りかえし、未来をよりよく生きようとするのである。その根底には、過去を徹底的に保存しようとする世界文化遺産とは全く異なる、我が国特有の時空の感覚があるように思われる。**定期的に時空をリセットして未来を生きようとするこの感覚には終末がない。**永遠に生きられる時間を刻み、その都度、空間を蘇生させるのだ。時空を同時に更新するところに、式年遷宮の妙味がある。過去と未来のはざまに現在が立ち上がるのだ。この感覚はのちに述べる中今《なかいま》に通じるところがある（終章1）。

あえて大陸伝来の技術を拒否した

式年遷宮の第一回が挙行された六九〇年当時、蘇我氏の飛鳥寺をはじめ本格的な伽藍建築が我が国に導入されてすでに百年が経過していた。この間、聖徳太子父子によって法隆寺若草伽藍が建ち、大王舒明・皇極によって百済大寺が建った、その後、天智天皇によって法隆寺西院伽藍の金堂が建ち、五重塔は建設の途上にあった。また天武天皇と持統天皇によって薬師寺金堂が建ち、三重塔二基が建設の途上にあった。

このように伽藍建築の技法はすでに一般化していたから、神宮の社殿を伽藍と同様に礎石建ち、瓦葺きで建てることは容易にできたはずである。このほうがはるかに耐久性に富み、威厳を放つのはあきらかだ。それなのに、伊勢神宮はあえて耐久性のない掘立て柱、萱葺きという古来の工法を採った。なぜだろうか？

それには明確な理由があった。まず、古《いにしえ》からあるこの工法は〈日神＋稲霊〉を前身とする皇祖神を祭るのにふさわしかった。それだけではない、皇祖神を祭るのに、大陸伝来の技術をもちいるのを善しとしなかったのである。古くからおわすと想定された皇祖神の御在所を、わずか百年前に導入した最新の大陸文明モードで装っては、祖先神のリアリティを欠いてしまう。たとえ伽藍のように威風堂々としなくとも、**我が国古来の工法を採ってこそ、皇祖の住まいとしての説得力が得られる**。そう考えたにちがいない。それは誇り高きナショナリズムの発露であった。

ちなみに、明治四十二年の式年遷宮を迎えるに当たり、掘立て柱を止めてコンクリート基礎をもちいることが内務大臣から上奏された。近代国家にふさわしく合理性を重んじての提案であったろう。しかし明治天皇はこれを却下した（『明治天皇紀 第10』）。天皇は古を踏襲することに意義を見出していたのである。

2　内宮に抗う外宮

現在、伊勢神宮の式年遷宮は内宮と外宮で同年に催行されている。こうなったのは天正十三年（一五八五年）の第四十一回からである。それ以前は、外宮の式年遷宮は内宮の二年後におこなわれていた。

そして見落とせないのは、予算の付け方が内宮と外宮で違っていたことだ。例えば、内宮の正殿と宝殿の千木と堅魚木に金属装飾が付いたのは平安中期、一〇三八年の第十九回式年遷宮であった。これに対して外宮に金属装飾が付いたのは内宮から二十一年後の第二十回式年遷宮であった。**このように内宮と外宮には大きな格差がつけられていた。**なぜだろうか？

内宮・外宮と並称するのは平安中期から

伊勢神宮は内宮と外宮からなるが、この、二つの宮からなるということ自体が極めて異例だ。両宮の違いは、すでに触れたように（第六章1）、天皇の祖先神アマテラスを祭るのが内宮であり、アマテラスに食事を捧げる豊受大神を祭るのが外宮である。ここからも分かるように内宮と外宮は対等ではなく、外宮は本来、内宮に奉仕する立場にある。

今日では内宮・外宮と並称するが、これは当初からではなく、平安前期からだ。江戸前期に副将軍、水戸《みと》光圀《みつくに》の下で編纂がはじまった『大日本史』によれば（全四〇二巻、明治三十九年完成）、こう並称するようになったのは朱雀《すざく》天皇の代（九三〇年〜九四六年）という。従って八世紀初めに成立した『日本書紀』に内宮および外宮の語はない。『古事記』に「外宮」が一カ所出てくるが、これは平安時代以降に書き込まれたとみられている（※基本文献西宮一民《にしみやかずたみ》校注『古事記』ほか）。

道教研究の権威であり、京都大学教授と東京大学教授を併任した福永光司《ふくながみつじ》によれば、「内宮」「外宮」の語は道教から来ているという（『伊勢神宮と道教』）。そう言えば、老荘思想の代表的著作である『荘子』は、思想を説くメインの「内篇」と、寓話中心のサブ的な「外篇」からなっている。内宮、外宮もこうした内、外の意味合い、つまり〈内＝中核〉、〈外＝外縁〉の意味でもちいられたのだろう。

朝廷への服属儀礼か

じつは内宮は朝廷の意向により、落下傘的に伊勢の地に降りてきたのである。その内宮を祭るのは朝廷から送り込まれた新来の荒木田《あらきだ》氏である。〈新来《あらき》＝荒木〉であり、荒木田とは、朝廷の命により新しくやって来た勢力が開いた田と解釈される。

朝廷主導で設けられたのは外宮も同じだが、これを祭るのは地元の豪族の度会《わたらい》氏だ。平安時代初期に外宮が朝廷に提出した『止由気宮《とゆけぐう》儀式帳』には、豊受《とようけ》大神が丹波の国から迎えられたとあるが、唐突の感が免れない。にわかには信じがたい話ではないだろうか。

そもそも度会氏は地元の伊勢に根付いていた豪族であり、これまで祭っていたのは地元に根差す神であった。このような神を神道で地主神《じぬしのかみ》と呼ぶ。これはその地に生きる人びとのあらゆる願いに応える総合神であり、多様な顔を併せもつ。日の神であり、水の神であり、食の神であり、山の神であり、風神、雷神でもある（前掲、筑紫『アマテラスの誕生』）。

そういう地主神が、朝廷がこの地に降臨させたアマテラスに対し、地元の食材をもちいて食事を捧げるのは分かりやすい話ではある。地元の豪族の朝廷に対する服属儀礼であるからだ（岡田《おかだ》精司《せいじ》「伊勢神宮の起源と度会氏」、藤谷俊雄《ふじたにとしお》・直木《なおき》孝次《こうじ》郎《ろう》『伊勢神宮』）。外宮を祭る度会氏は、もともとこれを善しとしていなかったとみられるのである。

外宮先祭の起こり

じつは内宮と外宮の関係は、共存というより競合というべき実態が長くつづいていた。

――時代は降って鎌倉時代。朝廷の弱体化がすでにはじまっている。これにともない、内宮の地位も揺らぎ出す。一方、**外宮の神職たちは地位の向上をめざし、祭神の豊受大神の神格を上げるべく活発に活動をはじめる**。例えば、つぎのようである。

『古事記』『日本書紀』の冒頭には天地開闢《かいびゃく》の根源神として天御中主《あめのみなかぬし》神や国常立《くにのとこたち》神が登場するが、外宮の神職たちは、こうした神こそ、外宮の神である豊受大神にほかならないと読み替える。天御中主神や国常立神はアマテラスに先んじて登場する〝はじまり〟の神故、アマテラスより優位にあると主張してパワーアップを図るのであった。この動きを主導した教説は一般に伊勢神道と呼ばれるが、その内実は外宮にあった。鎌倉初期の伊勢神道の書に、つぎのようなアマテラスのお告げがある（『造伊勢二所太神宮宝基本記《ぞういせにしょだいじんぐうほうきほんぎ》』要約）。

我が祭りに仕える時は先に止由気太神宮を祭るべし

我が祭りとはもちろん、アマテラスへの祭りである。止由気《とゆけ》とは豊受。そもそもこの書は外宮の優位を主張している。そのような基調の下《もと》、内宮より先に外宮を祭れと言っているのである。明治二年三月には長年のタブーを破って天皇による伊勢親祭がおこなわれたが、この時も外宮先《げぐうせん》祭《さい》であった。この慣行は天皇、皇族をはじめ一般の参詣者にいたるまで、現在も踏襲されている。じつは外宮先祭の胎動は、鎌倉時代に興った伊勢神道《いせしんとう》にはじまったと著者は考えている。

伊勢神宮のホームページを見ると、「豊受大御神は天照大御神の御饌都神《みけつかみ》ですので、内宮の祭儀に先だって御饌都神にお食事を奉るのです」とある。御饌都神とは食事を捧げる神。豊受大神のお腹を満たしてからアマテラスに食事を捧げると、子供にも分かるような説明をするが、後付けであろう。

実際、古代では内宮先祭《ないぐうせんさい》が原則だった。そもそも式年遷宮も祭神にあたらしい宮に遷っていただくお祭りであり、外宮は内宮の二年後におこなわれていた（第七章3）。天正十三年（一五八五年）に同年催行になってからも、順番は内宮が先で、外宮が後である。

ちからを増してゆく外宮

武家政権が樹立されると、相対的に朝廷の力が弱まってくる。それは経済力において顕著であった。そうなれば両宮とも、それぞれ経済的に自立してゆかねばならなくなる。ところが朝廷にほぼ頼り切っていた内宮は、経済的自立を余儀なくされても、事態に積極的に対応するたくましさに欠けるところがあった。

その点、外宮を拠点とする度会氏は地元の豪族として活動していただけに、内宮とは活力が違った。外宮には内宮を凌ぐ地力と勢い、そして劣位を覆そうという執念があった。これまで服属を強いられてきた外宮の度会氏が、内宮なにするものぞと地位向上を図るのは必然であった。朝廷を衰弱させた武家の世は、願ってもない地位挽回のチャンスを外宮にもたらしたのである。

そうなればもちろん、内宮も負けてはいられない。我こそ本来の神宮という矜持《きょうじ》と意地が噴出した。こうして内宮と外宮はのっぴきならない、激しい敵対関係に陥った。

室町後期にもなると内宮門前の宇治、外宮門前の山田の町衆《まちしゅう》まで巻き込んで、両宮の反目は沸点に達した。暴動の発生である。それも一度や二度ではない。〝やられたらやりかえす〟の応酬で、**神宮境内で放火や刃傷沙汰《にんじょうざた》が繰りかえされた。社殿は燃えさかり、なんと聖域に血が流れたのである。**

江戸時代に繰りかえし起きたお伊勢参りのブームも、外宮のほうが活発に仕掛けていたようだ。下級神職である御師《おんし》が全国を回ってお伊勢参りを勧誘し、旅程から宿の手配にいたるまで、一切を引き受けた。自邸を開放して宿泊させ、料理をふるまうエネルギッシュな御師も数多かった。今日でいえば、旅行社と旅館業を兼ねていたのである。

外宮先祭の慣行は中世、近世をつうじて、じつは内宮より外宮が優勢だったことのなごりと著者は考えている。

3　式年遷宮の実際

さて千三百年前にはじまった神宮の式年遷宮は、本章の冒頭で触れたように、寸分違わず、当初を踏襲していると学者もメディアも口を揃える。これは過剰な言いようであり、はっきり言って間違いだ。簡明に具体例を挙げよう。

社殿は更新をつづけてきた

（一）**まず柱の太さについて。**式年遷宮が回を重ねるなかで、柱は太くなり威厳を増してきた。これについては外宮に関して記録が遺っている。これを見ると、平安中期の棟持ち柱の径が六〇センチ余り（『春記《しゅんき》』）、鎌倉期では下端の径が八二センチとある（『外宮正殿庭作《にわつくり》日記』）。当初に比べて柱は二二センチ近くも太くなっている。以後、これがほぼ踏襲されて現状に至っている。内宮については推して知るべし、というところであろうか。

（二）**床面積も少しずつ広くなってきた。**この点は外宮に著しい。当初は内宮より狭かったが（内宮は外宮の一・三五倍）、目立ちにくい妻側の寸法を式年遷宮の度に増すことによって、いまや内宮とほぼ同規模になっている（内宮は外宮の一・〇四倍）。前述のように外宮は内宮に対抗し、地位向上を図ったが、それが社殿のあり方にも表れている。外宮の、内宮なにするものぞとの本音がうかがえて興味深い。

（三）つぎに顕著なのが、**随所に施された金属装飾である。**なかでも目を引くのが、妻側で交差する千木の先端に被《かぶ》さる金物、そして棟の上に多数並ぶ堅魚木《かつおぎ》に取り付く金物だ（前掲第六章・図1）。

これらは金銅製で、屋根の上部にあって光り輝き、社殿の尊貴性を高めている。最も目立つ千木や堅魚木だが、飾り金物の注文書の下書きをチェックすると、意外にも式年遷宮のはじまった当初、これらに飾り金物は付いていなかった。付いていたのは、千木と一続きになっている破風《はふ》の下端、そして屋根をつくる多数の垂木《たるき》の下端だった。垂木とは屋根面を形成する斜材のこと。つまり飾り金物はひとの目に近い所にだけに付いていたのである（「正殿等飾金物注文《しょうでんとうかざりかなものちゅうもん》」）。千木の先端に金物装飾が付いたことを確認するには前述のように（本章第2節リード）、平安中期まで待たねばならない（「内宮長暦送官符《ちょうりゃくそうかんぷ》」）。長暦は一〇三七年～四〇年。官符とは律令制において太政官《だじょうかん》から下された公文書である。

（四）屋根に葺かれた萱も、今日ではきれいに切り揃えられている。また素木の木部は入念に磨かれている。ところが、昔はそうではなかった。室町時代の天台僧、良遍《りょうへん》はつぎのように書いている（『日本書紀第一聞書』要約）。**「神宮社殿の萱がボサボサで、垂木《たるき》も伐り出したままで磨かれていないのは自然体で好ましい」**。

むしろきちんと仕上げないことに神道の精髄を認めていたのである。襟を正して聞くべきことばであろう。

（五）屋根勾配（傾き）**も変化している。**「正殿等飾金物注文」に記載の千木先端の金属装飾の寸法から、屋根の傾きが当初は4/3であったことが分かる。それが、外宮で式年遷宮が復活した一五六三年の第四十回で1/1、つまり四十五度に変わった。内宮では二十二年後の第四十一回でこれを踏襲し、現在に至っている。傾きが今よりきつかったのは雨仕舞いを有利にするためであろう。それが四十五度に変わったのは、造り易さを優先したのだと思われる。すでにこの時、萱の下に野地板を設けていたので雨漏りを起こさないと考えたのかもしれない。

このように、伊勢神宮の社殿は単に最初のものを墨守《ぼくしゅ》してきたのではなかった。式年遷宮をとおしてその都度、より良きものをもとめて更新・変更がされてきた。また百二十余年に及んだ式年遷宮の中断による情報の散逸があった。そしてつぎにみるように特に社殿配置において、それも本質にかかわる大きな転換を余儀なくされた。

二つの大転換

伊勢神宮の式年遷宮はこれまで六十二回にわたって執りおこなわれてきた。以上に概観したように、この間、その都度、漸進的に更新・変更がなされた。だが、じつは漸進的変化におさまらない、二つの特異な回があった。この時、伊勢神宮は大きく変貌したのである。

近世初期、安土桃山時代に起きた最初の大転換――。そこで致命的なミスが発生してしまった。

このミスは修正されることもなく長期にわたって踏襲され、**修正には明治に入って二度目の式年遷宮を待たねばならなかった。**そこで起きた二度目の大転換で、伊勢神宮に起死回生を果たしたのである。

（二）最初の大転換は、秀吉が天下を取った安土桃山時代に起きた。正親町《おおぎまち》天皇の下でのおこなわれた天正十三年（一五八五年）、第四十一回式年遷宮である。それは窮余の一策から生じた大転換であった。

　前項でみたように、伊勢神宮は当初から朝廷の傘下にあり、その財政は朝廷によって全面的に賄われていた。ところが鎌倉時代になると朝廷が弱体化し、室町後期から戦国時代にかけて極度の経済的困窮に陥った。

　当然のことながら、それは伊勢神宮を直撃した。内宮では百二十三年、外宮では百二十九年もの間、式年遷宮をおこなうことができなかった。この間の天皇は後土御門《ごつちみかど》、後柏原《ごかしわばら》、後奈良《ごなら》の三代である。三代だったら、それほど長期ではないように思われるかもしれない。しかし、じつは一代の在位が非常に長かった。いや、長くならざるを得なかったのである。生前譲位が常態化していた中、譲位したくても譲位には莫大な費用を要し、そのための資金を捻出できなかったのだ。即位式も、上皇の住まいとなる仙洞御所《せんとうごしょ》も用意できなかった。即位にともなう大嘗祭《だいじょうさい》も、同じ理由で、なかなかおこなうことができなかった。大嘗祭を済ませない天皇は半人前の天皇であり、「半帝」などと揶揄されたが、後柏原天皇の大嘗祭は即位して二十一年後、後奈良天皇は十年後というありさまだった。全ては財政的理由からだった。

百二十年以上にわたる中断期を経て、秀吉《ひでよし》らの援助の下、両宮揃ってようやく式年遷宮が復活した。天正十三年のことである。中断があまりに長期にわたったので、神宮は荒廃の一途をたどっていた。台風や地震のため正殿が倒壊しても、建て替えることができなかった。**正殿不在の事態が長くつづき、その間、東宝殿《とうほうでん》で代用せざるを得なかった。**また戦乱期でもあったから、多くの重要な記録や文書が失われた。従って式年遷宮の再開に当たっては、多くの不明な点が生じ、そこでは新儀、つまりあたらしいやり方を導入するよりほかなかった。

その結果、個々の社殿および社殿配置に大きな変化が起きた。なかでも最大の変化は内宮の社殿配置で起きた。そこで大きな過ちが生じてしまったのである。これについては次節で詳述したい。

(二)明治二十二年(一八八九年)の第五十六回式年遷宮が二度目の大転換をもたらした。明治二年におこなわれた前回の式年遷宮では新政府が発足したばかりであり、江戸時代の慣例を踏襲するよりほかなかった。そこで、**次に予定される明治二十二年に向け、新政府の号令一下、神宮の〝古代復興〟がめざされた。**新政府は、神宮が中世、近世を経てあるべき姿から逸脱していると断じ、明治四年に「神宮御改正」の命を下した。明治二年の式年遷宮は、政府の目にはおよそ許容できるものではなかったのである。

最初の大変換、つまり天正十三年の式年遷宮の復活に際しては、いま述べたように、不明な点が多く、新儀を導入せざるを得なかった。これに対し、この二度目の大転換は、神宮内部で神職らによって進められていた研究にもとづき、最初の大転換の誤りを正して古代を復興せんとしたのである。

内宮がいま見る社殿配置になったのは二度目の大変換、つまり明治二十二年の式年遷宮においてであった。これにより伊勢神宮が一新されて古代が復興した。神宮は古代から今に至るまで、じっと同じままで森の中に鎮まっていたわけではない。その在りようは、式年遷宮をとおして〈成長―中断―復活―修正〉のダイナミックなプロセスの集積の結果なのである。

4　社殿配置の劇的変遷

前節で垣間見たように、伊勢神宮は古代から今日に至るまで、けっして平坦な道のりをたどってきたわけではない。多くの苦難を乗り越えてきた。なかでも特筆すべきは、伊勢神宮は天正十三年（一五八五年）から三百四年もつづいた混迷期、言い換えれば、**古代から逸脱していた時期を経て、明治二十二年**（一八八九年）**の第五十六回式年遷宮で蘇ったことである。**この神宮こそ、古代を復興し、現代と地続きになった伊勢神宮である。

社殿配置の現状

それでは社殿配置の現状を簡潔に記そう。

内宮は四重の瑞垣《みずがき》に囲まれている。瑞垣とは神域を囲う垣だが、最奥の瑞垣に囲まれた長方形のほぼ中央に正殿があり、その後方、東西に二棟の宝殿が並ぶ（東宝殿・西宝殿《さいほうでん》）。二棟の宝殿は同形同大で、正殿より小規模だ。

これら三棟の社殿はみな切妻屋根をもつ。その棟は東西に通り、入口の扉は南面に付く。つま

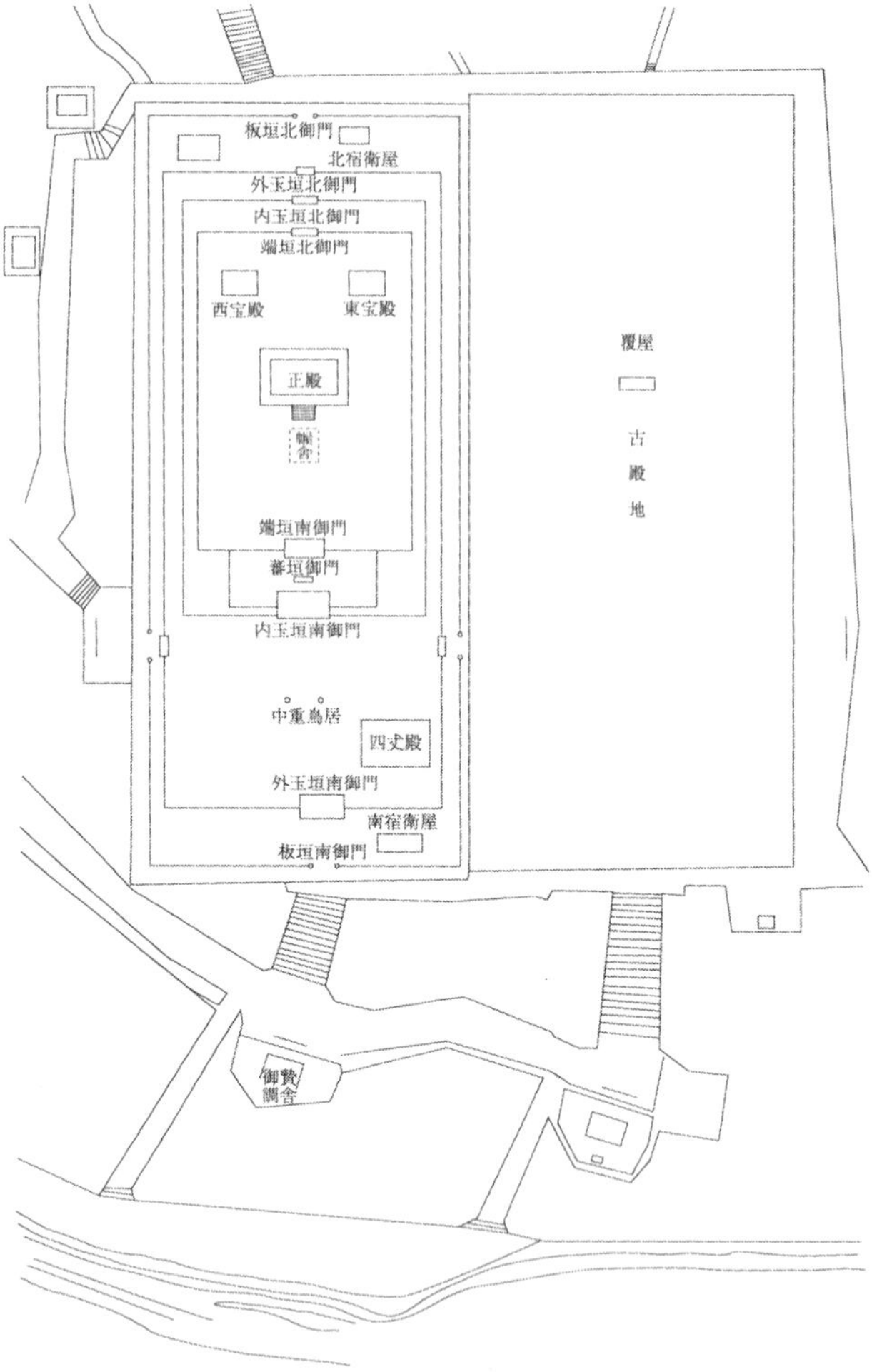

図1　伊勢神宮内宮／配置現状図

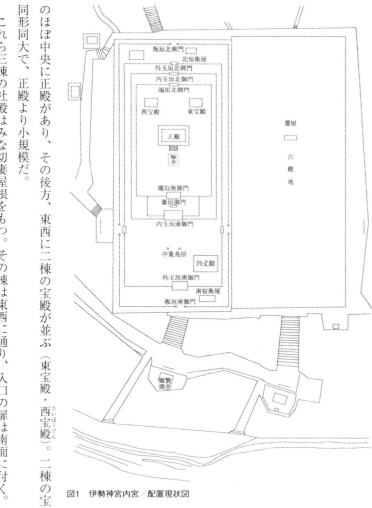

り三社殿とも横長の建物で南を向き、平入りだ（図1）。

外宮でも四重の瑞垣に囲まれるのは同じだが、瑞垣に囲まれた最奥の聖域は正方形に近い。手前に同形同大の二棟の宝殿が東西に並び、その奥に正殿がある。東宝殿は瑞垣の東南の隅に、西宝殿は西南の隅にある（図2）。

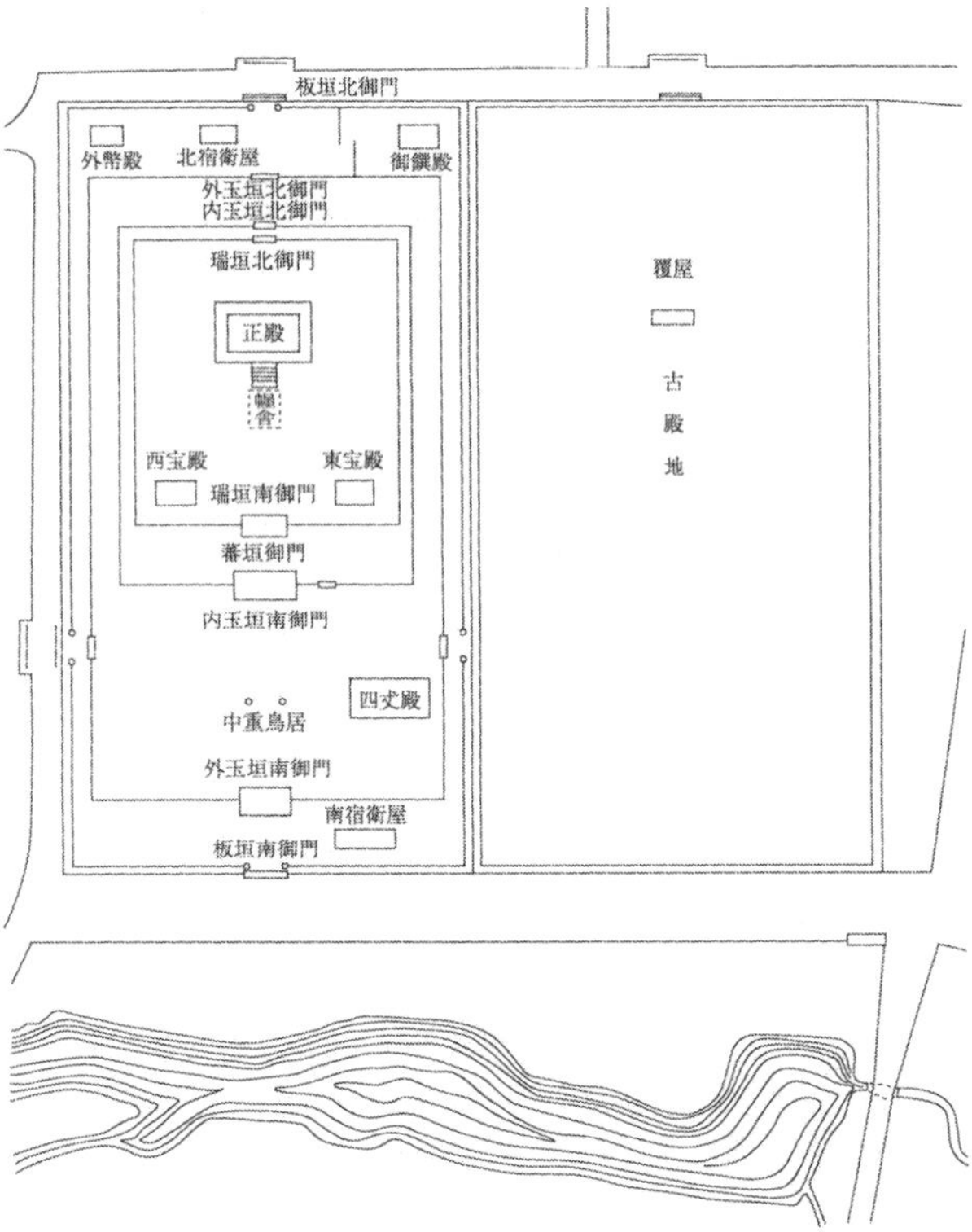

図2　伊勢神宮外宮／配置現状図

三社殿とも横長で棟は東西に通る。また、二棟の宝殿は同形同大で、正殿より小規模なのは内宮と同じだ。

三社殿が切妻で平入りなのも内宮と同じだが、宝殿の入口扉の位置が内宮と異なる。宝殿の扉は正殿のある側に、つまり北側に付く。すなわち正殿は内宮と同じく南を向くが、二

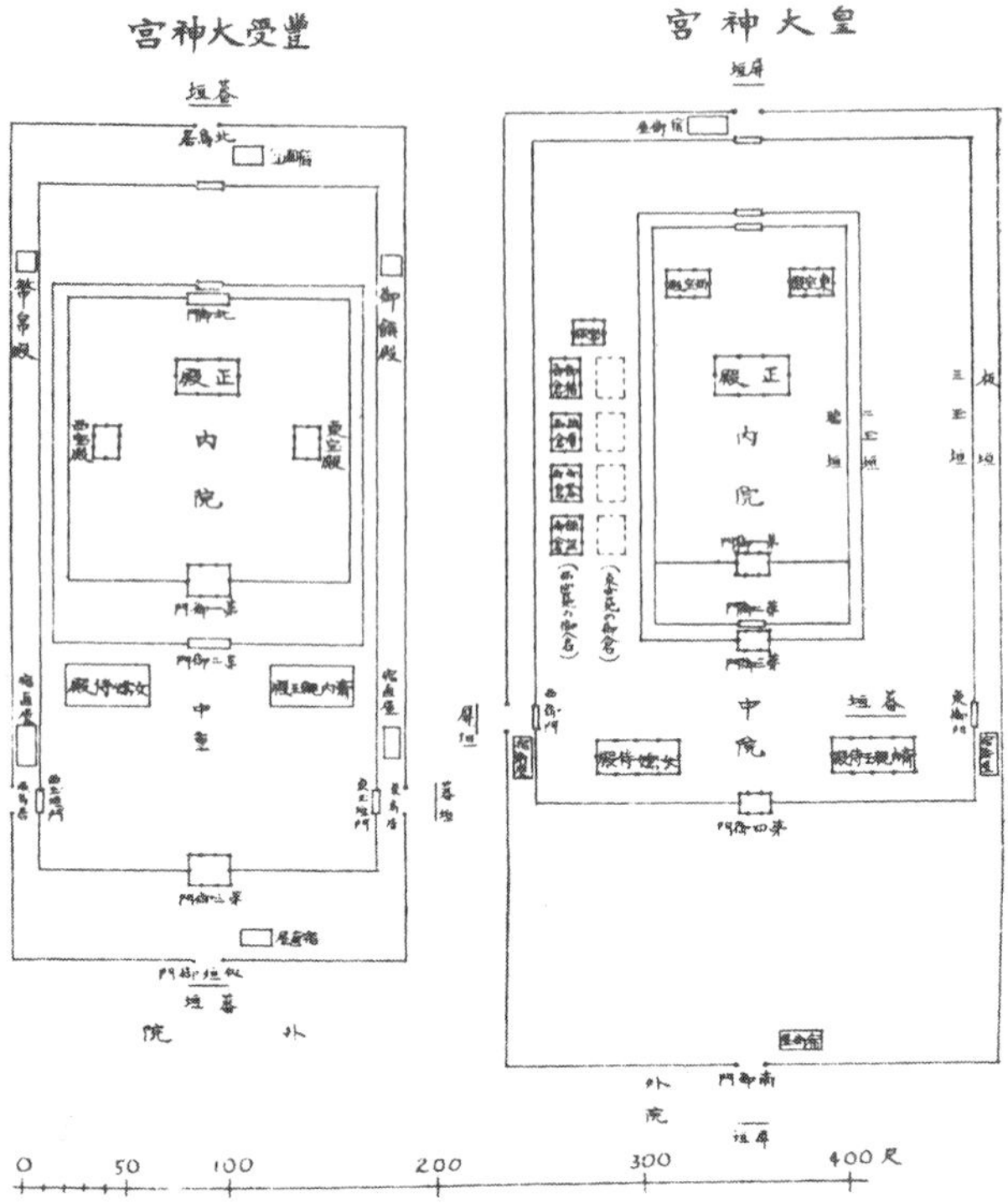

図3（右）　伊勢神宮内宮／配置旧制図（福山敏男『伊勢神宮の建築と歴史』日本資料刊行会より）
図4（左）　伊勢神宮外宮／配置旧制図（同）

棟の宝殿は正殿の方向に、つまり北に向いている。すなわち正殿と二棟の宝殿は互いに向き合い、この点が内宮と異なっている。

三極をなす社殿配置

内宮、外宮とも最奥の瑞垣内に、正殿と二宝殿からなる三社殿がある。正殿は祭神の御在所であり、宝殿には宝物が納められる。これら三社殿は正殿を頂点とする二等辺三角形をなしており、このような建築配置のあり方を本書は三極構造と呼んでいる。法隆寺にも三極が認められたが、すでに述べたように（第五章4）、それは偶発的に発生したものであった。それに対して伊勢神宮の三極は明確な意図をもって出現した。以後、三極は本書をつらぬくテーマとなる。
すぐ気が付くように、内宮と外宮で、正殿と二宝殿の前後関係が反転している。配置図を見れば一目瞭然だが、三社殿のつくる二等辺三角形が内宮では逆三角形に、外宮では通常の三角形になっている。総合すると、内宮と外宮の社殿群は共に三極をもちながら、互いに反転する関係にある。同じ空間構造におけるバリエーションとみることができる。すなわち、内宮と外宮は二にして一、一にして二という一体性がつよく意識されていることが分かる。そのうえで、正殿が逆三角形の頂点となって迫ってくる内宮の三極構造は、結晶体を想わせる比類なき緊密さを備えている。

以上が社殿配置の現状であり、内宮では古代が復元された。これを解明したのは外宮の神職、御巫清直《みかんなぎきよなお》であった。江戸時代も末、清直は両宮の社殿配置に疑問を抱き、それぞれの配置復元案を作成したのである（**図3、図4**）。これは信頼できる案として高く評価され、内宮については明治二十二年の式年遷宮で採用された。

しかし外宮についてはそうはならなかった。これをつぎに述べよう。

外宮の社殿配置——文献から探る古代

外宮の社殿配置について具体的に言及する貴重な文献がある。それは平安末期の公家で漢学者の藤原俊憲《としのり》により一一五九年頃に書かれた『新任弁官抄《しんにんべんかんしょう》』である。ちなみに俊憲は、保元《ほうげん》の乱で後白河《ごしらかわ》天皇に勝利をもたらした信西《しんぜい》の長男。この文書によれば、

正殿は一棟。南に向き、棟は東西に通る

宝殿は東西に二棟。正殿の前にあり、**棟は南北に通る**

問題になるのは宝殿の向きである。東宝殿と西宝殿の棟が南北に通っているとは、南北に長い建物であることを意味する。そうすると、東宝殿は西に向き、西宝殿は東に向いていた、つまり入口扉は東宝殿の場合は西面に、西宝殿の場合は東面に付いていたと判断できる。二棟の宝殿は互いに向き合っていたのだ。

ところが長い中断期があけて外宮の式年遷宮が復活した一五六三年の第四十回式年遷宮では、二棟の宝殿は向き合うことなく、正殿に向くようになった。藤原俊憲の『新任弁官抄』中の記述にも気づかなかったのだろうか。つまり宝殿の棟は内宮の社殿と同じく東西に通り、北向きに配され、これが現在に至っている。式年遷宮の百二十九年にわたる空白はあまりに大きく、古代以来の社殿配置が見失われていたのだ。

近代に復活した〝古代〟

御坐清直が作成した外宮の配置復元案は、『新任弁官抄』にもとづいて古代を反映するものであった（前掲図4）。ところがこの外宮の配置復元案は、古代復興をめざしたはずの明治二十二年の式年遷宮で採用されなかった（前掲図2）。なぜだろうか？

内宮に対して外宮が独自性を発揮するのを明治政府が忌避したのではないか。清直案にならうなら、つまり二棟の宝殿が向き合うと互いに引き合う関係が生まれ、内宮とは別の、独自の雰囲気が漂うようになる。それが古代、中世をつうじた事実であったが、明治政府はこれを嫌い採用しなかった。それで二棟の宝殿は従来のまま、棟は東西に通るものとした。その結果として宝殿の棟の方向は内宮に揃うものとなった。

古代の復興をめざすといっても、全て客観的知見でおこなわれたわけではなかった。内宮・外宮が整然と一体的に共存し、そのなかで差異を付けることが優先されたのである。すなわち、外宮の扱いを見ると、もとめる〝古代の復興〟とは、じつは近代における〝古代の創造〟に近いものとなった。

清直が復元した外宮の社殿配置案に比べると、**内外両宮の現状は見事なまでに同じ一つの空間構造、すなわち三極構造において反転する関係をなしている。しかも三極は内宮においてひときわつよく顕現しているのである。**これは明治二十二年の式年遷宮においてあたらしく得られた成果であり、〝古代復興〟という名の近代の所産であった。内宮が規定する空間秩序のなかに外宮を取り込むことこそ、明治政府の採るところであった。

付記　〝復興〟という近代化

復活とか復興、あるいは再生といっても、歴史的にみて多くの場合、過去がそのまま再現されるわけではない。明治維新で〝王政復古〟が唱えられたが、同時に推進された〝文明開

化〟の文脈において大日本帝国憲法が制定された。そこで天皇は統治を総覧すると謳われたが、実際にはドイツ憲法に範をとり、天皇の権限は限定的となった。当初の名目通りの単純な〝古代復興〟にはならなかったのである。なお、大日本憲法および皇室典範の制定と、明治二度目の伊勢神宮式年遷宮が同じ日に挙行された（このことについては著者文献＊6）。
　海外に眼を向けるなら、例えばイタリア・ルネッサンスにおいて、中世を脱却して古代の再生がもとめられたが、そこで達成されたのは、古代をモチーフとしたあたらしい芸術文化と科学的精神の芽生えであった。

〈ヨコ一線〉に並んでいた三つの社殿

遅くなったが、明治二十二年まで踏襲されていた、〝現在では想像もつかない〟内宮の社殿配置とはどのようなものであったのか？　驚くべきことに、三棟の社殿が〈東西、ヨコ一線〉に並んでいたのである——。

中央に正殿があり、両隣に東宝殿と西宝殿が並置されていた。**この配置が安土桃山から江戸時代を通じて明治中期に至るまで、一五八五年から一八八九年まで、じつに三百四年もの間、十五回の式年遷宮をとおして営々と繰りかえされていた。**この間、正親町天皇から明治天皇に至るまで、十七代を数える。三棟の社殿がヨコ一線に並んでいたようすは江戸時代に描かれた図絵や図面、明治五年に撮影された写真からもあきらかだ（**図5、図6、写真**）。

江戸時代も末になると、御巫清直の復元案が神宮内部に提示された。内宮の社殿配置は本来のものとは大きく違っているとの認識が神宮内に生まれていたのである。

それにしても、三百四年も踏襲された内宮の社殿配置は古代と隔絶した、全く理解しがたいものであった。百二十余年の中断期を乗り越えて復活した式年遷宮であったが、長期にわたった中断の代償はあまりにも大きかった。内外両宮が初めて同年催行となった一五八五年の式年遷宮で、

図5　江戸中期の伊勢参宮名所図会に描かれた内宮／図の上部を見ると正殿の東西に宝殿が横一線に並んでいる（福山敏男『伊勢神宮の建築と歴史』日本資料刊行会より）

内宮の社殿配置がガラッと変わってしまったのだ。長かった中断期があけて式年遷宮が復活したこの時に、なぜ、このような大異変が起きてしまったのか?

内宮の社殿配置が〈東西、ヨコ一線〉になったのは、前述のように式年遷宮が復活した一五八五年のことである。その実情を、七十余年後になるが、江戸時代初期の文献が伝えている（「常《つね》基《もと》古今雑事記」要約）。

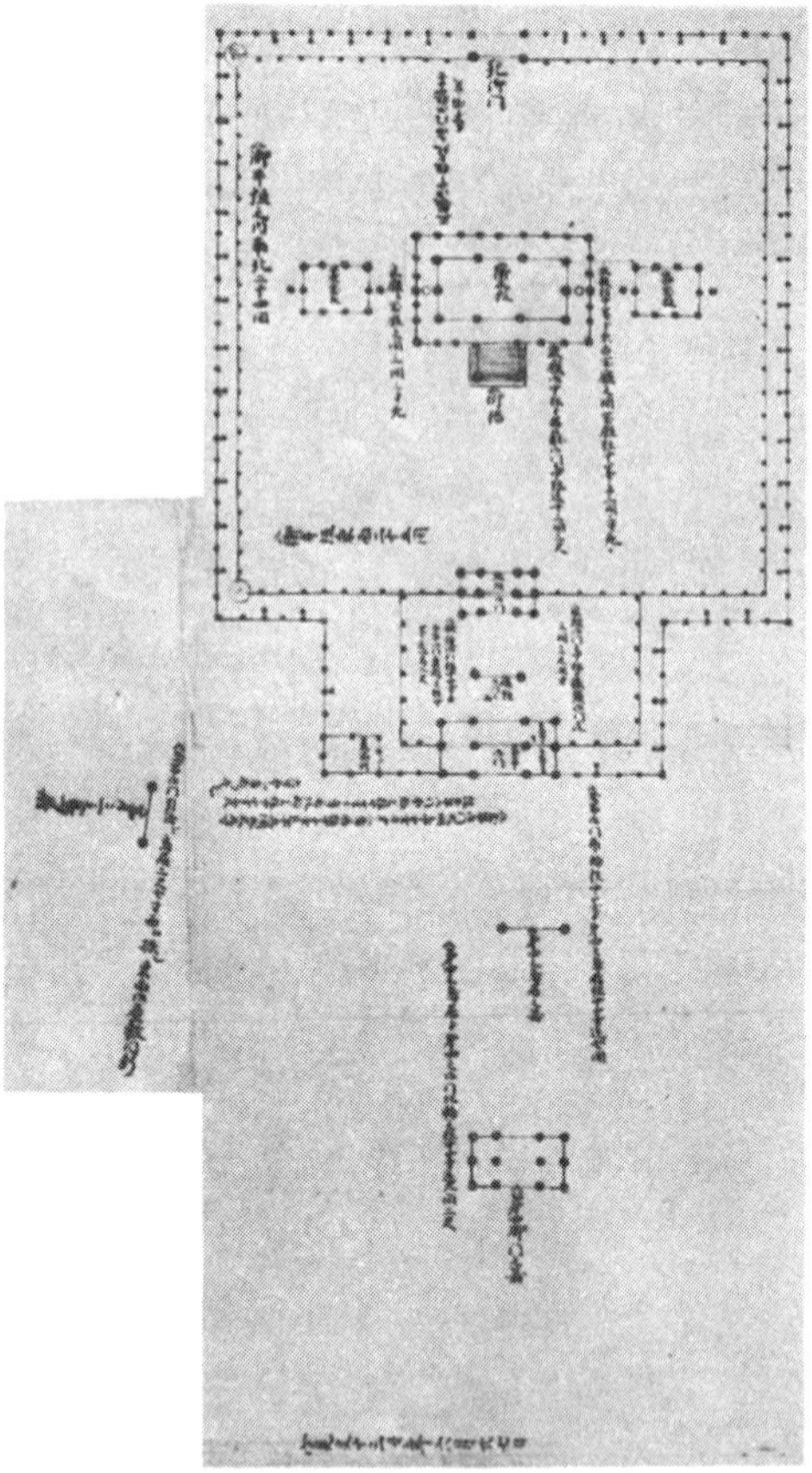

図6　江戸前期の伊勢神宮内宮／配置図（福山敏男『伊勢神宮の建築と歴史』日本資料刊行会より）

ある神職が外宮のように二棟の宝殿を正殿の前方、東西に並べることを主張した。別の神職は古儀のように正殿の後方、東西に並べることを主張した。そこで両案を折衷して正殿の両隣に二棟の宝殿を配することにした。

その後、三百余年も踏襲された社殿配置——。

その決定の舞台裏がこのようであったとは、愕然とする。だが神宮建築研究の先駆者であった福山敏男はこの話を紹介しつつ、信用しにくいと言う。

そしてつぎのように推察した（「神宮の建築とその歴史」）。難解なので、嚙み砕いて紹介しよう。

写真　明治五年に撮影された伊勢神宮内宮（正殿と二棟の宝殿が横一線に並んでいる／内田九一撮影、横浜開港資料館蔵、松平乗昌編『図説 伊勢神宮』河出書房新社より）

式年遷宮が途切れていた間、正殿が倒壊してしまい、東宝殿が仮の正殿としてもちいられた期間が長くつづいた。この間、あたかも東宝殿が「正殿」であるかのように扱われていたから、心情的に神職たちには東宝殿への思い入れが抜き去りがたくあった。それで、元のかたちに戻す、つまり正殿の後方に東宝殿を配することに抵抗感がつよくはたらいたのではないか。こうした感情から、正殿と宝殿がヨコ一線に並ぶ折衷案が採られたのであろう。

おもしろい解釈だ。しかし想像が過ぎるようにも感じる。この時、建物の寸法について記録に喰い違いがある場合、足して二で割ったと福山はいう。寸法の決め方がこのようであったのなら、建物配置に関して、二棟の宝殿を正殿の前に置くか、後ろに置くかで対立したのであれば、「足して二で割る」感覚で三社殿を〈ヨコ一線〉に配置した、というのもあり得ないことではない。

建築の現場では問題が生じた時、割り切りが不可欠なところがある。工期があり、いつまでも検討してはいられないからだ。案外、実情はこんなものかもしれない。ただ、ここで、けっして起きてはならないこと、つまり古代からの著しい逸脱が生じてしまったのである。以後、この配置が三百年を超えて保持されてしまったのは、式年遷宮における前例踏襲の落とし穴と言えようか。

第九章

薬師寺から伊勢神宮へ

同じ木造であっても、伽藍建築と神宮社殿建築には根本的な違いがある。神宮の社殿は大陸伝来の伽藍建築の技法をあえてもちいず、列島社会に根付いている素朴な工法で神明造りを成立させた。しかし見落としてならないのは、神宮社殿建築のもつ特異性である。何が特異かと言えば、よくよく観察すると、ここかしこに伽藍建築との親近性が見出されるのである。

なるほど社殿そのものは萱葺き屋根の掘立て柱で高床という古来の工法による。しかし出来上がった高床建築は平入りだ。じつは、これは列島における他の高床建築と大きく異なる。そもそも平入りは伽藍を含め、土間で接地する建築に多く見られるものであり、高床建築では妻入りが一般的だった。妻入りとは、切妻屋根の三角形が見える側から入ることである。

また伊勢神宮の社殿配置は三極をもつことを前章で見たが、これは列島には全く例を見ない社殿配置であった。驚かれるかもしれないが、じつは、朝鮮半島は新羅《しらぎ》の伽藍建築の影響とみられるのだ。

このように伊勢神宮には、社殿においても社殿配置においても、大陸伝来の伽藍建築の影響が著しいのである。

いったい、**何をもとめて伊勢神宮はこのような特異な社殿、そして特異な社殿配置をもつのであろうか?**

1　特異な社殿と社殿配置はどこから来たのか

伊勢神宮の社殿はみな高床で切妻屋根をもち、棟はみな東西に走る。そして平入りだ。これは列島古来のものではなかった。いま述べたように、高床建築の場合、妻入りが一般的だったのだ。**高床でありながら平入りという神宮社殿の在り方は、じつは異例であり特殊であった。**

伊勢神宮はなぜ、そのようになったのか、その理由を探ろう。

切妻・高床建築は妻入りが常識

古来、高床建築は格が高く、首長の館も神社の正殿も、宝殿や稲倉も高床が多かった（第六章1）。銅鐸や銅鏡の表面に表わされた建築物などからうかがえるように、木造の高床建築は切妻屋根をもつことが多く、入口が妻側にあるのが一般的であった（**図**）。

理由は極めてシンプルだ。切妻屋根の妻側をそのまま延長させれば、入口上部を覆うことができる。高床に昇るには梯子か階段をもちいるが、その上に屋根があれば、梅雨や台風そして冬なら雪と降水量の多い列島では出入りに極めて好都合だ。このように切妻・高床建築の妻入りには

写真1　神魂神社正面見上げ。鎌倉時代の建立で、大社造りの古形を遺しているとみられる（著者撮影）

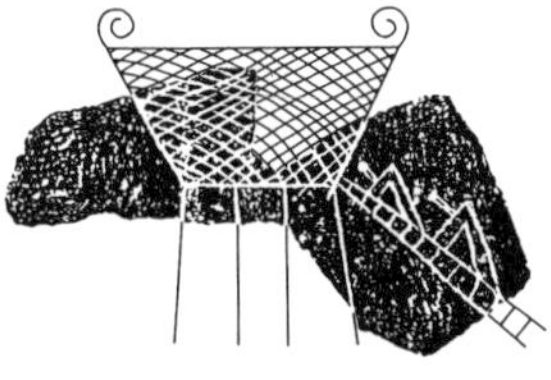

図　切妻高床建築の切妻側に掛けられた梯子／弥生土器唐古・鍵遺跡

用途上の合理性があった。

また構造上、施工上も利点があった。外に向かって延長させた切妻屋根の棟木を支えるために、棟持ち柱を独立させることになる。この柱は妻壁、つまり妻側の壁面と重ならないから、妻壁の梁が分断されないで済む。従って構造的に有利であり、造りやすくもある。このようなわけで切妻・高床建築では妻入りが一般的であった。

今に遺るその典型例に大社造りがある。出雲大社を筆頭とし、他に、現存最古の大社造りの神魂《かもす》神社（**写真1**）や佐太《さだ》神社などがあるが、現在ではほぼ島根県内にとどまる少数派になっている。

切妻・高床なのに平入りは非常識

ところが伊勢神宮の社殿群は、切妻・高床建築の一般則に大きく反している。その高床社殿は切妻屋根をもちながら、全て平入りなのだ。これはかなり奇妙なことであった。いま述べたように、切妻・高床建築には使い勝手上も、構造上も施工上も、妻入りが理に適っていた。そもそも平入りは基本、土間建築の在り方であり、高床のものではなかった。**高床建築に平入りを採用するのはいささか強引と言え、それは大陸伝来の仏教伽藍の影響だったのではないか。**古代の伽藍建築はほとんどが平入りであったが、それらは土間で接地していた。

伊勢神宮の正殿は南を向き、拝む人は北を向く。これも大陸建築の影響だ。すでに見たように（第三章3）、列島社会の方位観、世界観では古くより東西が基軸であり、ひとは日が昇る東を向いて拝むのが常であった。伊勢神宮は敢然とこれを否定し、南北基軸を採用したのである。

繰りかえすが、南北を基軸とするのは大陸の方位観、世界観によるものであり、伽藍を含め、大陸の記念碑的建築一般に認められる原則だ。切妻・高床建築の妻入りは古来、列島社会になじんでいたが、いま見たように、伊勢神宮の社殿はこれを採らなかった。社殿建築そのものは古来を踏襲しても、南向きといい、平入りといい、方位の採り方や建物の入り方は大陸の流儀に則っているのである。

正殿正面の入口前に階段が付き、その手前には幄舎《あくしゃ》がある。階段上部の屋根は明治二年の式年遷宮から、幄舎は明治二十二年の式年遷宮から付いたようだ。そうなったのは、天皇親祭の際に雨に濡れてはいけないという配慮からだ。このことは切妻・高床建築に平入りは向かないことを物語る（戦後の近代建築をリードした建築家の丹下《たんげ》健三《けんぞう》は伊勢神宮の写真集の編集に際し、幄舎を全てトリミングしたという。幄舎が正殿の正面を隠してしまうからだし、そもそも似つかわしくないのだ。このエピソードも平入りが切妻・高床建築に適さないことを物語って余りあると言えよう）。

以上にくわえて大陸からの影響を顕著に示すのが、正面階段と回り縁の高欄に取り付く五色の珠玉《しゅぎょく》である。五色とは青、赤、黄、白、黒。じつはこの五色、〈青＝木〉〈赤＝火〉、〈黄＝土〉〈白＝金〉、黒＝水〉と、陰陽五行説《いんようごぎょうせつ》にいう五元素に対応している。この五元素が天地の間で循環しているとする古代中国の陰陽五行説は儒教・道教・仏教のいずれにも影響を与えたが、特に道教に著しく、伊勢神宮の場合もこの文脈で捉えることができる。

大陸伝来の伽藍導入においては文明度が判定されてしまうため、中国の眼を気にする必要があった。しかし特にその必要のない神宮建築で、なぜ、このように大陸の流儀が持ち込まれたのだろうか？

他の多数の神社にはない形式を採ることによって、伊勢神宮は差異化を図り、その稀少性によって優位に立とうとしたのか。そのようにして我が国神宮・神社に君臨し、神道界の秩序の構築を図ったのであろう。なお現代の神社建築に平入りで南向きの社殿は珍しくないが、この傾向はのちに伊勢神宮よりひろがったものである。

三極はどこで生まれたか

前章で伊勢神宮の社殿配置が三極からなることをみたが、**これは我が国社殿建築の伝統にはない全くの新機軸であった**（前掲第八章図1、第八章図2）。

もっとも『万葉集』で香久山《かぐやま》、耳成山《みみなしやま》、畝傍山《うねびやま》からなる大和三山《やまとさんざん》が詠まれているように（巻一―十三、五十二）、自然がつくる環境に三極をもとめる性向はもともとあった。だから建築配置においても三極構造を取り得ることを知ったとき、天武は飛びつく思いであったろう。

写真2　藤原京内にあった薬師寺西塔の礎石、奥の生垣が東塔跡、左奥の建物を囲う生垣が金堂跡（著者撮影）

写真3　藤原京内にあった薬師寺金堂の礎石群（著者撮影）

伊勢神宮初の式年遷宮の十年前、六八〇年に天武天皇によって薬師寺建立の発願がなされた（『日本書紀』）。**藤原京に建つこの薬師寺こそ、〈一金堂＋二塔〉の三極をもつ初の国家の大寺であった**（前掲「はじめに」図3）。藤原京の薬師寺は、のちに平城京に建つ薬師寺と区別して歴史学や考古学では本《もと》薬師寺と呼ぶ。現在、畑の中に礎石群を遺すのみだが、現地で伽藍配置を確認することができる（**写真2**、**写真3**）。

本書はここまで単に薬師寺と呼んできたが、いま述べたように、天武と持統が直接かかわった藤原京の薬師寺は本薬師寺であり、持統の没後に藤原京から平城京に遷都がなされ、そこにあらたに建てられたのが今ある薬師寺である。紛らわしいことに、また興味深いことに、藤原京の本薬師寺と平城京の薬師寺は主要部の伽藍規模と伽藍配置を等しくしていた。

じつは本薬師寺とほぼ同時代に建てられた大阪府柏原《かしわら》市の智《ち》識寺《しきじ》（太平寺《たいへいじ》廃寺）も、〈一金堂＋

そ、び並が塔重三の棟二に西東、し座鎮が仏《ぶつ》那《な》舎《しゃ》盧《る》はに堂金。たいてっもを極三るなかららな取を引けに寺師薬本は寺識智、らかとこのこ。るれらみとたっあどほルトーメ〇五は隔間のい規模だったようだ。

しかしこの寺を建てたのは本薬師寺のように国家ではなく、「智識」と呼ばれる熱心な信者たちであった。のちのことになるが、七四〇年二月にここを訪れた聖武天皇が釈迦を超えた盧舎那仏を初めて目にして感銘を受けたという（盧舎那仏については終章2）。同時に聖武は、智識の結集によって建てられたことに痛く胸を打たれ、それで東大寺の建立を思い立ったと伝わる。このようなエピソードをもつ智識寺であるが、その造営は七世紀半ばから後半とみられ、本薬師寺よりやや早かったようだ。従って本薬師寺の三極に〝初〟という形容を冠するのは、国家の大寺として、という限定付きにしておこう。

なお智識寺と本薬師寺の影響関係は不明である。また二上山の山麓にある当麻寺《たいまでら》も〈一金堂＋二塔〉の伽藍配置をもっていた。だが、のちに曼荼羅堂《まんだらどう》が建ち、メインアプローチが金堂を目指す南入りから、曼荼羅堂を目指す東入りに改められた結果、当初の配置を認めるのはむずかしくなっている。

新羅に前例があった——三極はどこで生まれたか（2）

さて、ここで朝鮮半島に目を向けよう。新羅は六六八年に半島を統一していたが、六七九年に統一新羅の都慶州《キョンジュ》に四天王寺が竣工した（『三国史記』）。統一新羅初の本格伽藍であるこの寺は、

〈一金堂＋二塔〉からなる三極をもっていた。この新羅四天王寺竣工の情報をいち早くつかんだ天武は翌六八〇年、同じ伽藍配置の寺を藤原京に建立することを発願した。それが本薬師寺である。**当時は遣唐使《けんとうし》の派遣が途絶えており、大陸の先進文明の摂取は朝鮮半島の新羅を窓口としていたのである。**なお新羅四天王寺は難波の四天王寺とは別物で、伽藍配置も全く異なる。

新羅四天王寺の遺構は現在、慶州市街地のはずれに礎石を残すのみだ。著者が訪れたのは二〇〇六年三月、寒風吹きすさぶ夕暮れ時であった。一人草むらを掻き分けながら、〈一金堂＋二塔〉の礎石の一々を確認した。手応えを得た悦《よろこ》びと諸行無常《しょぎょうむじょう》のむなしさに浸った遥かな記憶だ。この〈一金堂＋二塔〉の伽藍配置が早速、本薬師寺に適用されたと思うと感慨もひとしおであった。

中国における二塔の現存例に江蘇省《こうそ》蘇州《そしゅう》の双塔《そうとう》、山西省太原《たいげん》の双塔寺などがある。だが、いずれも三極を構成しているとは見なしがたい。また造営年代も蘇州の双塔が十世紀であり、太原の双塔寺が十七世紀と後世のものだ。むしろ三極からなる伽藍配置は新羅にはじまったとみるほうがよいのかもしれない。そもそも朝鮮半島の神話では、もとより〈三〉が重視されていた（車柱《チャチュ》環《ホワン》『朝鮮の道教』）。

仏教・道教・神道

そして三極は、薬師寺から伊勢神宮に転移した。天武の没後、この動きを主導したのは天武の皇后であった持統天皇である。今日の常識からすれば、伽藍と神宮は別世界にある。しかしながら当時、両者に境界はなかった。詳しくは終章で述べるが、**三極は万物宇宙を生み出すと信じられていたのである。**この発想は『老子』の道教思想にもとづいていた。

中国で大きな影響力をもった宗教と言えば儒教・道教・仏教であるが、道教と仏教は親和性が高く、それ故、仏教は中国に抵抗感なく根付いた。我が国ではこれに神道が加わるが、神道も道教との親和性が高い。京都大学教授で神主でもあった上田正昭は、**神道には「道教的世界が重層している」と言い、神道即固有信仰という捉え方は「再検討を要する」**とまで言う（下出《しもで》積與《せきよ》との対談「日本古代の信仰をめぐって――古代信仰における道教思想の影響」）。

さて、内宮の別宮に伊《い》雑宮《ぞうぐう》がある（三重県志摩《しま》市）。滝原宮《たきはらのみや》とともに非常に格式の高い別宮だが、隣の田圃で毎年六月二十四日に御《お》田《た》植式《うえしき》がおこなわれる。そこでは必ず「太一《たいいつ》」と大書された巨大な団扇《うちわ》が長い忌竹《いみだけ》に付けられて依代《よりしろ》となる（**写真４**）。依代とは神が依り付く物。

写真4　内宮の別宮・伊雑宮の御田植式で掲げられる「太一」と大書された巨大団扇（『神社紀行1 伊勢神宮に行こう』学研より）

また二十年に一度の式年遷宮を挙行するにあたり、その八年前の六月、「御《み》樋《ひ》代《しろ》（御神体を納める容器）」となる用材を木曾の山から伐り出す御杣始《みそまはじめ》祭《さい》がおこなわれる。そこでも必ず「太一」と書かれた幟《のぼり》が立つ。太一とは道教で宇宙の根源を意味するが（第十三章4）、伊勢神宮ではアマテラスを指す。現代の我々から見て〈太一＝アマテラス〉には違和感があるかもしれないが、**伊勢神宮には道教が知らずのうちに浸透しているのである**。

――本書が道教を強調するのは従来、あまりに軽視されてきたからだ。もちろん、仏教の影響は、今さら言うまでもなく大きい。明治維新に至るまで、神仏習合が日本宗教史の一大特徴をなしていたことはよく知られるとおりである。

薬師寺と伊勢神宮はそれぞれ仏教と神道をベースとするが、そこに道教由来の三極が入り込んでもなんの違和感も生じなかった。神道、仏教、道教には相互に親和性があったから、新羅四天王寺の三極をもつ、すなわち道教色のつよい伽藍配置が我が国の本薬師寺に導入されても、抵抗感なく受け止められた。前掲の下出は我が国における仏教を「表の文化」といい、これに対して道教を「裏の文化」と位置づけたが（『日本古代の道教・陰陽道と神祇』）、**まさに薬師寺において仏教と道教は文字どおり表と裏の関係にあったと言えるだろう**。

三極構造の本薬師寺から伊勢神宮への転移は、極めてスムースに進行したにちがいないのである。

2　薬師寺と伊勢神宮の見逃せない共通点

薬師寺と伊勢神宮に共通して見られる三極について考察を進めよう。まずは薬師寺から。

薬師寺も二つあった

前述のように、薬師寺は最初、藤原京内に建てられた（奈良県橿原《かしはら》市）。本薬師寺と呼ばれるこの寺は現在では礎石を残すのみである。本薬師寺の後に平城京の薬師寺が建てられたが、前述のように、二つの薬師寺は個々の建築も伽藍配置もほぼ同じであったことが考古学的に確認されている。

藤原京から平城京への遷都にともない、本薬師寺はそのまま移築されたのだろうか？それとも本薬師寺は藤原京に存在しつづけ、平城京に本薬師寺そっくりに薬師寺が新築されたのか？

この問題も法隆寺再建非再建論争と同じく、長らく学界で論争がつづいていた。しかし二〇一六年、平城京の薬師寺東塔の心柱および初層《しょそう》の檜の天井板の伐採年を年輪年代法で調べる機会が訪れた。心柱下部に残存する最も新しい年代の年輪は七一九年（伐採年はこの年以降）、また検体となった二枚の天井板の伐採年は七二九年および七三〇年と判明した（奈良文化財研究所、二〇一六年）。そして、この塔に他から転用された材は見当たらなかった。また、『続日本紀《しょくにほんぎ》』によれば、藤原京の本薬師寺の全体がほぼ完成したのが六九八年十月である。さらには平城京遷都後も本薬師寺が活動をつづけていたことも分かった。

以上により平城京の薬師寺は移築ではなく、新築であったことが確定した。本薬師寺が活動をつづけていたことから、薬師寺に安置された薬師如来像、日光《にっこう》・月光菩薩《がっこうぼさつ》像をはじめとする仏像群も、あらたに白鳳期に造られたと判断される。

本書が対象にするのは本薬師寺だが、これをイメージするには、再建された平城京の薬師寺を想い浮かべていただければ充分だ。なお薬師寺は「古都奈良の文化財」の一つとして世界遺産に登録されている（一九九八年）。また薬師寺は興福寺とともに、我が国最古の宗派である法相《ほっそう》宗の総本山である。

伊勢神宮は薬師寺とリンクしていた

天武は六八六年に病没するや、皇后は直ちに称制を敷き、四年後に即位した（持統）。持統は薬師寺伽藍完成の前年となる六九七年に孫の文武に譲位し、自身は史上初の上皇となった。

本薬師寺建立の発願はさきに述べたように六八〇年、着工は金堂が最も早くて二年後の六八二年（『七大寺年表』）、その完成が六八七年頃である（『日本書紀』から推定）。伽藍全体がほぼ完成したのが六九八年である（『続日本紀』）。本薬師寺の造営過程を振りかえると、工事の初期段階は天武に帰されるが、天武は完成を見ることなく没している。その後の本薬師寺の造営は持統のもとで進められた。

伊勢神宮との関係を見ると、六八八年に神宮の式年遷宮が制度化され（第六章2）、二年後の六九〇年九月に式年遷宮は初めて挙行された。すなわち、薬師寺の工期のなかに、神宮初の式年遷宮が準備期間を含めて完全に納まっている（読む年表5）。これは伽藍の造営は神社より遥かに時間を要するからだが、注目したいのはつぎの点だ。本書冒頭「はじめに」における第三の視点である。

内宮では正殿と二棟の宝殿が逆三角形をなす。

薬師寺では金堂と二棟の塔が通常の三角形をなす。

三角形に順・逆の違いがあるにせよ、空間構造としては同類だ。すなわち、薬師寺の伽藍配置と伊勢神宮の社殿配置には三極構造という共通点が認められるのである（前掲「はじめに」図3）。古代仏教史の田村圓澄《たむらえんちょう》は伊勢神宮の社殿配置は「薬師寺に範をとった」と指摘した（『伊勢神宮の成立』）。慧眼であったが、惜しむらくは議論が仏教内の事柄に終始し、三極にまでは考えが及んでいなかった。伽藍と神宮はそれぞれ仏教、神道にもとづく。本来、性格も世界観も違うはずだ。それなのになぜ、同じ空間構造をもつのか？

伊勢神宮は伽藍と最も縁遠いという大方の見方に反して、薬師寺と三極構造を共有している。じつは深いところでリンクしているのだ。伊勢神宮が他の神宮・神社との差異化を図ったことはすでに述べたが（第九章1）、それだけではなかったようだ。三極に特別の意味を期待しているとみられるが、それについては第Ⅲ部で詳説したい。

3　薬師寺の三極構造

いま述べたように、薬師寺の創建と伊勢神宮の第一回式年遷宮はパラレルに進行した。まず薬師寺の発願が六八〇年になされた。神宮はと言うと、式年遷宮制が導入されたのは六八八年であったから、薬師寺は神宮の式年遷宮制の導入より八年先行していた。従って、薬師寺の伽藍配置が神宮の社殿配置に転移したのである。

伽藍から神宮への転移

――なぜそんなことが起きたのか？

この問題を探る手始めに、まずは近年復元された薬師寺を訪れよう。

薬師寺にあって創建当時の建築で現存するのは東塔のみである。その他の建築は火災や戦火で焼失した。室町時代後期に仮の金堂が建てられたが、それも雨漏りを起こすようになってしまった。堂内で傘を使うありさまだと、副住職であった高田《たかだ》好胤《こういん》師の講話を聞いた記憶がある。それは高校時代の修学旅行で訪れた昭和三十九年のことで、薬師寺が惨状を脱却し、再建への道筋が見出されつつあった頃だった。

昭和四十二年、住職になった師を中心に写経勧進《かんじん》の運動が巻き起こる。再建が発願され、翌年には工事がはじまった。金堂を皮切りに、西塔、中門、回廊、大講堂、食堂と、次々に再建が進んだ。平成二十九年、古代伽藍がようやくにして全貌をあらわした。

薬師寺建立は皇后のため？

そもそも薬師寺は何を目的として建立されたのだろうか？

この点について『日本書紀』は明快だ。六八〇年十一月、病に罹った皇后（のちの持統）の回復を願って天武が薬師寺の建立を発願した、という。皇后のために国家の大寺を建てるというのだが、これは単なる〝夫婦愛〟では片付けられない。皇后なしに現実の政治を執りおこなえないほどに、皇后はちからを発揮していた。前述のように（第七章2）、天皇と皇后による共治体制だったのであり、それ故の発願だったのであろう。なお「皇后」の称号は六八九年に施行された飛鳥浄御原令からだが、ここでは実質皇后の意味でもちいる。

病気の回復を願って大寺を建てるとは、よほどの大病であったのか。だが、皇后は発願の三カ月後には回復している。というのは、翌六八一年二月に「律令」の制定に取り掛かれとの重大な詔が発せられるが、その際、天武と皇后が共に「大極殿」に現れたと『日本書紀』にあるからだ。そこは飛鳥浄御原宮の南東部に増築された一角である。また、ここにいう律令とは、大宝律令《たいほうりつりょう》のもととなった飛鳥浄御原令である。

本薬師寺造営に着工したのは前述のように六八二年である。すでにこの時、皇后は全快していた。あるいは、お蔭さまにて全快できました、と報告ならびに感謝をするために薬師寺を建てたのか？

病を治す薬師如来を本尊とする寺を建立するにあたり、皇后の病気を格好の理由付けにしたとも取れようし、あるいは『日本書紀』編纂において皇后、のちの持統の存在を大きく見せる意図がはたらいたのか。すくなくとも、皇后が病に倒れなければ薬師寺が建つことはなかった、とは言えないだろう。むしろこの時期、天皇以下、朝廷は律令国家の構築に邁進していたから、これにふさわしい、**律令国家を体現する大寺を建立しようとしていたのではなかったか**。

天武は着工して三年後の六八五年に重い病に罹り、翌年に逝去した。持統の逝去より十六年早かった。この十六年間で持統は不比等とともに、天武を超える実績を残すのであった。

カラフルで異国的な古代世界

薬師寺とは、その名のとおり薬師如来を本尊とする寺だ。この如来は病を直してくださる、ありがたいほとけである。

薬師如来のおわす浄土は薬師浄土と言いたくなるが、仏典にそのような表現は見当たらず、浄《じよう》瑠璃《るり》世界という。西方にある阿弥陀浄土に対して東方にあるため、東方浄瑠璃浄土ともいう。浄瑠璃というと三味線をともなう語り物芸能を思い浮かべるが、もとは清浄な瑠璃という意味だ。瑠璃、別名ラピスラズリは濃いブルーの希少な宝石。経典によれば、浄瑠璃世界では大地は青い瑠璃であり、建物も家具も全て七宝《しつぽう》、つまり七種の宝石からなるという。

何を七宝というかについては経典により異なり、『無量寿経《むりようじゆきよう》』と『法華経《ほけきよう》』に共通するのは金、銀、瑠璃、瑪瑙《めのう》、シャコ貝の五種。まさに絢爛豪華《けんらんごうか》な、まばゆいばかりの光輝く浄土である。薬師寺は伽藍全体で、この浄瑠璃世界を体現している。

復元された薬師寺は大方の想像を超えて、鮮やかな色彩に満ちている。あまりにカラフルなので、最初に見た時、多くの人は驚くだろう。もちろん、塗装には木部を日照や降雨そして腐蝕から保護するという効能がある。しかし、この派手な彩色はとても実用性だけでは説明がつかない。大陸伝来の伽藍は晴れやかな色彩をもとめたのである。

柱や梁や垂木など、木部には鮮やかな朱が塗り込まれ、これが全体の基調をなしている。朱は鎮魂と再生を意味し、また魔除けの意味もあった。実際、朱の原材料となる水銀には防腐の効能がある。

しかし連子窓《れんじ》の連子（縦格子）は緑青色《ろくしょう》に塗り分けられる。この色は朱と補色の関係にあるから対比がきつく映り、香辛料のようにピリリと効いてくる。その他、防火性能をもつ土壁は防水のはたらきをなす漆喰《しっくい》塗りで、白。消石灰の色だ。朱と対比をなすだけに鮮烈さが目に飛び込んでくる。

竜宮城もさぞかしと想わせる豪華絢爛な色彩世界は、誰しも言うように、異国的だ。もっとも、このようにきらびやかな彩色は復元された薬師寺だけではなかった。薬師寺東塔も法隆寺も今では塗装も剝げ落ち、黒ずんだ木肌を見せているが、朱塗りの木部は古代伽藍に等しく見られたものである。二〇一八年に復元された興福寺でも同様だ。但し、中国や韓国の古建築に見る極彩ぶりに比べれば、色の数は少ないし、彩度も低い。これでも〝我が国流〟に調整されているのだ。

一方、伊勢神宮では素木のままで、文字どおり偽りのない清浄さを醸し出している。耐久性には乏しいが、これには式年遷宮で対処している。伽藍とはまさに正反対だ。

同じ清浄さをもとめても、伽藍と神宮、大陸と我が国とではこれほどまでに違うのだ。

東塔は〝凍れる音楽〟

東塔を見上げると、上層に向かって屋根の軒の出が徐々に小さくなってゆく。そのなかで、屋根と裳階《もこし》が大小のリズムを奏でる。裳階とは各層に付いている下屋《げや》のことだが、本来の構造とは無縁なので、部材は細くなる。これが塔本体（＝塔身）の四周を巡るから、構造をカムフラージュし、そこに軽味《かるみ》が生まれる。多くの人が抱く東塔の繊細優美な印象はこうした建築的工夫によるものだ（第二章1、前掲第二章写真1）。このようにして精妙さが引き立てられ、音楽的と言いたくなる優雅さが醸し出される。

一見、六重の屋根に見えるが、それは三重の屋根の下、それぞれに裳階が付いているためだ。法隆寺にも初重（下から一層目）に裳階が取り付いているが、それは四面に配された塑像群を風雨から守り、また巡回路をつくるためであった。東塔でも初重の裳階については同様であり、視覚効果に限って言えば、裳階の効果は主に上層において発揮されるとみてよいだろう。

さて、「建築は凍れる音楽である」とドイツの哲学者シュレーゲルは言った。ゲーテやショーペンハウアーがこれに言及してひろまった。彼らの念頭にはゴシックの大聖堂があったと思われるが、明治政府に招かれたアメリカの哲学・美術史学者フェノロサ（第四章4）が薬師寺東塔をこう評したと伝わる。まさに的を射たことばと思われる。

金堂復元の問題点

金堂では棟の両端で巨大な鴟尾《しび》が大きく反り返って、照り返しを見せている。これも金銅製だ。実質的に金堂は平屋だが、屋根が上下二層付き、さらには塔と同じく各層の屋根の下に裳階が取り付いている。復元された金堂は二棟の塔にくらべて壮大な規模を誇っている。過剰なまでに……。

復元に当たって、じつは極めてむずかしい問題があった。初重の平面については礎石の位置が確認できたが、上層部および高さについての情報に事欠いていたのである。寺に伝わる、一〇一五年成立の『薬師寺縁起』に、「二重二閣」とある。これは、(平屋であるが)二重の屋根をもち、それぞれに裳階が付くという意味である。同『縁起』に柱の長さ寸法があるが、あまり信用できない。というのも、そこに礎石間の寸法が記載されているが、悉く誤りであるからだ(大岡實「薬師寺金堂の再興」)。

また一一四〇年に大江親通《おおえのちかみち》が著した『七大寺巡礼記』にも薬師寺金堂について、「**重閣各有裳層**」とある。裳層は裳階に同じ。つまり二重の屋根をもち、それぞれに裳階が付く。頼りになる情報はこれらのみであった。なお二階と言わないのは、上層に床がないからである。

古文献をとおして、金堂が二重の屋根をもち、それぞれに裳階が付いていたことは分かった。しかし上層部および金堂の高さについては全くデータを欠いていたから、あらたに設計するに等しかった。

金堂の復興にむけて建築小委員会が発足した（昭和四十五年頃）。メンバーは大岡實《おおおかみのる》、浅野清、関野克《せきのまさる》、太田博太郎の四名であった。実際に基本設計の図面を引いたのは大岡で、他の三名はいわば〝ご意見番〟。なお関野克は法隆寺論争の一方の雄であった関野貞の長男である。太田博太郎は東京大学教授だ（著者は大学院で太田から古建築の細部について受講したことがある。出たばかりの新刊『伝統のディテール』一九七二年をテキストとし、その誤りを悉《ことごと》く指摘するという、変わったスタイルの演習であった。著者が気の毒になったものだが、一方で、その博識に舌を巻いた。その後、この本は全面的に改訂された）。

復元にむけて問題は多岐に及び、図面の変更・修正は十数回に及んだ。施工は法隆寺付きの宮大工であった西岡常一棟梁、そしてあらたに集められた三十人の弟子によってなされた。現場を預かった西岡棟梁によれば、基本設計で決められた金堂の高さが高過ぎて、塔とのバランスを欠いていた、この点を指摘すると大岡が「自分もそう思っていた」と真っ先に賛成し、それで金堂の高さを一メートル減じた。このような過程を経て、あたらしい金堂が昭和五十一年に竣工した。

さまざまな苦労をともなって復元された金堂だが、それでも幅に比べてまだ高いと著者には思われる。一メートル減じてもまだ足りない……。個人的な見解に過ぎないが、訪れるたびに抱く偽らざる感想だ。『薬師寺縁起』にある柱の長さ寸法を信用しがたいとしつつ、「他に資料がないので（大岡）」結局、これにほぼ依拠してしまったことに起因するのではないか。

写真5　平城京で復元された薬師寺の聖域を金堂背面から見る。〈二塔＋金堂〉からなる三極構造（著者撮影）

三極が示す国家意思

さて薬師寺の造営が進んでいたのは、朝廷が総がかりで律令国家の樹立に邁進している時期であった。あらたな国づくりにむかう、この頃ならでは高揚と熱気があった。これに気づかないと、この寺の受け止めは表面的な印象にとどまってしまうだろう。

金色、朱、青緑、白と彩色に富み、一見華やかな印象の底にジワリと押し出されてくるのは、〈一金堂＋二塔〉の三極がもたらす揺るがぬ国家意思だ。

華麗で優美な二棟の三重塔が東西に並ぶ厳格な左右対称。

〝扇の要〟のように全体を引き締める、巨大金堂の堂々たる体軀。

同じ形、同じ高さの塔が東西に二棟、競い合うように建つ姿は、ことさらに対称性を際立たせ、視覚的インパクトを強化する。

列柱回廊に囲まれた聖域内に入ると、二棟の三重塔を前座として中央に巨大金堂がデンと構えていて、二等辺三角形の頂点を占める。**巨大金堂は二塔にささえられるとともに、二塔への揺るぎない優位を示すのだ**（**写真5**）。この位置関係がもたらす力関係、それが二塔を三極構造に引き込むのである。

ところで同じ塔が二つも建つのは、塔の意味からして奇妙である。そもそも塔とは釈迦の墓であるからだ（第一章）。それが二つもあるのは塔本来の意味を超えていると言わざるを得ない。東方浄瑠璃世界には二塔が建つと経典にあるわけでもない。

なぜ、全く同じ塔が二つも建つのか？　平安時代に編まれた『薬師寺縁起』を要約すると、つぎのようだ。

東塔と西塔の初重において、塔の中心をつらぬく心柱の四周に、釈迦の人生が四場ずつ塑像で表現された。つまり東塔には釈迦の前半生を表す塑像群が、西塔には後半生を表す塑像群が配された。その終着点として、西塔の心柱の礎石（＝心礎）に孔《あな》を穿《うが》って舎利が納められた。

二つの塔が生まれたのは釈迦の全人生を伝えるため、と『縁起』は言わんばかりだが、ほんとうにそれが理由だろうか？

前述のように（本章1）、統一新羅初の本格的伽藍が〈一金堂＋二塔〉からなっているとの情報を得た天武天皇が、早速、同じタイプの伽藍を建てようと発願したのなら、『薬師寺縁起』のもっともらしい説明は、仏教的な見地からなされた分かりやすい後付けとみたほうがよいだろう。

これまで薬師寺については、同形同大の塔が二つ建つことばかりが注目されてきた。しかしほんとうの核心はそこにあるのではなかった。律令国家における官僚機構の上部構造は〈太政大臣＋左大臣・右大臣〉からなる。まさに三極構造ではないか。**これを可視化する〈一金堂＋二塔〉の三極構造にこそ、薬師寺伽藍配置の核心があるのではないか。**

薬師寺の伽藍配置が醸し出すのは、船出しようとする律令国家の強固な意思と華やぎだろうか。同時に、これを主導する時の女性天皇持統にみなぎる固い決意と晴れやかな気分であったろう。朝廷が目指していた律令国家の核心を可視化すればこうなる――。薬師寺はそう語りかけているように思われる。

第十章

伊勢神宮に転移した三極

天武天皇は薬師寺の建立を発願した時点で、三極をどの程度意識していたのだろうか？**じつは三には道教思想のエッセンスが潜んでいた。**

しかし、その前に押さえておきたいことがある。

道教の母胎は中国南部に根を張っていた民俗宗教にあった。まずは民俗宗教としての道教が我が国の朝廷内に浸透していたさまを概観しよう。

1 天皇家に流れ込んだ神仙思想

天武天皇は道教に通暁していた。それは『日本書紀』からもあきらかだ。

天武の正式名称に潜む道教

『日本書紀』において天武は「天文遁甲《とんこう》を能《よ》くす」「始めて占星臺《だい》を興《おこ》す」と記されている。占星術に通じていたわけだが、前掲の福永によれば、それは道教文化にほかならない（「古代信仰と道教」）。天武が道教に造詣の深かったことは、没後に贈られた和風諡号「天渟中原瀛真人《あまのぬなはらおきのまひと》」からもあきらかだが（『日本書紀』において天武の正式名称になっている）、ふつう、これは天武を文字で飾り立てたものと解されている。例えば、古代史の遠山美都男はこの諡号を「あま」「ぬなはら」「おき」「まひと」に分解したうえで、「あま」は天神《あまつかみ》あるいは高天原《たかまのはら》、「ぬなはら」は飛鳥浄御原宮に由来すると思われる「神聖な原」、「おき」は「大海・海原」、「まひと」は「高貴な御方」とし、「おきのまひと」とは大海人を荘重に言い換えたものとする。道教的意味を全く見ていないのだ（『名前でよむ天皇の歴史』）。

だが福永によれば、じつはそこには道教の世界観が込められていた（前掲）。道教が標榜する理想の三神山《さんしんさん》に蓬萊《ほうらい》、方丈《ほうじょう》、瀛洲《えいしゅう》があり、「瀛」とはその一つ、瀛洲のこと。東海にあるこの三神山は仙人が住む神仙境であり、不死の仙薬があるとされた。秦の始皇《しこう》帝《てい》や漢の七代武帝《ぶてい》がこの三神山伝説を信じ込み、実際に仙薬をもとめたことはよく知られている。天武はこれら皇帝にあやかろうとしていたのであろうか。

また「真人」とは道教が理想とする最高の人。神に近い存在で神人ともいい、現人神と同じ意味になる。補足すると、真人と神人は道教用語で、現人神《あらひとがみ》は仏教に由来するという。天武、持統朝においては道教系が「顕著に優勢」であった（福永、前掲）。つまり『日本書紀』において天武は、神山に住む道教の達人とされているのだ。そのように評された天武であるから、三がもつ道教的意味をよく解していたとみてよいだろう。

道教の達人・天武であったからこそ、新羅に三極をもつ伽藍が建立したことを知って敏感に反応し、直ちに、同様の伽藍配置をもつ薬師寺の建立を思い立ったのであろう。

四方拝――天皇家にながれ込んだ道教

道教の達人として知られた天武――。

天武を過度に英雄視してきたせいか、これまであまり意識されてこなかったように思われるのだが、かれの道教への傾倒はじつは母親譲りであった。天武の母は道教に通暁し、華々しく実践した女性大王の皇極（斉明）である。皇極が道教の世界観にもとづいて八角墳の伝統を創始したことはすでに述べたが（第五章2）、これに先立ち、即位したばかりの六四二年に、早くも異能を発揮していた。『日本書紀』を見よう（要約、傍点著者）。

この年の六月以降、旱魃《かんばつ》がつづいた。八月一日、皇極が飛鳥川の川上に行幸し、跪《ひざまず》いて四方を拝み、天に祈った。すると突如、雷鳴が轟《とどろ》き大雨となった。雨は五日間降りつづき、あまねく天下を潤《うるお》した。

四方を拝む、つまり四方拝《しほうはい》とは東西南北におわす神々を拝む儀礼だが、もとよりこのような儀礼は列島社会にはなかった。雨乞いに大いに効果を上げた皇極の四方拝が端緒《たんしょ》となり、宮廷に取り入れられたという（『公事根源《くじこんげん》』）。前掲の福永は「これこそ中国における道教の宗教儀礼をそのまま日本の宮廷に持ち込んだもの」という（「日本の古代史と中国の道教」）。今日でも天皇は毎年元日の早朝、宮中三殿の西側にある神嘉殿《しんかでん》の南庭にて四方拝をおこなう。災害がないこと、五穀豊穣であることを東西南北の四方の神々に祈願しているのである。

2　水と亀が織りなす道教世界

重祚《ちょうそ》して斉明となってから、この女性大王は飛鳥の地に、道教思想にもとづいて大掛かりな水利土木工事を、分かっているだけでも三つおこなっている。

しかしその前、古墳時代に道教祭祀が豪族たちによっておこなわれていた。それが朝廷に浸透していったとみられるのである。

水と亀の祭祀は古くから

四方拝にならんで道教的祭祀の代表的なものに、水と亀にまつわる祭祀があった。これをおこなったのは大王・天皇ばかりではない。古墳時代の豪族居館の遺跡にもその痕跡を見出すことができるのだ。その代表例として群馬県高崎市で発掘された三ツ寺Ⅰ遺跡を挙げよう。上越新幹線の工事にともない一九八一年に出土したもので、すでに高校の教科書に掲載されている。

造られたのは五世紀後半、古墳時代の中頃だ。六世紀前半に上毛三山の一つ榛名《はるな》山で二度にわたって大噴火が起こり、火山灰に埋まって廃棄されたとみられる遺跡だ。それだけにかつての形状がよく見て取ることができた（遺跡は旧状に復されたが、近くのかみつけの里博物館に大規模な模型が展示されている）。

広い濠に囲まれた八五メートル四方の主要ゾーンがあり、その南西の隅部に豪族首長の居館《きょかん》とみられる大型の掘立て柱建物がある。その北側に石敷きの祭祀場が設けられている（図1）。

幅三〇メートルもある西側の濠に木樋《もくひ》（水を流すための木製の樋）が架けられ、濠の反対側から流れてきた水が石敷きの祭祀場に落ちる仕組みだ。興味深いことに、水を受けるこの石敷きが六角形になっており、そこを流れ出た水はまっすぐ東に伸びる溝に導かれて、さらに大きな六角形の石敷きを通って場外に出る。

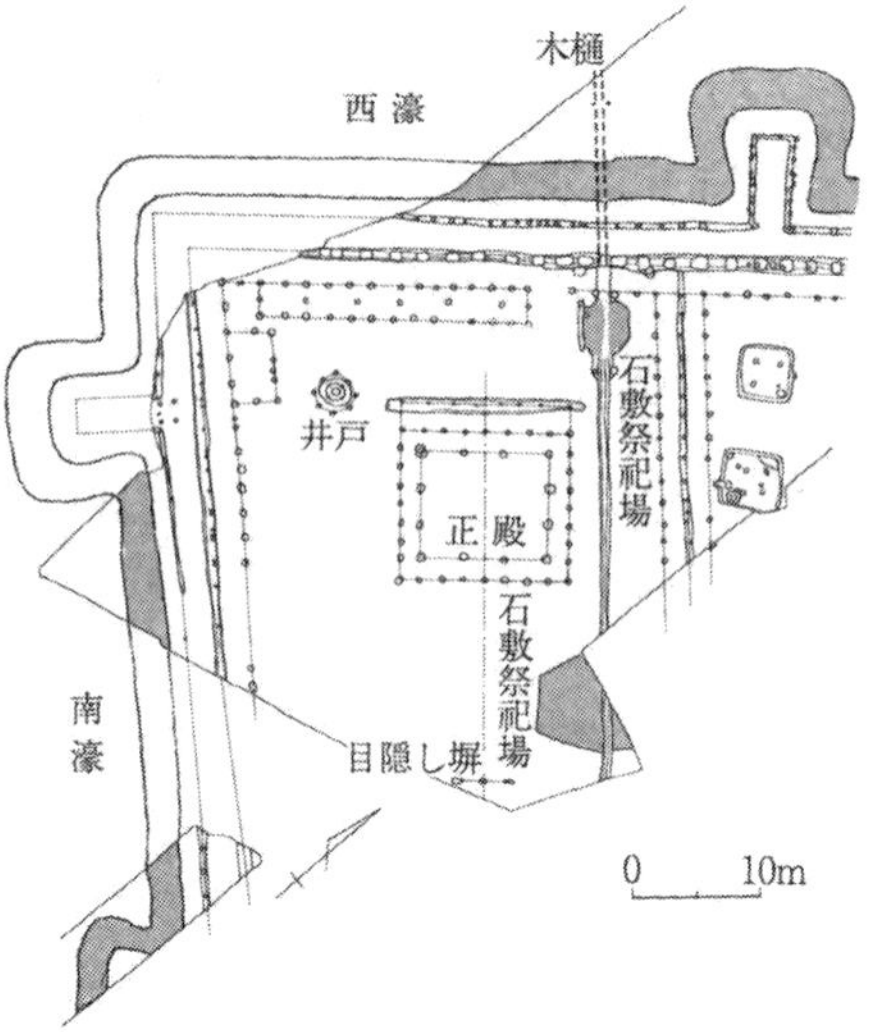

図1　水と亀の祭祀場／豪族居館跡／三ツ寺Ｉ遺跡（辰巳和弘『高殿の古代学』白水社より）

これら二つの六角形は、亀の甲羅を幾何学的に単純化したにちがいなく、その心は亀にあった。途端に現代の話になるが、有機化学で六角形の構造式を〝亀の子（甲）〟と呼ぶ。現代人も古代人と変わらぬ感性をもっているということか。

亀を長寿の象徴とする、「**鶴は千年、亀は万年**」ということばは、紀元前二世紀の前漢で成立した道教系百科全書『淮南子《わいなんし》』に見える。亀は不老不死（長生）という神仙的、道教的イメージを体現していた。また、『淮南子』に先行する道教経典『老子』には、「**上善《じょうぜん》は水の如し**」という、よく知られたことばがある。本節の最後で説明するが、水は道教の理想を体現する存在であった。

　この豪族居館跡では水と亀が組み合わさっており、道教流伝《るでん》、すなわち在野における流入を想わせる。こうしたものが古墳時代、王権中枢にも浸透していったと考えられる。当時は天皇の血筋を権威付ける天孫降臨神話も、三世代にわたる血脈システム〈皇太子—天皇—上皇〉もまだ確立していない（第十一章2）。大王は有力な豪族たちに推挙されてなる関係にあり、軍事力に訴える場合もあった。従って豪族と大王は隔絶しておらず連続的な関係にあり、道教的なるものの王権中枢への流入も起こりやすかった。

写真1　祭祀場となった水の合流点／城之越遺跡（著者撮影）

　古墳時代は水の祭祀が盛んであった。著者が実見したところでは、三ツ寺Ⅰ遺跡より一世紀早いが、四世紀後半に造られた城之《じょの》越《こし》遺跡を挙げることができる（三重県伊賀《いが》市）。そこでは複数の湧水地点からはじまる流路が石敷きで整えられ、合流点では入念に護岸の配石がなされた。合流点が特に重視されていたことがうかがえる（**写真1**）。そこで祭祀がおこなわれていたのであろう。流れる水の合流点が聖なる祭祀場となるのは、同じく水を重視するインドにも見られ、興味深い。

付近には大型掘立て柱建物があった。三ツ寺I遺跡と同様に、ここでも豪族首長クラスが祭祀を担っていたのであろう。

斉明が導入した水と亀の道教世界

天智と天武の産みの親であった女性大王、皇極――。

息子たちの活躍ぶりから見ても、ただならぬ存在感を発揮する大王である。四方拝の逸話は皇極の時代だが、史上初めて重祚して斉明となってから、この大王は飛鳥の地に大掛かりな水利土木事業を繰りひろげた。それらはみな道教的意味をもっており、飛鳥に一大道教的景観が形成されるのであった。その所業を具体的に見よう。

(一) 亀形石槽のある祭祀場

斉明の後《のち》飛鳥岡本宮跡から北北東二二〇メートルほどの谷間に、湧き水を溜めては流す亀形石《かめがたせき》槽《そう》をもつ石敷きの祭祀場が出土した(明日香村《あすかむら》教育委員会、二〇〇〇年)。この遺跡は一二メートル四方の石敷きエリアをもち、これを二分する中心線上、〈湧水石造物―小判型石槽―亀形石槽―石組の溝〉が南北に連なっている(図2)。湧水石造物は砂岩、その他は花崗岩の一種である石英閃緑《せんりょく》岩による。特に注目される亀形石槽の甲羅に当たる部分は直径一・六メートル、深さ二三センチの円形に刳り抜かれている。二十一世紀になってあきらかになったこの遺跡は、出土した遺物から七世紀半ばに造られたとみられる。六五五年に飛鳥で重祚した斉明の時代だ。

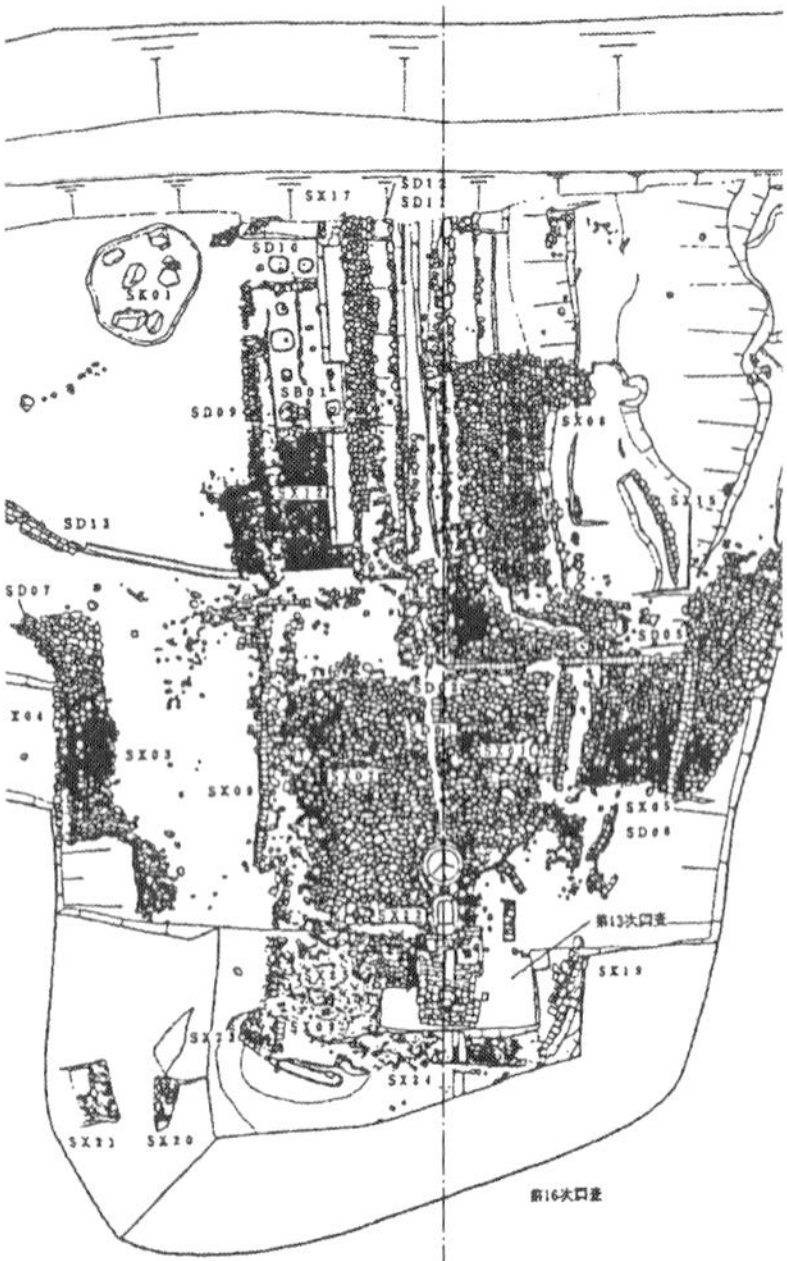

写真2　湧水部―木樋―小判型石槽―亀形石槽（千田稔『カラー版 古代飛鳥を歩く』中公新書より）

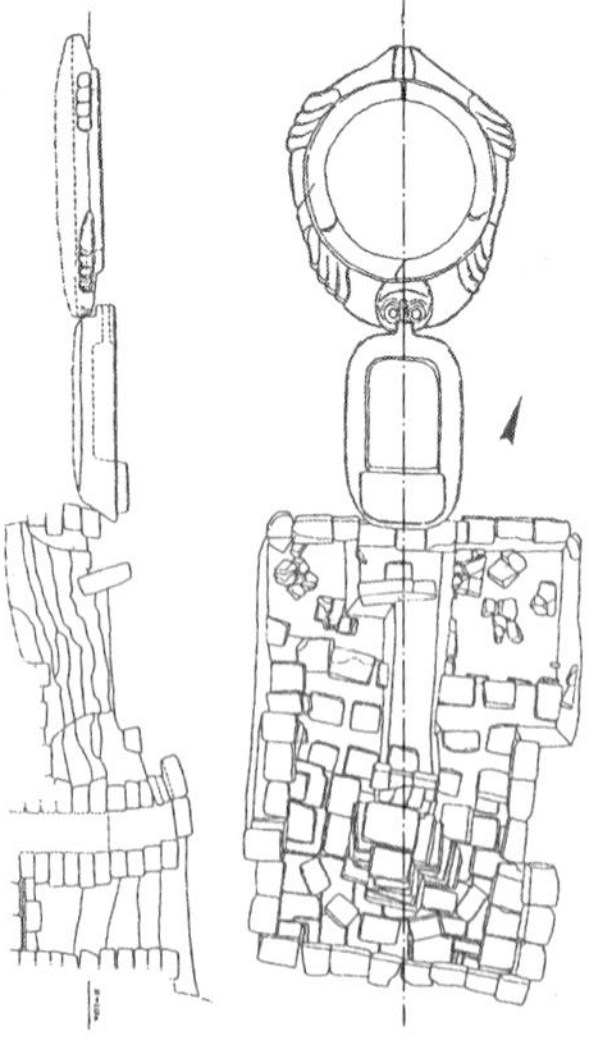

図2　亀形石槽遺跡全体図（上）〈湧水部―小判型石槽―亀形石槽〉
図3　亀形石槽に至る導水施設の平面図（中央）、断面図（左）／小判型石槽に向かって水を導く木樋があった。木樋は断面図で小判型石槽の右に立つ石に支えられたとみられる（図2、図3とも相原嘉之「酒船石遺跡の発掘調査結果とその意義」『日本考古学』第18号より）

水はつぎのように流れる――

地中から湧き0出た水は湧水石造物に溜められ、水位の上昇にともない木樋を伝ってまず小判形石槽に流れ込む。小判形石槽の水は底に不純物を沈殿させ、混じり物のない上澄みが亀の小さな口を通して亀形石槽に流れ込む。**（写真2、図3）**。亀形石槽に溜まる二〇〇リットルほどの水は、小判形石槽を謂わば濾過《ろか》装置にして聖なる水となる（西光慎治《さいこうしんじ》「飛鳥亀形石の発見と意義」）。最後に、この水は亀の尻尾にある穴から流れ出て、直線状の石組の溝を通って場外に出る**（図2）**。

亀形石槽を前にしておこなう祭祀は当然、水と亀に深くかかわっていた。亀は道教がもとめる不老不死を象徴する吉祥のシンボルだ。そして決まった形をもたず、形ある物に合わせて流れる水は、後述のように、道教思想の理想を体現する存在である。**水と亀がむすびついた亀形石槽は道教祭祀場の核心をなしている。**

なお斉明が葬られた川原寺《かわらでら》の近くに、すこぶる巨大で異形《いぎょう》の石造物がある。その名も亀石という。花崗岩をもちい、巧みに亀を象《かたど》っているが、これも道教思想によるものだろう。

（二）酒船石遺跡

亀形石槽から少し登って五〇メートルほど歩いた所に酒船石《さかふねいし》と呼ばれる巨石があり、（一）の亀形石槽をもつ石敷き遺跡を含めて「酒船石遺跡」として国から史跡に指定されている。

酒船石は亀形石槽と同じ石英閃緑岩で、東西五・五メートル×南北二・三メートルと東西に長い。高さは一メートル。南側と北側、二つの側面には石を割った痕跡が残る。両側面の石が取り

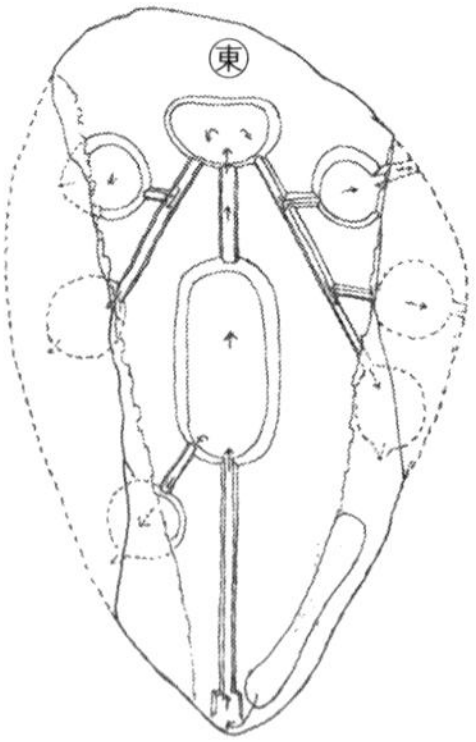

図4　酒船石に彫り込まれた窪みと溝の復元図／窪みは上面だけでなく、下部南西側面にもある（河上邦彦『飛鳥を掘る』p17の一部を改変）

去られ転用されたのだろう。従って南北寸法はあまり参考にならない。注目されるのは、平らに整えられた石の上面だ。円形や半円形、小判形の窪みが多数彫り込まれ（円形：六つ、半円形：一つ、小判形：一つ）、それらは八本の直線の溝でつながっている。溝の中は一〇センチほどだ（**図4**）。

ここで酒を造っていたとする伝承が江戸時代にあったようで（本居宣長《もとおりのりなが》『菅笠日記《すがさのにっき》』、上田秋成《うえだあきなり》『岩橋《いわはし》の記』）、それなら表記は酒槽石かとも思われるが、酒とのかかわりは今日では否定的にみられている。

不思議な謎のポイントは、石の平らな上面に多数彫り込まれた窪みと溝だ。これを見るかぎり、なんらか液体が注がれたのは間違いないだろう。酒でなかったとすれば、水であったか。多数ある多様な窪みとこれらをつなぐ東西に走る主軸とそこから派生する斜線の溝。これらが織りなす不思議な模様はいったい何を意味しているのか？　どのようにもちいられていたのか？

――そもそも最初に解決しなければならないことがある。それは酒船石に対し、祭祀でもちいられた水はどこから供給されたのか？　という問題だ。現地に今も立つ昭和二年の案内板の説明はつぎのようだ。「この石の東四〇メートルのやや高いところで、ここへ水を引くための土管や石樋がみつかっていることから庭園の施設だという説もある」。

だが「ここへ水を引くための」は「ここへ水を引くためと考えられる」であろうし、その上さらに、地上一メートルの石の上面にどう水を運んだのかが漠然としていてよく分からない。また近年では、下の亀形石槽のある祭祀場から取水して運んだという見方もあるが、あまり美しいとも思われず、胸にストンと落ちる解は見当たらない。

いま述べたように酒船石の南北両側面が取り去られているが、幸いにも、南西部は難を免れた。その下部が張り出しており、そこに細長い窪みが彫り込まれている。従って空から降った雨水は直接ここに溜まるのだ。そして上面の窪みや溝とつながっていないのである。このユニークな窪みの長さは一メートル五六センチ、幅は平均して三七センチとかなりある。深さは八～一七センチほどだ。このサイズは貯めることを意図しているとみていい。低位置にあるこの窪みを無視して、石上面の窪みと溝だけを論じても説得力はないだろう。南西下部のこの窪みにいち早く着目したのは、橿原考古学研究所の河上邦《かわかみくに》彦《ひさ》であった（『飛鳥を掘る』）。

写真3　酒船石南西側面下部の窪み

さて雨水を天水《てんすい》ともいうが、天から降って来た水がこの細長い窪みに溜められる（**写真3**）。祭祀の際はこの窪みに溜まった水を掬い取り、石の上面、西突端の注ぎ口のような窪みに注いだのではないか。

溝に水を流していたとみる説は多いが、前掲の河上を含めてほとんど一様に、小さな木片あるいは葉や笹舟などを水に浮かべ、その往き付く先で吉凶を占ったと想定する。曲水《きょくすい》の宴《えん》からの連想であろう。しかしそれほど十分な水をここに供給できたのだろうか。河上説では従者が上面の注ぎ口に水を注ぎつづけたと想定するが、それでは遊興性《ゆうきょうせい》が過ぎるように思われる。この後見るように、辺り一帯は大土木工事をおこなっており、なによりも祭祀の場であったとみるべきだろう。

おそらく大王（天皇）が自ら柄杓をもちいて低位置にある細長い窪みから水を掬い取り、上面の注ぎ口へと水を注いだ。注がれた水のゆくえによってなんらかの答えを得たのではないか。

例えば、六つの円形の窪みのうち、一番早く水が流れ込んだ窪みはどれであったのか、それによって答えを得たのではないだろうか（現状では石は西に向かってやや下がっているが、これは地震にともなう地盤沈下によるもので、当初は西が少し上がっていたと考えられている）。

酒船石には天から水がもたらされ、さきに見た亀形石槽には地中から湧き出た水が注がれる。二つの祭祀場はそれぞれ天と地につながっている——。

水は天と地の間を循環する。そうした水の循環のなかに、丘の上にある酒船石と麓《ふもと》にある亀形石槽の二つの祭祀場は組み込まれていたのではないか。

酒船石のある一帯は自然の丘陵を利用して人工的に造成されたものである。このことは文献からも考古学的にもあきらかになっている（『日本書紀』、明日香村教育委員会）。尾根を平らにするために、周囲に最大三メートルほど盛土《もりど》がなされ、削られた地山《じやま》もあった。石垣に縁取られた全周七〇〇メートルの平地に、遺構は確認されていないものの、斉明は六五六年に「天宮《あまつみや》」と呼ぶ道観を建てていた（第七章3、『日本書紀』）。

おそらく、**酒船石は天宮とセットになって道教祭祀の場をつくっていたとみてよいだろう。**

(三) 飛鳥京跡苑池

斉明が営んだ後《のち》飛鳥岡本宮(および天武の飛鳥浄御原宮)の北西部に接して東西一〇〇メートル、南北二八〇メートルにおよぶ広大な人工池があった。幅五メートルもの渡り堤により南北に分かれていたが、二つの池は堤の底で通底していた。苑池《えんち》の造営は斉明によって七世紀半ばにおこなわれ、その後息子の天武が七世紀後半に北池の改変整備をおこなっている。湧水を使った石敷き祭祀場を整備したとみられるのである(橿原考古学研究所、一九九九年から二〇二一年)。

池の底からは、桃をはじめ、栗やナツメなど十種を超える果実の種が数多くに出土した。纒向遺跡のところでも言及したが(第三章3)、**特に桃は不老不死(長生)を叶える仙果《せんか》として道教で重んじられている。**池の畔で道教的祭祀を盛んにおこなっていたとみられるのだ。

飛鳥は道教の理想郷となった

斉明と天武の母子はこぞって水の都を造ることに邁進した。飛鳥の都のここかしこに、今日では想像できないような、水がさまざまな様態を見せる道教的景観が現出していたのである。いち早く飛鳥が水の王朝の都であったことを指摘したのは歴史地理学の千田稔《せんだみのる》である(『飛鳥――水の王朝』)。

水は決まった形をもたず、形ある物に合わせて存在し、そして一カ所にとどまらない。道教においては自然から学ぶ人のあるべき姿を体現するのが水であった。水は道教の根源を象徴するものであり、道教経典となった『老子』は繰りかえし水に言及している。例えばつぎのようだ（第八章。第七十八章、拙訳）。

最上の善は水のごとし（「上善如水」）。水の善いところは万物を利して争わざるにある

水よりやわらかく弱々しいものはない。だが、固く強いものも水に浸食されれば抗いようもない

このように水は道教のエッセンスを伝える最高の存在であった。天から降りて来る水、地から湧いて来る水、そうした聖なる水が流れ、巡る飛鳥の祭祀場群と苑池――。**飛鳥は〈斉明―天武〉の母子二代が実現した道教の理想郷であった。**

3　三極は密やかな天皇ブランド

〈斉明―天武〉の母子が飛鳥の都に道教思想を持ち込み、水と亀による理想郷を築いたことを前節で見た。『日本書紀』によれば、巨大な水利・土木工事に駆り出された庶民は反発し、斉明の大事業を「狂心《たぶれごころ》」の仕業と罵った。だが斉明はそんな声に聞く耳をもたず、悦に入っていたの

であろう。しかし息子の天武はそこに安住してはいられなかった。都が満たさなければならない国際スタンダードを飛鳥が叶えていたわけではなかったからである。さて、その国際スタンダードとは何か？

中国に発する東アジアにおける国際スタンダードでは、自然発生的に成長した都市では甚だ不充分であった。都は最初から全て明確な理念にもとづいて、徹底的に計画された都市でなければならなかったのである。具体的には、都は壮大な規模で正方形という明確な輪郭をもち、街路は碁盤目状をなしていなければならない。そして、その中心に皇帝（天皇）の宮があるのが理想とされた（と天武と持統らは信じ込んだ。**図5**）。

これを実現するには狭い飛鳥を抜け出て、あらたな土地に進出して都を築かなければならなかった。そうして実現したのが、天武が発願し、持統が引き継いだ藤原京であった（**図6**）。

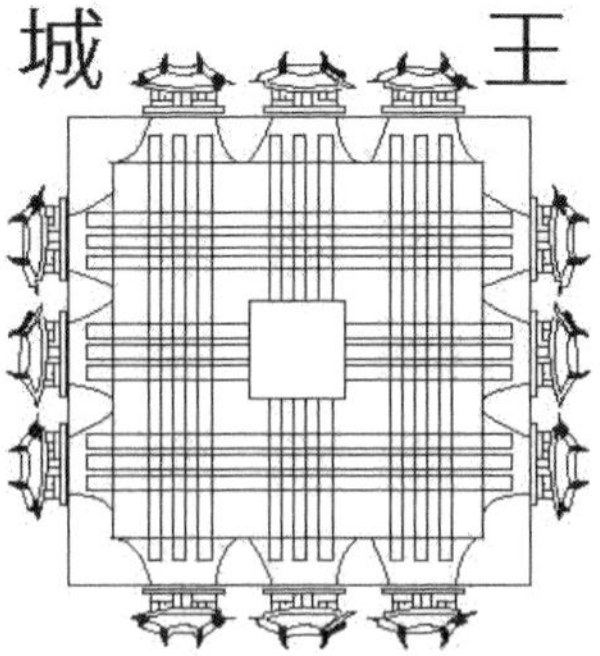

図5　中国理想都市模式図（佐川英治『中国古代都城の設計と思想』より）

その中に、国家の大寺として、百済大寺の後身たる大官大寺（第五章3）と薬師寺（本薬師寺）が、厳密な対称とは言えないまでも東西に対置され、並び立った。国家をささえる大寺として六八〇年に飛鳥三大寺（飛鳥寺、大官大寺、川原寺）が成立したが、藤原京の成立にともなって薬師寺が加えられ四大寺となった。川原寺は中大兄王子、のちの天智が母斉明を葬った寺である。

このように表向き、鎮護国家の大役が託されたのは仏教

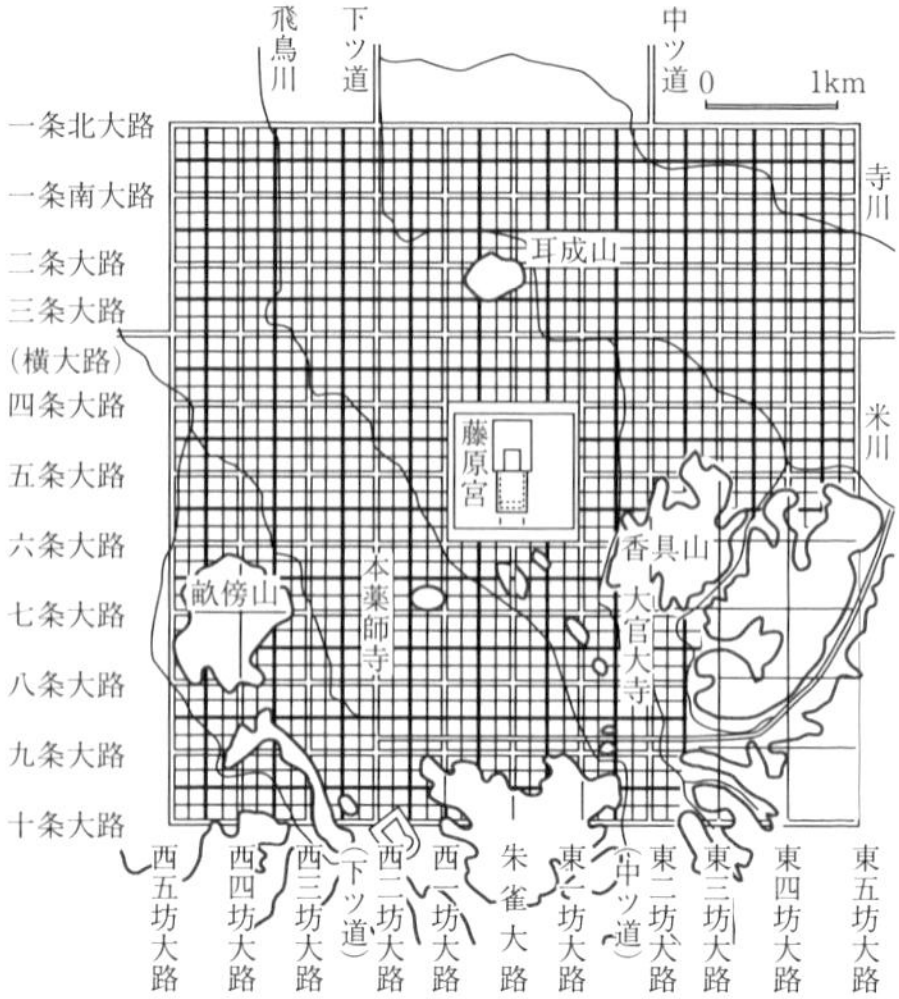

図6　藤原京／復元想定図（木下ほか編『古代の都Ⅰ 飛鳥から藤原京へ』吉川弘文館）

伽藍であった。しかし天武は薬師寺伽藍のなかに、あたかも伏流として、母親仕込みの道教思想を注入した。それが〝密《ひそ》やかな天皇ブランド〟というべき三極である。

薬師寺とつながる伊勢神宮

薬師寺と伊勢神宮では、同じ木造でありながら、どこを取っても、これ以上ないくらいにかけ離れていると感じられる。工法も、規模も、仕上げも彩色も、さらには置かれた環境もだ。

表面的には確かにそうだ。しかし注意深く見れば、薬師寺と同様に、伊勢神宮でも三極が聖域空間を引き締めている。

いや、伊勢神宮では薬師寺以上に緊迫感が支配しており、空気がピーンと張り詰めている。スケールが小さいだけにその分、三極の在りようが一目瞭然で、ここに強烈な国家意思が込められていることがひしひしと伝わる（**本書カバー表写真**。伊勢神宮の写真集は数多いが、三極構造を的確に撮ったのは渡辺義雄だけである）。同時に、深い森の奥深くに鎮まることによって、あからさまに露出させせない品格をもち合わせている。

伊勢神宮と薬師寺は深いところで、つまり三極構造においてつながっている。それは国家の意思であるとともに、国家を主導する天皇持統の妥協を知らぬ強靭な意思にほかならない。**三極構造は整いつつある律令国家と持統王朝の礎として位置づけられ、薬師寺と伊勢神宮に導入されたのである。**薬師寺と伊勢神宮は律令国家と持統王朝の樹立に向かう、いわば〝車の両輪〟だったのだ。

薬師寺から転移した三極

薬師寺がモデルとした新羅の四天王寺は（第九章1）、天武が薬師寺を発願した前年の六七九年八月に完成した。新羅から伝わった伽藍配置の最新情報、すなわち三極構造が直ちに薬師寺に採り入れられた。これだけなら、分かりやすい話だろう。しかし話は意外な展開を見せる。

三極構造は寺社の境界をやすやすと越えて直ちに伊勢神宮に転移し、前例のない社殿配置が生まれた。なんと寺から神宮に転移したのである。それは六九〇年九月、持統が主導した初の式年遷宮においてであった。神仏分離の世界に住む現代の我々が、驚きにも似たなんとも不思議な気分になるのも無理はない。これは瞠目すべき出来事ではないか。

結果こそ、効果こそ全てに優先される――。そこに神道、仏教、道教の区別はなかった。

薬師如来を本尊とする薬師寺。

皇祖アマテラスを祭る伊勢神宮。

この二つを同じテーブルの上に載せるとは、現代ではだれも思いつかない、極めて斬新な発想に映る。だがさきに述べたように（第九章1）、伊勢神道と道教は極めて相性がよかった。また仏教と道教は中国大陸、朝鮮半島のみならず我が国でも習合しており、伽藍配置に道教哲理が反映しても一向に違和感はなかった。

ところで、伊勢神宮に三極を採り入れたのは持統だが、全てを自ら発想したとも考えにくいのも事実だろう。持統に進言した人物がいたとすれば、それはすでに述べたところだが、三十一歳ながら、朝廷に登用されたばかりの藤原不比等の名を挙げなければならない（第七章3）。

不比等の朝廷への登用は伊勢神宮第一回式年遷宮の前年の六八九年二月であった。神宮の社殿は造るのにさして時間を要しない萱葺き、掘立て柱の社殿である。翌年九月に予定される第一回式年遷宮まで一年七カ月。発想さえあれば、間に合わせることは十分に可能であった。神宮における三極構造の実現に不比等の関与があっても、すこしもおかしくない。持統の存命中、かれは徹底的に持統に仕えた。そこで高い評価を得て、朝廷で並ぶものなき存在に昇りつめてゆくのであった。

じつは不比等にゆかりの深い寺が〈一金堂＋二塔〉の三極をもっていたことがあきらかになった（大阪府教育委員会の発掘調査による。一九七一年）。柏原市田辺《たなべ》にあったこの寺は今では田辺廃寺と呼ばれるが、その造営は七世紀末から八世紀前半とみられ、薬師寺に少し遅れるようだ。時系列で見れば、田辺廃寺の三極は薬師寺の影響であったのかもしれない。

幼少期の不比等は田辺史大隅《たなべふひとおおすみ》のもとで育てられ、史《ふひと》と名付けられた。田辺氏は渡来系氏族であったから、漢籍をとおして道教関連の素養を身に着けていたことは充分に考えられる。あるいは田辺廃寺の三極にも不比等が関係していたことが考えられる。

クリエイティブな展開

伊勢神宮の社殿配置は、〈一正殿＋二宝殿〉からなる三極を構成していた。

正殿を一棟設けるのは最初から決まっていたが、先述のように、そもそも正殿の前身は宝殿であった（第七章1）。その宝殿をわざわざ二棟設けて東西に配すのは極めて特異だ。これは〈一金堂＋二塔〉をもつ薬師寺に倣い、正殿を頂点とする二等辺三角形を作るためであった。これで三極が出来る。

藤原京では本薬師寺の造営が進んでいたが、その伽藍配置を持統は伊勢神宮に持ち込んだ。宝殿を二棟設けたのは用途上の必要というよりは、朝廷がもとめるあたらしい空間構造を神宮にもたらすためであった。

広大な樹林に囲まれた聖域に出現した、聖なる二等辺三角形。

ここに見逃せない飛躍が発生していた。伊勢神宮の三極は、薬師寺に単に倣ったというレベルのものではなかった。薬師寺には塔があるが、もちろん神宮に塔はなく、これに代わるものとして宝殿が設定された。そもそも宝殿とは正殿の前身形態と言える社殿である。**その宝殿を二棟設けて二塔に対応させ、もともとの宝殿は正殿となった。**これを頂点とし、二宝殿を底辺とする二等辺三角形が形成され、その三つの頂点が三極を構成したのである。

こうしてできた三極構造は薬師寺をいわば跳躍台《ちょうやくだい》にしていた。〈一正殿＋二宝殿〉がなす三極構造は単なる模倣の結果ではなく、薬師寺の〈一金堂＋二塔〉に触発されて実現した、極めてクリエイティブな行為の結果であった。

現代の我々から見て奇妙に映るかもしれないが、三極構造は伽藍と神宮に共通する天皇家の明確なブランド価値になった。そして三極は式年遷宮をつうじて未来永劫に繰りかえされ、伝えられることとなった。さきに伊勢神宮のほんとうの価値（のひとつ）として式年遷宮を挙げた。三〇〇余年も危うい時期がつづいたものの、式年遷宮が伝えてきた密やかな最高価値として三極構造があった。

三極という到達点

それにしても持統（そして不比等）は、三極に何を見出したのか？

三棟の社殿が三角形をつくって三極を構成するのは、太子創建の法隆寺がもつ〈タテ〉の連なりとも、祖父・舒明が創建した百済大寺や父・天智の法隆寺がもつ〈ヨコ〉並びとも全く異なる。厳しく対立する〈タテ〉と〈ヨコ〉であるが、〈タテ〉にせよ〈ヨコ〉にせよ、それは一本の線に過ぎず、組織性が弱い。一つの全体として閉じていないのだ。ここで閉じるとは、組織をもつ一つの全体が完結していることをいい、本書では構造と呼ぶ。この点から言うと、太子創建の法隆寺にも、舒明創建の百済大寺や天智再建の法隆寺にも組織性・全体性があるとは言いがたく、ある種のひ弱さを免れない限界がある（この弱点を補強するために、法隆寺西院伽藍では聖域空間に柱間をモジュールとする秩序を巡らせた。前掲第三章図3）。

その限界を突破して、三極が出現したのである。

これにより建物配置に初めて閉鎖図形である〈三角形〉が生まれた。閉じた組織をもつことにより、あたらしい一つ上の次元が開かれたのである。まさに画期的な出来事であった。

そこには緊張感あふれる緊密さ、揺るがない堅固さがあった。**伽藍であろうと神宮であろうと、三極構造は国家的・記念碑的建築が備えるべき特質を内蔵していると察知されたのだ。**

では、その特質と言うべき緊密さ、堅固さの内実とはどのようなものなのか?

唐突だが、割り箸を用意して四角形作ってみよう。角はゴムで留めればよい。それは圧力を受ければすぐに変形し、平行四辺形になる。ところが三角形なら、ビクともしない。三角形には容易に変形を許さない絶対的な強さが秘められている。もちろんこれは力学上のことだが、視覚的にもそう感じられないだろうか。このような視覚の力学は、第Ⅰ部で述べたゲシュタルト心理学によって説明される（第五章4）。

結晶体を想わせる三極

二等辺三角形の頂点は、底辺をなす他の二点に対し絶対的に優位な位置にある。同時に、他の二点があるからこそ、頂点は揺るぎなく固定される。頂点に位置するのは、薬師寺では本尊薬師如来が鎮座する金堂であり、伊勢神宮では皇祖アマテラスがおわす正殿。底辺をなす他の二点とは、薬師寺では東塔と西塔であり、伊勢神宮では東宝殿と西宝殿。

すなわち、最高存在のポジションがしっかりと固定され、揺るぎなく定められたのだ。三極だけが可能にする効能である。

伊勢神宮に三極をもたらすに際し、他の神社にはない社殿配置を採ることによって差異化を図る、という意図はあったろう（第九章1）。しかしそれだけではなかった。朝廷が希求する国家を表徴するのに三極構造は、結晶体を想わせる非の打ち所のない完全さ、完璧さを備えていた。それ故、三極は薬師寺の計画に導入されるや、直ちに伊勢神宮に転移した。このようにして薬師寺と伊勢神宮は律令国家をささえる二大記念碑的建築となった。

先述のように（前章3）、薬師寺の三極構造は律令国家の揺るぎない核心を可視化した。**薬師寺から転移した伊勢神宮の三極構造は〈アマテラス＝持統〉を祖とする皇統に目に見えるアイデンティティをもたらした。**三極構造は式年遷宮をとおして〈アマテラス＝持統〉の皇統を未来につなげようとするのであった。

第Ⅲ部

皇統を定めた三極構造

ここまで法隆寺と伊勢神宮という、我が国を代表する社寺建築を中心に論じてきた。この二つの建築は世界に誇り得る第一級の文化財である。

しかしそうした表層にとどまらず、もっと深いところに、これまで見落とされてきた重要なポイントがあった。それは社寺建築の配置タイプと発願者の血筋との関係である。すなわち七世紀ともなると、天皇家の血筋は少数に絞られてきた。そこで天皇、あるいは天皇たらんとする者たちは、己の血筋のアイデンティティを社寺建築の配置タイプによって可視化した。己が血筋の権威を配置タイプに代弁させたのである。

その過程において、第Ⅰ部、第Ⅱ部で見てきたように、配置タイプは〈タテ→ヨコ→三極〉と変遷した。三極については朝鮮半島の新羅に四天王寺という先例があったが、国内での動きに目を注げば、これから詳説するように、**配置タイプの変遷は〈正《せい》→反《はん》→合《ごう》〉の運動と捉えることができ、三極は最終的到達点なのであった。**では、**三極とはいったい、どのような意味をもっていたのだろうか？**

第Ⅲ部では議論をそこまで持ってゆくことを目標とし、本書を締めくくりたい。

第十一章
建築群の配置に託されたもの

法隆寺でも伊勢神宮でも、建立の発願者が権威と品格を示すには、建築によって高度な文化性を達成することが不可欠であった。社寺建築をとおして発願者は、おのれの文化力を誇示して権威を高めた。ここで文化性とは単に芸術性というにとどまらず、ひろく方位観・世界観を含む。

振りかえれば、聖徳太子は若草伽藍において、南北を基軸とする大陸の方位観をそのまま導入した。大陸を手本として、生活と宗教に〝文明化〟をもたらしたのである。まずはそこからはじめるしかなかったであろう。

これに対し舒明は初の官寺となる百済大寺において、副軸に東西軸を持ち込んだ（第五章3）。東西軸は列島社会で長らく重視され根付いていた方位であった（第三章3）。大陸伝来の伽藍において、早くも我が国特有の方位観の復活を図ったのである。そして舒明の息子の天智は法隆寺西院伽藍において、南北基軸の中に東西基軸の方位観を最高度に洗練させて融合させた（第五章4）。これは百済大寺を礎にして初めて可能となった。我が国古来の生活と文化の伝統が伽藍のなかに導入され鮮やかに開花したのである。

しかし彼らが文化事業に終始したわけではなかった。さらに切実な欲求が発願者を動かしていたのである。これを達成するためにこそ、並みいるライバルを圧倒してしまうような名建築が生み出された。名建築は明確な政治戦略のもとに出現したのである。

文化力を駆使しての戦いとはいったい、何であったのか？

それを知るには、まず、発願者たちの切実な欲求の内実を知らなければならない。

1 文化力が政治力に転化する

七世紀当時の皇位（王位）争いを総覧しよう。

天皇の血筋は絞り込まれてきたものの、一つに収束していたわけではなかった。今日とは異なり、天皇の血筋を引く即位可能な候補者は複数名いた。后妃が多くいたから皇子の数も多かったし、后妃を送り出した有力豪族たちにも発言権が許されていたのである。また后妃を出している有力な豪族たちにとって、皇位争いは一族の命運を賭ける争いともなった。代替わりの度ごとに年齢、実力、性格、母の出自などによる総合評価にならざるを得ず、そこに政治的駆け引きの入り込む余地があった。血が流れることも少なくなかった。大王舒明誕生前夜における蘇我氏傍流の摩理勢、乙巳の変後の古人大兄、大王孝徳の長男有間王子など、犠牲者は枚挙にいとまがない（第四章2）。場合によっては、全面的な武力衝突に至ることもあった。そのよい例が、国を二分する大乱となった壬申の乱である。

「万世一系(ばんせいいっけい)」なる標語を聞くと、我々はなにか一本の太く確かな血統が初代から一直線に通っているような印象を抱きがちだ。しかし、実態は違う。この標語自体、下位公家の出身ながら幕末維新期に活躍した異能の傑物岩倉具視《いわくらともみ》による造語であり、一種の政治的スローガンに過ぎなかった。しかし、明治憲法第一条に採用されたため、「万世一系」という標語は国民の間に浸透し、人びとの思考を縛るものとなった。それは現代にも及んでいると言って過言ではない。

当時の皇位争いの実情を見るなら、そう単純に割り切れるものではなかった。兄弟間継承から父子直系継承への過渡期にあったから、**さまざまな血筋が本流になり傍流になり、複雑に絡み合っていた。**おまけに、**支援する豪族たちの利害が密接に絡んでいたから、誰が即位するかは豪族間の力関係にも左右され、なおのこと不安定であった。**

〝あるべき皇統〟を社寺建築でアピールした

熾烈な争いを経て即位した天皇は、言うまでもなく政治的な勝者である。これに安住することなく、天皇は子孫に皇位をつなげるために自らの立場を強化し、自らの血筋の権威付けに全力を傾けるのであった。そう、〝あるべき皇統は我にあり〟という必死のアピールを、社寺建築をとおしておこなったのである。それは誰に対してのものだったのか？

当時、法隆寺にしても伊勢神宮にしても、はたまた百済大寺や薬師寺にしても、一般庶民が参拝に訪れることはなかった。しかし塔はどこからでも遠望できるから庶民への訴求力をもった。塔を建てたのはもちろん、天皇をはじめ有力な王族や豪族であった。従って、掘立て柱で萱葺き屋根の住居、あるいは竪穴住居に住む多くの庶民は、塔にも、これを建てた権力者にも畏怖の念を抱いたことだろう。しかし庶民が皇位争いに直接影響を及ぼすことはなかった。

皇位争いを勝ち抜いて即位した天皇が、神社仏閣の建立に際してつよく意識したのは、やはり、**競合する皇族とこれを支援する有力豪族の動きだ**。すなわち、皇位に発言権をもち、皇位のゆくえを左右する者たちである。

聖徳太子の場合、周囲から即位を嘱望されていたが、女性大王の推古が著しく長命であったため、即位することなく没した。大王は終身、その座にあるのが暗黙のルールであり、まだ譲位の前例もなかった。このため、推古になす術はなく、茫然と見送るよりほかなかった。太子が拠点とした斑鳩と飛鳥の都を直線で結ぶ筋違道の敷設、そして斑鳩宮と対になった斑鳩寺（＝法隆寺若草伽藍）の建立には（第三章1）、太子に即位の用意があったことをうかがわせるものがある。

代表例としての法隆寺と伊勢神宮

法隆寺も伊勢神宮も、皇位争いに絡んで発願者の血筋の権威を誇示する役割を担って建立された。改めて整理しよう。

斑鳩宮と斑鳩寺（＝法隆寺若草伽藍）が隣接してセットになった景観は、聖徳太子を祖とする上宮王家の権威と権勢を無言のうちにも雄弁に可視化していた。そのような上宮王家の存在を未来永劫消すために、王家の人びとの集団自決の現場となった太子父子創建の斑鳩寺は燃やされた。代わって登場した今ある法隆寺西院伽藍は、太子と釈迦が一体化した普遍信仰の寺となった。この、大王家積年の課題に敢然と着手したのは天智であった（第四章2）。

持統即位の年に挙行された伊勢神宮最初の式年遷宮は、皇祖アマテラスが息子にではなく、孫に降臨を命じる天孫降臨神話の創作をともなって挙行された。息子亡き今、神話をもちいて孫の即位を予告したのである。それは次々に年齢条件を満たしてくる、天武の息子たちの即位の可能性を消すためであった。

これを主導したのは自らをアマテラスに擬し、初めて〝神として〟即位した天智の娘持統であった（第六章2、第七章2）。もちろん、一人でなし得るものではない。強力にサポートし、それどころか率先して推進したのは最側近である藤原不比等であった（第七章3）。

このように今ある法隆寺の造営を主導したのは天智天皇であり、伊勢神宮の式年遷宮を主導したのは不比等に支えられた持統天皇であった。**天智と持統という父と娘こそ、建築から見ても、天皇制樹立の要の役割を果たしたと言えるのだ。**

神的権威をもつ天皇への転換

熾烈な皇位争いのなかで建立された今ある法隆寺と伊勢神宮には、背景は異なるものの共通する点があった。天皇、ないし天皇たらんとする者たちは、文化力を駆使して記念碑的社寺建築を建立したのである。これらは競合する他者へのこのうえない示威行為となった。すなわち、血筋の異なる皇族集団や有力豪族たちに文化性の高い記念碑的社寺建築を見せつけることによって、無言のうちに対抗者を圧倒し、あわよくば意気を阻喪させる、そして周辺豪族たちを自らになびかせることを狙った。天皇たちはそうすることにより、自らの権威をアピールした。併せて、権威の源泉である血筋の正統性を社寺建築によって可視化したのである。

七世紀後半というこの時期は、大王から天皇への脱皮が図られた時期である。すなわち、後継を決めるごとに有力豪族間の協議（談合）、場合によっては武闘を経て即位する大王から、**天孫降臨神話によって血筋が権威付けられた天皇への転換である。この神話の成立は、並み居る豪族たちの後継指名についての発言権を大きく制限し、あるいは排除するものであった。**すなわち、天孫降臨神話が天皇制樹立の礎となったのである。じつに巧妙な政治的戦略であった。

その後の歴史を見れば、記念碑的社寺建築は充分に所期の目的を果たした。建立された神社仏閣は発願者の血筋の権威を高め、ひいては子孫の即位の正統性をつよく主張するのであった。文化力が政治力に転化し、それは充分に功を奏したのである。

それはまさに「日本」という天皇制国家が船出の準備を進め、まさに帆を上げようとしていた時であった。法隆寺、伊勢神宮そして百済大寺、薬師寺は張られた帆いっぱいに「日本」丸に順風を送り込んだのである。そして八世紀初頭、「日本」丸は静かに出帆した。「日本」という国号も、〈皇太子―天皇―上皇〉の三世代からなる天皇制システムも、律と令の揃った最初の律令「大宝律令」もこの時生まれた（律は刑法、令は行政法）。

今日につながる天皇制は「神武天皇」からではなく、まさにこの時に実質をともなって確立したのである。

2　建築群の配置タイプと血筋

天皇たちによる神社仏閣の建立には、祈る・祭るという表にあらわれた目的だけでなく、建立によって発願者の権威を示すという隠された本音があった。これら社寺建築が複数の建築群から成り立っていることに本書は注目してきた。もちろん、個々の建築物はそれだけでも興味深い。しかしそれ以上に境内の空気を決定づけるのは建築群のレイアウト、その配置である。

——境内を歩く時、歩みを進めるにつれ、建築群はさまざまな相貌《そうぼう》をもって現れてくる。しかし時間が経過すれば、ある一つのまとまりをもった建築景観であることが自ずと了解される。空間的な経験が時間によって濾過されてくるのだ。やがてそれは脳裏に沈殿し記憶される。このことは読者諸氏の体験からも納得していただけるのではないだろうか。

このように境内の建築群の印象を決定づける配置であるが、これにはいくつかのタイプがあった。社寺建築の配置タイプは驚くべきことに、皇位を争う血筋に対応していた——。

配置タイプと血筋の可視化

皇位を争う血筋は建築群の配置タイプによって可視化されていた。その対応関係を改めて整理すると、

〈タテ〉系＝〈南北タテ一列〉：〈聖徳太子─山背大兄〉＝上宮王家
〈ヨコ〉系＝〈東西ヨコ並び〉：〈舒明─皇極・斉明▼─天智〉＝押坂王家
〈三極〉系＝〈三極〉構造　：〈天武─持統▼〉＋〈天智─持統▼─文武〉＝持統王朝

それぞれの配置タイプの由来を整理すると、〈タテ〉系とは百済から直輸入した配置タイプである。具体例として太子創建の法隆寺若草伽藍、四天王寺が挙げられる。

〈ヨコ〉系とは〈タテ〉系のあとに出現した我が国特有の配置タイプで、〈タテ〉系を真っ向から否定する。具体例として舒明・皇極の百済大寺、息子天智による今ある法隆寺西院伽藍が挙げられる。

〈三極〉系とは新羅から入った配置タイプである。朝鮮半島からの直輸入だが、〈タテ〉系と〈ヨコ〉系を統合したと位置づけることができる。具体例として天武・持統の薬師寺、持統の伊勢神宮が挙げられる。

天智による法隆寺はヨコ系に分類されるが、中門の巨大化によって中門、金堂、五重塔の三極が生まれていた。偶発的ながら注目される（第五章４）。

興味深いのは、〈タテ〉系を否定して〈ヨコ〉系が出現したこと、そしてタテ系とヨコ系を統**合して〈三極〉系が出現したことだ**。新羅の四天王寺情報が切掛けになったが、国内における一連の動きとしてみるなら、〈正 ↓ 反 ↓ 合〉の弁証法的運動がはたらいていたと考えられる（後掲第十三章1図解）。

逆に言えば、普遍的な〈正→反→合〉の運動が〈タテ→ヨコ→三極〉の運動として現れたと言えようが、このような事例は世界中見渡しても見当たらない。それは〈ヨコ並び〉配置を我が国以外で見ることができないことに起因するようだ。この配置タイプは我が国特有なのだ。ということは、百済大寺や法隆寺における〈ヨコ並び〉配置の出現は、特段の文化的価値をもつと言えるだろう（著者関連文献＊1の執筆過程で、〈ヨコ並び〉配置の事例を海外にもとめたことがある。アジアはもちろん、ヨーロッパにも範囲を広げて探したが徒労に終わった。そのなかで唯一、確認したいと思う事例があった。それはインド西南部の町ビジャープルにあるイスラム建築で、名はイブラーヒム・ラウザ。モスクと霊廟《れいびょう》からなる複合体である。行ってみて、モスクと霊廟は並ぶというよりはガッチリと向き合っており、挟まれた空間にはビシッと強烈な軸線が通っていた。およそ法隆寺の伽藍配置がもたらす空間性（空間印象）とは異なるものであった）。

あたらしい系譜の生成

七世紀において、皇位争いにかかわった天皇（ないし天皇たらんとする者）たちの血筋はつぎのようだ。

〈聖徳太子→山背大兄〉　＝父から子へ
〈舒明→皇極▼〉　＝夫から妻へ／叔父から姪へ（前掲系図）

〈斉明（＝皇極）▼→天智〉＝母から子へ
〈天智→天武〉＝兄弟間継承
〈天武→持統▼〉＝夫から妻へ／叔父から姪へ
〈持統▼→文武〉＝祖母から孫へ

血のながれはさまざまである。〈父から子へ〉という父子直系継承が〈聖徳太子→山背大兄〉の一例しかないのに驚く。しかも皇位に届かなかった例だ。天智から天武へという兄弟間継承においては、古代最大の内戦、壬申の乱が発生している。けっして平坦な道のりではなかった。系譜間相互の関係は、つぎのように読み取ることができる。

〈舒明→皇極・斉明→天智〉の系譜は、〈聖徳太子→山背大兄〉の系譜を全否定した。そして旧来の**〈舒明→皇極・斉明▼→天智〉の系譜が、〈天武→持統▼〉の系譜を呑み込んで生まれたのが、〈天智→持統▼→文武〉の系譜であった。**天武の系譜は本流となることなく、呑み込まれたのである。重要なのは、再三言うように、持統が天智の娘であることだ。この出自がなければ、持統を神格化して皇祖神に擬することはできなかったであろうし、持統王朝の樹立もなかったであろう。

持統の方針転換──天智系／天武系を超えて

古代天皇の系譜を歴史学では一般に「天智系」と「天武系」に二分する。これは単純に割り切り過ぎていないだろうか。例えば持統天皇の場合、女性天皇であることから「中継ぎ」とみなされ（井上光貞「古代の女帝」ほか）、その即位はもっぱら天武の血をつなげるためとだけみられてきた。つまり持統を「天武系」の枠内に押し込んでなんの痛痒《つうよう》も感じてこなかったのである。

激しく対立した父天智天皇と夫大海人皇子を前にして、鸕野皇女は夫を採る。そして大海人皇子（のちの天武）とともに弟である大友皇子を破り（壬申の乱）、皇后の座を獲得した。しかし鸕野は天武の皇后である以前に、天智の娘であった。このことが天武の没後の皇后のふるまいにより公然となる。皇后（のちの持統）の執念というべき方針では、天武の後継は持統が産んだ子でなければならなかった（第七章2）。実際、年齢条件を満たして次々に輩出してくる天武の皇子たちを持統は悉く排除してゆく（詳しくは次章）。この事実は非常に重い。この点だけでも、持統を天武系に入れるのは無理がある。

天武の皇子たちを排除しつづけた持統にとって、権威の源泉は夫天武ではなく父天智にもとめるしかない。このように矛盾に満ちた荒業《あらわざ》は、〝神として〟即位した持統だからこそ、初めて可能となった。ここに天武系を天智系が呑み込む〈持統王朝〉が誕生するのである（次章でさらに詳述）。

天智の遺志を踏みにじって即位した天武、そして持統であったが、天武が六八六年に没した後、持統は方針を転換し、夫天武に代えて父天智を選択した。この点を歴史学主流は見失っているようにみえる。この選択には、天智の最側近であった父をもつ藤原不比等の影響があったと考えられる。実際、不比等の父である藤原鎌足は天智天皇の最側近であったから、天智の称揚は藤原氏にとっても大いに利とするところであった。

天武が没し、そして六九七年に孫への譲位を果たした後、持統は父天智の顕彰に努める。百八十度、方針を転換したのである。

これを例証するのが譲位して二年後の六九九年に着手した、天智陵の「営造《えいぞう》」(『続日本紀』)である。持統上皇は、二十七年前の壬申の乱の勃発によって中断され、放棄されていた工事を復活させ、天智陵を完成させたのである。(御廟野《ごびょうの》古墳、京都市山科《やましな》区)。同時に、天智の母であり、持統の祖母である斉明陵も「営造」された(牽牛子塚《けんごしづか》古墳、奈良県明日香村)。それらは〈斉明▼↓天智↓持統▼〉の系譜を改めて周囲に念押しするものであった。すでに見たように、斉明陵も天智陵も八角墳で「営造」された(第五章2)。

さらに七〇二年、持統は天智と天武の命日を国忌《こき》とした(『続日本紀』)。この日は朝廷での政務を全日おこなわないとしたのである。天武存命中なら、天智の命日を国忌とすることはありえなかった。

天皇制システムの確立——孫への譲位が意味するもの

持統が天武の皇子たちを排除して文武に譲位し、自ら上皇になった時、言い換えれば、天智を淵源とする持統王朝が確立した時、〈天武から持統へ〉という「天武系」のながれは行方を失う。「天武系」は〈天智↓持統▼↓文武〉という〝あたらしい天智系〟というべきながれに合流し、持統王朝に吸収されるのであった。ここに生まれた王朝は「天武系」と旧来の「天智系」を統合したのである。本書は、持統即位の時点で持統王朝が誕生し、持統が文武に譲位し自ら上皇になった時点で確立したとみなす（持統即位式については次章1、文武即位式については次章2）。

生前譲位は持統にはじまったわけではない。乙巳の変が起きた時、大王であった皇極が弟の孝徳に譲位している。だが孝徳が没すると、皇極は再び即位した（斉明として重祚）。そもそも弟への譲位は世代交代を図るものではなかった。この意味で、持統による孫への譲位は皇極の場合と決定的に異なる。

持統は譲位後の地位を「太政天皇」（＝上皇）と大宝律令に書き込んだ。上皇という地位は我が国特有であり、他国にはない。〈皇太子―天皇―上皇〉が三世代にわたるものとして規定されたのである。その意味するところは大きいと言わねばならない。上皇の存在は未熟な天皇を可能にした。**天皇制が三世代で回るシステムになったことにより円滑に回り、血のながれは大いに加速されることとなった。**

3　配置タイプと皇位争いの現実

すでに述べたように、「万世一系」という標語は結果を過剰に単純化するワンフレーズ・ポリティクスの産物である。もちろん、古代の人びとにそのような観念はなかった。それでは、高貴な血筋を人びとはどのように認識していたのだろうか？

血筋を伝える系図はあっても、それは公示されるものではなく系譜内で私蔵されるものである。そもそも血筋とは見えないもの。だが建築配置は一目瞭然だ。建築配置と血筋の間に対応関係が容易に見出されるなら、神社仏閣の建立によって見えない血筋を公にすることができる。すなわち、天皇ないし天皇たらんとする者たちは社寺建築の配置タイプをとおして己の血筋を可視化し、権勢と権威をアピールしていたのだ。

俯瞰的に見れば、概ねこのように言えるだろう。だが実際にはどうであったのか？　言い換えれば、社寺建築の配置タイプと連動して、現実の皇位争いはどのように決着していったのか？　これを改めて総覧しよう。

〈タテ〉系配置タイプ――〈聖徳太子―山背大兄〉の系譜

〈タテ〉系配置タイプに対応する〈聖徳太子 ↓ 山背大兄〉の系譜は、宗教的崇敬の対象となった聖徳太子を祖とする（第三、四章）。太子は蘇我の血を濃厚に引いていた。

歴史学は大王の世襲は欽明からはじまったとみているが（第五章2）、その長男である敏達の蘇我氏濃度はゼロだった。しかし直後に即位した用明、崇峻、推古は敏達とは母親違いの弟と妹であり、みな蘇我氏の血を引いている。すなわち、用明と推古の母は蘇我稲目《いなめ》の娘の堅塩媛《きたしひめ》であり、崇峻の母はその妹の小姉君《おあねのきみ》であった。

また聖徳太子は用明、崇峻、推古ら歴代大王の蘇我氏濃度を大きく上回っていた。太子の父は用明で、父方の祖母は蘇我堅塩媛であり、母方の祖母は蘇我小姉君。そして山背を産んだ刀自古《とじこ》郎女《いらつめ》も蘇我馬子の娘だから、息子の山背は太子よりさらに蘇我氏濃度を増していた（前掲系図）。

それにもかかわらず、太子が没すると、山背を筆頭とする上宮王家は蘇我氏からも、大王家からも疎んじられ、その傾向はつよくなる一方であった。山背大兄はなぜ、それほどまでに蘇我氏と大王家に遠ざけられたのだろうか？

太子は拠点とする斑鳩宮の隣に、斑鳩寺（＝法隆寺若草伽藍）の金堂を建立した。宮と寺が隣接して対をなすのはそれまで大王の宮にもなかったことだ。太子の没後、長男の山背は五重塔を建立し、太子が意図していた宮と伽藍が対をなす壮麗な建築景観がここ斑鳩に初めて出現した。それはこれまでにない威容を誇ったから、上宮王家の権勢をいっそう高めた（第三章）。

名声と崇敬を一身に集めていた父の威光を背に、山背大兄は自己の過大評価に陥っていた嫌いがあった。言動にも、周囲の空気を読まないところがあったようだ。この時代はまだ皇太子制度はなかった（前掲第四章2）。しかし周囲から嘱望され即位が見込まれていたにもかかわらず父は没した。その父に代わり、この自分が即位して当然とのつよい自負があった。これを懸念し憂慮したのであろう、死期を悟った大叔母の大王推古は（この時七十五歳）、枕頭に山背を呼び寄せ、つぎのように諭している（『日本書紀』拙訳）。

「汝は未熟で、大人になり切れていない。言いたいことがあってもそのまま口に出すものではない。必ず群臣の意見に耳を傾けるのですよ」

もう一人の候補者であった田村王も時を違えて枕頭に呼ばれたが、彼にはこのような戒めはなく、推古は間接的ながら田村王を後継に推していたとみられる。推古の没後、後継大王の座を争う山背の言動を見ると、態度を改めたようすは見られない（第四章2）。父の教え（例えば捨身飼虎）を頑なに守る山背と、大王の座に異様なまでに執着する山背のギャップは大きい。それ故、蘇我氏からも大王家からも疎《うと》んじられ、遂に上宮王家は集団自決に追い込まれるのであった。

〈聖徳太子 → 山背大兄〉の系譜を否定する勢力は、上宮王家の権勢の表徴となっていた斑鳩寺（＝法隆寺若草伽藍）の〈タテ〉系配置を全否定した。このことを示すのが、つぎに出現する〈ヨコ〉系伽藍配置タイプである。

〈ヨコ〉系配置タイプ——〈舒明—皇極・斉明—天智〉の系譜

金堂と塔が東西ヨコに並ぶ配置タイプの出現は、まず文化面において特筆すべきことであった。南北基軸を基本とする大陸伝来の伽藍に、列島社会に根付いていた東西軸が副軸として初めて導入されたのである。これは画期的なことであった（第三章2、3）。

しかし、そのような文化的動機だけで物事は進まない。〈ヨコ〉系配置タイプの採用には、先行する〈タテ〉系配置タイプを全否定する政治的な動機があった。

〈タテ〉系配置を実践していたのが上宮王家、すなわち〈聖徳太子 → 山背大兄〉の系譜である。太子亡きあとの上宮王家と厳しく対立していた蘇我氏や大王家からすると、この系譜を王統から遠ざけるには、上宮王家の権威の張り付いた〈タテ〉系配置を全否定するのが極めて有効であった。**〈タテ〉系を真っ向から否定する〈ヨコ〉系を出現させる――**。このことによって、上宮王**家の権威を低下させ、面子を潰そうというのである。**

〈タテ〉系配置を真っ向から否定して〈ヨコ〉系配置を実践した大王家は、蘇我氏とも、また蘇我の血が濃厚な上宮王家とも一線を画す押坂王家であった。この王家は蘇我氏の血を全く引いていない（非蘇我系）。具体的には敏達を祖とする、〈舒明↓皇極・斉明▼↓天智〉の系譜である（前掲第四章系図、第五章2）。

〈ヨコ〉系配置が最初に適用されたのは、舒明が発願した百済大寺であった。初の勅願寺として前代未聞の巨大さを誇ったが、デザイン的には、残念ながら全体としてのまとまりに難点があったことは否めなかった（第五章3）。

このような百済大寺を改良し、〈ヨコ〉系配置に初めてデザイン上の成功をもたらした伽藍こそ、舒明と皇極の息子、天智による法隆寺西院伽藍であった。成功の要因は、百済大寺に二つあった中門を合体させて巨大化し、（結果的に）中門・金堂・五重塔の三極を伽藍にもたらしたことにあった（第五章4）。

〈三極〉系配置タイプ――持統王朝の誕生

建築配置における〈タテ↓ヨコ↓三極〉の三段階のそれぞれにおいて、これまで見てきたように、皇位を子孫につなげようとする発願者の意図がはたらいていた。

〈ヨコ〉系配置に対応する〈舒明↓皇極・斉明▼↓天智〉の系譜は、〈夫↓妻↓息子〉

である。

〈三極〉系配置に対応する系譜は〈天武→持統▼〉という天武系のながれにはじまったが（本薬師寺）、天武の没後に〈天智→持統▼→文武〉の系譜に転換された（伊勢神宮）。ここに、**持統を結節点（結び目）として血のながれが乗り替えられた**。持統王朝が誕生したのである。

大王・天皇の系譜はここまで蘇我の血を排してきたが、持統に至って蘇我の血が入った（持統母方の祖父は蘇我倉山田石川麻呂であった）。そして〈夫→妻〉の系譜は〈父→娘→孫〉の系譜に合流し統合された。この時、夫の天武は傍系と化すのであった。

〈ヨコ〉系配置と〈三極〉系配置、この二つの系列は異次元の関係にあったが（終章1にて詳説）、天皇たちの系譜はこのように統合されたのである。

系譜の転換にともなう〈ヨコ→三極〉の転換は以上のように俯瞰できる。しかし実際には骨肉相食む人間模様が展開され、現実に多くの血が流された。

〈天武→持統▼〉と〈天智→持統▼→文武〉の二つの系譜は、天智の息子の大友と、天智の兄弟である大海人（のちの天武）が皇位を争った壬申の乱を境に、抜き差しならぬ敵対関係に陥った。しかし天武が没するや、後継の座をめぐって事態は全くあたらしい展開を見せる。そこに持統の強烈な個性と存在感があった。これを見ることにしよう。

第十二章

血のながれを加速させて本流に

前章で〈タテ〉系、〈ヨコ〉系および〈三極〉系配置と天皇の系譜との対応関係を図式化して解釈を加えた。

ところが三極系で問題となる天智、天武、持統の三者の関係になると、事は一筋縄ではいかない。そこには屈折した血みどろの人間模様があった。俯瞰や図式では語り切れない、なまぐさく泥臭い欲望が渦巻いていたのである。その実相を知るには地上に立つ人の眼（アイレベル）において、三者の間の骨肉の関係に分け入らなければならない。ここからは歴史記述ではタブーとされる、心の内に分け入る表現が頻出することをあらかじめご了承いただきたい。

1　持統王朝の誕生

天智、天武、持統の三者が複雑に絡み合った関係を解きほぐす鍵は、これまでも強調してきた、父天智と娘持統の関係にある。夫天武の逝去を境に、**持統は父との関係を、敵対から尊崇へと、**

百八十度方向を変えるのであった。これをよく見ないと表面的な理解に止まってしまう。

妻の決断——壬申の乱

壬申の乱を振りかえろう。

まずは乱を起こした大海人皇子の妃の一人、鸕野《うの》皇女の決断から——。

天智朝において、大海人皇子は天智の後継者とされていたという。『日本書紀』には「皇大弟《ひつぎのみこ》」「東宮皇大弟《ひつぎのみこ》」と表記する箇所もある。確かにこうした表記は、後継を予定されている天皇の弟を意味しているとみられるし、「東宮皇大弟《ひつぎのみこ》」となると、東宮は皇太子の宮あるいは皇太子そのひとを意味するから、後継者であることをさらに強調している。その箇所はつぎのようだ。

六六九年十月、

> 天皇、**東宮皇大弟**を藤原内大臣《うちつまへつきみ》の家に遣《つかは》して、大職冠《だいしきのかうぶり》と大臣《おほおみ》との位とを授《さづ》く。**仍《よ》りて姓を賜《たま》ひて、藤原氏**とす。

重い病に伏した天智最側近の中臣鎌足の家に大海人皇子を使いに出したくだりである。藤原姓を賜ったとは、天皇が姓を与える存在であったことが分かるエピソードである（第七章2）。この時、以後千年以上の長きにわたって天皇とともに我が国を統治する藤原氏が誕生したのである。なお鎌足は翌日息を引き取る。この時、息子の史《ふひと》、のちの藤原不比等は十一歳の少年であった。

さて天智は晩年に至り、後継指名の考えを翻《ひるがえ》した。大海人皇子ではなく、息子の大友皇子としたのである。最後になって親の本能が出たのだ。もっとも時代は唐に倣って、兄弟間継承から父子直系継承に移る過渡期にあった。この点で天智晩年の心変わりは時宜《じぎ》にかなう、〝あるべき〟継承のかたちを示すものでもあった。

天智は六七一年九月、重い病の床に伏す。翌月、最期が近いと悟った天智は大海人を枕頭《ちんとう》に呼び出し、後継に指名すると言う。だが、うっかり受託しては謀反《むほん》のこころありと、捕らえられる危険がある。そう察知した大海人は剃髪《ていはつ》して吉野に籠ると宣言、直ちに実行に移す。時期を見て反転攻勢に出る、というのが大海人の秘めたる決意であった。

この、大海人の決意を前にして、妻の鸕野《うの》はどう決断するか。この時点で鸕野はまだ皇后になっていない。ともに大海人の妻となっていた皇后の第一候補、姉の大田皇女《おおたのひめみこ》は六六七年にすでに亡くなっていた。夫の吉野行に同道し、機を見て、母親違いの弟大友率いる近江朝庭を倒せば皇后になれるではないか！　それとも身の安全のために近江に止まるのか……？

じつは父天智に対し、屈折した複雑な思いを抱く鸕野であった。その根は深い。『日本書紀』によれば、蘇我倉山田石川麻呂の娘であった母は無残な目に遭っていた。乙巳の変の四年後の六四九年、父石川麻呂を無実の罪で極刑に付され、しかも遺体は無残にも切り刻まれたのだ。これは父、中大兄王子（のちの天智）が下した処断であった。嘆き悲しんだ母は病に伏して衰弱死する。わずか五歳の幼き日に母を失った鸕野にとって父中大兄は母の仇《あだ》同然であり、夫大海人が起こした壬申の乱に同道する要因にもなった。

鸕野が皇后になったのは戦勝後である。勝敗の行方が未知であった状況下、大海人に同道した鸕野の尋常ならざる決意のほどがうかがえる。大海人、のちの天武には十人の妃がいた。大津皇子の母で有力な皇后候補であった大田皇女は四年前に早逝している。吉野行に同道して戦《いくさ》に勝利するなら、自分が皇后になれると鸕野は見越していたのであろう。『日本書紀』の吉野行の記事に幼い忍壁皇子《おさかべのみこ》の名もあることから、その生母㯮媛娘《かじひめのいらつめ》も同道していたと判断されるが（寺西貞《てらにしさだ》弘《ひろ》『天武天皇』）、天智の娘という出自からして鸕野が圧倒的優位にあった。

天武の赤色革命――壬申の乱（2）

ところで『古事記』序文と『日本書紀』は、六七二年に勃発した壬申の乱において大海人軍が戦場で赤旗をはためかせ、兵士は赤色を身にまとっていたと強調する。なぜ、赤旗なのか？

これは漢王朝の初代皇帝、劉邦《りゅうほう》が戦場で赤旗をもちいた故事に倣うものだった。中国発祥の五行説によれば（第九章1）、赤は火の色、すなわち革命の色である。大海人にとって壬申の乱は、あたらしい王朝を開く〝革命〟であったのだ。壬申の〝乱〟と我々は呼び慣れているが、大海人の意識にあっては革命であった。当時は兄弟間継承が一般的であったが、すでに天智は後継に息子の大友皇子を指名し、補佐体制も固めていた。『日本書紀』は大友の即位を言わないが、大友を首班とする近江朝廷が成立していた可能性は充分にある。

天智が没したのが六七一年十二月三日、大海人が蜂起したのが翌年六月二十二日。この間に大友が即位していない理由を見つけるのは困難というものだ。『日本書紀』編纂の最終責任者は、天武の皇子である舎人《とねり》親王であった。**大友即位の事実を書けば、父は朝敵《ちょうてき》になってしまう。**やはり『日本書紀』はこの事実を隠蔽しているとみてよいのではないか。天皇となっていた大友率いる近江朝廷を、大海人は軍事力で打ち破った。その行動はまさしく革命であったのだ。

もっとも、大友皇子の母は伊賀の豪族から差し出された采女《うねめ》であったから身分が低く、そこに大友の弱点があった。しかし、だからと言って大海人皇子の行動を正統化できるものではない。なお当時、諸国を支配する豪族の娘のうち容姿端麗な者を朝廷に差し出す風習があり、そうした女性を采女と呼んだ。また『日本書紀』によれば、天武即位の六七三年、済州島（現・韓国）は耽羅《たむら》からの使者に朝廷はこう伝えている（傍点著者）。

「天皇、新《あらた》に天下を平《む》けて、初めて即位す」

天武こそ初代天皇であり、革命を達成したと主張していたのである。

壬申の乱において天武は、首を吊って死を遂げた大友皇子の首実検にまで突き進んだ（享年二十五）。自ら命を絶った皇族への、リスペクトを微塵も感じさせないこの行動からも、従来の皇位争いにはない苛烈な革命の意識があったとみられよう。**皇族の頭と胴体を切り離した行為は前例のない苛烈さであった**（倉本一宏『壬申の乱』）。

歪な兄弟関係

「帝紀及び上古の諸事」をあきらかにすべく、『日本書紀』の編纂を命じたのは天武天皇であった。しかし肝腎の天武の生年の記載はなく、不詳である。『日本書紀』は天智と天武の両親を舒明と皇極（＝斉明）と記し、天智を兄、天武を弟とするが、本書では二人の関係を単に兄弟関係と表記してきた。年齢の上下について疑問が消えないからだ。

中世に成立した文献、『一代要記《いちだいようき》』（鎌倉時代末〜南北朝時代初期）、『本朝皇胤紹運録《ほんちょうこういんじょううんろく》』（室町時代の一四二六年に成立し、その後一八世紀末まで書き継がれた）によれば、天武が天智より四歳年上になる。このことはこれまで古代史において再三指摘されてきたし、著者も論及してきた（著者関連文献＊5、7）。歴史学では主に、これら中世の文献より『日本書紀』のほうが編纂時期が近いという理由で、中世文献は信ずるに足らずとされてきた。

『日本書紀』によれば、皇極は舒明とは再婚であり、「漢皇子《あや》」という連れ子がいた。この「漢皇子」、名が一回出てくるだけで、その後全く言及されず、消息不明となる。じつを言うと、この皇子こそ大海人皇子、すなわち天武天皇ではないのか、というのが本書の見立てだ（同様の見解に立つ論著に大和岩雄《おおわいわお》『日本書紀成立考』など）。そうなると、言うまでもなく天武が年上となる。天武と天智が父親違いの兄弟なら、両者の間の複雑で特別な人間模様も解けてくるように思える。例えば、藤原氏に伝わる『藤氏家伝《とうし》』にはつぎのようなエピソードがある（要約）。

琵琶湖のほとりに建つ楼閣《ろうかく》で開かれた天智主催の酒宴の席――。宴たけなわの時、何を思ったか大海人が突如長い槍《やり》を床板に突き立て、槍は板を貫いた。面前での無礼なふるまいに驚き激怒した天智がその場で大海人を殺そうとしたが、最側近の鎌足がつよく諫めて辛うじて事なきを得た。

琵琶湖のほとりということから、時は近江《おうみ》に遷都した六六七年以後と分かる。『日本書紀』に六六八年五月、蒲生野《かまふの》（滋賀県蒲生《がもう》郡）にて狩りをした記事があり、大海人も従っている。天智と大海人が決裂寸前にまで至ったのは、この狩りの後に設けられた宴の席でのことであった。大海人が乱暴狼藉《らんぼうろうぜき》をはたらいた原因は不明だが、すくなくとも天智に対する不満が爆発したのは確かだ。天智即位の直後に起こした面前での常軌を逸した行為は、後継は自分であったはずなのに、天智の本音が大友にあると察知してのことだったのではないか（直木孝次郎『壬申の乱』）。

大海人は当初、中臣鎌足の待遇が高いことを心よく思っていなかったが、この一件があったあと、両者は親睦を深めるようになったという（『藤氏家伝』）。

そもそも天武と天智が両親を共にする実の兄弟であったとは考えにくいように思われる。大海人の政治活動が『日本書紀』に初めて記されるのは天智（称制）天皇三年（六六四年）で、天武研究の専門家である寺西貞弘によれば、この時三十歳頃という。前大王の斉明が産んだ大海人ならば二十一歳でそうなっておかしくないところであり、「いささか遅すぎる」。そこに大海人を皇位から遠ざけようとする天智の意思がはたらいていたとみられるのだ（『天武天皇』）。もっとも寺西は大海人を天智の実弟とみなしている。父を異にする年長の兄なら、排除の意思はなおのこと、よりつよくはたらくのではないか。

天武が起こした革命か――歪な兄弟関係（2）

中大兄は、よく知られる乙巳の変で『日本書紀』に華々しく登場するが、そこに〝実の弟〟大海人は全く関与していない。これも不自然のように思われるが、二人の年齢差が不詳であるため、なんとも言えない。

『日本書紀』によれば六八六年に天武が崩じた時、幼年時の大海人を養育した大海宿彌蒭蒲《おおあまのすくねあらかま》が死者の霊に語り掛ける誄《しのびごと》を奏上した。大海人の幼年時について述べたというが、内容は不詳だ。総じて天武の前半生は闇の中にある。成人して大海人は天智の娘を四名も妻とした。草壁皇子を産んだ鸕野皇后、大津皇子を産んだ大田皇女、長皇子と弓削皇子を産んだ大江皇女、舎人《とねり》皇子を産んだ新田部《にいたべ》皇女である。いくら近親婚が珍しくない当時とはいえ、実の兄弟にしては異例だ。

天武天皇というと、今日では壬申の乱の勝利者という英雄のイメージが殊《こと》の外《ほか》つよく、天智朝においてもめざましい活躍をしていたように思い込みがちだ。しかし実際に『日本書紀』に目を通すなら、大海人は「大皇弟《ひつぎのみこ》」「東宮大皇弟」と特段の表記がなされるものの、その割にさしたる活躍があまり見られない（著者関連文献＊7）。「皇太子」と表記される推古朝における聖徳太子、皇極・斉明朝における中大兄のめざましい活躍ぶりに比較すると、雲泥《うんでい》の差があるのは否めない。もっともこの両者についての過剰な書きぶりにも問題があるのだが。

斉明朝にあって大海人も大王の息子であり、また、**道教をつうじてこの母子はつよく結ばれていた**（第十章2）。中大兄にとって大海人は警戒すべき厄介な存在であり、それは天智朝でもつづいていたとみられるのである。

天武と天智の父が異なるという歪《いびつ》な兄弟関係が、漢王朝を開いた皇帝にちなんだ赤旗、そして即位寸前にあった、あるいはすでに即位していた可能性のある大友皇子の斬首を呼んだとみて、さして大過《たいか》ないのではないか。

天智と父が異なるなら、天武の起こした乱は儒教的見地に立てば、正真正銘の易姓革命であった（第七章2）。戦後史学をリードした石母田正《いしもだしょう》は異父兄弟説を採っていないものの、天武の叛乱軍が赤色をもちいたのは「中国古代の易姓革命を媒介として解釈している」とし、「中国の王朝交代の歴史と観念的に結合されている」と評している（『日本の古代国家』）。

我が国に易姓革命はなかったというのが定説だが、天皇制の揺籃期《ようらんき》において——こと天武の意識のなかではという留保付きながら——、壬申の乱は革命であったと言えるのではないか。

「一母同産」——国母としての皇后

『日本書紀』によれば天武天皇は即位して六年後の六七九年、後継の可能性のある天智の遺児二名を含む計六名の皇子を吉野宮に集め、後継は草壁皇子であることを誓わせた。古代史学にいう〝吉野の盟約〟である。その時の天武のことばにつぎのようなフレーズがあった（拙訳）。

「お前たちの母親はみな違う。だが今からは一人の母から生まれた（「一母同産《ひとつおもはらから》」）ようにして慈しもう」

ここに言う「一人の母」とは、言うまでもなく同席している、六年前に皇后となっていた鸕野（のちの持統）を指す。このことからしても、この盟約は皇后が天武を突き上げてなされた可能性が高い。盟約に参加した天武の息子たちの年齢は高市《たけち》皇子二十六歳、草壁皇子十八歳、大津皇子十七歳。他に忍壁《おさかべ》皇子がいたが、年齢については不詳ながら十七歳〜二十歳とみられる（前掲、寺西『天武天皇』より算出）。天武の長男である高市は壬申の乱で大きな戦功を挙げていたが、母の出自が地方豪族、つまり筑前の宗像《むなかた》氏の出という難点があった。この盟約が結ばれた年の初めに天武は、

母《いろは》と雖《いふと》も王《おほきみ》の姓《かばね》に非ずは母を拝むこと莫《まな》

との詔を出していた。王家の出身でない母を拝礼してはならない、というのである。長男高市と忍壁の場合がこれに当たる。彼らの排除が念頭にあったのであろう。これには皇后の意図が反映していたろう。当時、天皇の母は皇族でなければならないという不文律が浸透しつつあり、詔はこれと軌を一にして母の出自を強調するものであった。

また皇后の姉、大田皇女が産んだ大津皇子は文武に優れ、人格も魅力的で周囲の期待も高かっ

た（『懐風藻《かいふうそう》』『日本書紀』）。それ故、草壁最大のライバルと目されていたから、皇后の気の休まる時はなかった。

なお草壁に珂瑠《かる》王（のちの文武）が生まれるのはこの四年後である。盟約に参加した天智の皇子は河嶋皇子二十三歳と施基《しき》皇子（生年不詳）だが、壬申の乱に敗れた大友皇子の弟たちであり、即位の可能性は絶たれていた。それでも盟約に召集されたのは天武・鸕野への謀反を防ぐためだろう。のちに河嶋は大津の「謀反」を密告する（『懐風藻』）。また施基皇子は平安京遷都を敢行した桓武《かんむ》天皇の祖父である。

持統王朝の誕生

六八六年に天武が逝去するや、皇后は直ちに称制を敷いて大津皇子を葬った（享年二十四）。その周到かつ果敢なやり口は、この皇后に〝血塗られし〟天皇（第四章2）天智の血が脈々とながれていることを想起させるに充分であった。だが即位を期していた愛息草壁皇子を三年後に病で喪う（享年二十八。遺児の珂瑠王は七歳）。草壁が早逝した今、もはや〝吉野の盟約〟は反故同然となった。劇的というか皮肉な展開だが、草壁がいないとなれば、天武の遺児たちの即位の可能性が一気に膨らむのは道理である。

天武没後四年の六九〇年に皇后が即位した。持統天皇の誕生である。即位可能な年齢を二十歳とすると、高市、忍壁、磯城《しき》（施基とは別人）の三皇子を押しのけての即位であった。すでにこの時、草壁が遺した子、つまり持統の孫の珂瑠王（文武）に譲位し、自らは上皇になる構想を立てていたとみられる。持統の即位はその一環にほかならなかった。

じつは天孫降臨神話を先取りするかのように、即位前年の草壁葬儀の場で柿本人麻呂が歌った挽歌に「天の河原」「天の原」、そして「天照らす日女の命」が表出していた（第七章1）。天の河原、天の原はやがて「高天原」に、天照らす日女の命は「天照大神」に洗練昇華されてゆく。すでに述べたが、「天の河原」「天の原」を経て「高天原」が創出されたのは、我が国の神々を天皇家が祭る天つ神と、豪族や庶民が祭る国つ神に二分するうえで画期的であった（第七章3）。

天上に高天原が想定され、これを主宰するのは女神アマテラス——。**この想定には神話空間であると同時に、現実の持統王朝が投影されていた。**神話と現実の一体化から、即位の時点ですでに女性天皇持統は自身の神格化、すなわち皇祖神化を想定していたとみることができる。つぎに述べるように、事実、持統は史上初めて〝神として〟即位するのである。

謀殺した大津と早逝した草壁以外に八名もいた天武の皇子たちは、次々に年齢条件を満たして天武の後継候補として持統の眼前に立ち現れてくる。これに対し、すでに即位している持統天皇が防波堤となり、寄せる波のように輩出する候補者たちを次々に押し返すのである。そこで明白になったのは、天武の血がつながればよいのではなく、持統の血がつながらなくてはならない、ということだ。**従って血統は天武系では不充分であり、持統系へと切り替わったのである。**特にこの点をもって、本書は持統王朝を提起する。

この王朝はあたらしい神話と伊勢神宮における神明造りの成立をともなって誕生した。あたらしい神話とは言うまでもなくアマテラスが孫に降臨を命ずる天孫降臨神話であり、神明造りは

〈アマテラス＝持統〉を前提として挙行された第一回式年遷宮において成立した。**即位式と同年におこなわれた神宮初の式年遷宮は、祭神である〈アマテラス＝持統〉の神意を強化するものでもあった。**その神意とは、言うまでもなく孫への譲位である。そして未来永劫に繰りかえされる式年遷宮は、〈アマテラス＝持統〉の血筋の永続を約束するのであった。

即位式と式年遷宮、そして大嘗祭――持統王朝の正統化

持統の即位式と伊勢神宮第一回式年遷宮が同年におこなわれたのは偶然とは考えられない。まして第一回式年遷宮において、〈アマテラス＝持統〉の御在所である正殿の神明造りが成立していた（第六章2）。万事、周到に運ばれたのである。総覧すればつぎのようだ。

六八九年二月　藤原不比等、登用される
六八九年四月　草壁挽歌に「天の河原」「天の原」、「天照らす日女の命」が表出される
六九〇年　持統即位と伊勢神宮第一回式年遷宮（持統王朝の誕生）
六九一年　即位儀礼としての大嘗祭（天孫降臨神話が盛り込まれた）
六九七年　文武へ譲位し、自ら上皇となる（持統王朝の確立）

という一連のながれは、登用されたばかりの持統の最側近、藤原不比等の主導によるとみてよいだろう。

孫を天皇にするには、次々に年齢条件を満たしてくる天武の皇子たちを、なんとしてでも排除しなければならなかった。もとよりこれは容易ではない。ましてや、天武・持統朝の政治は「皇《こう》親《しん》政治」、つまり豪族を下位においた（但し持統朝では藤原氏を重用）、天皇と皇族による政治と言われるように、天武の皇子たちは朝廷において名誉ある地位と役割を得ていた。従って彼らを皇位争いから排除するのも容易ではなく、あの手、この手と策を弄するのであった。

持統と藤原不比等が編み出したのは、これまでにない、あたらしい天皇像である。それは天智や天武を超える絶対的天皇、すなわち〝神としての〟天皇であった。その意図は、孫への譲位を確実におこなうことにあった。

（一）即位式と式年遷宮

六九〇年正月、四十六歳の持統は神として即位した。これは天武を含め、それまでの大王・天皇には見られなかったことだ（第六章2、第七章）。〝神として〟即位したことは即位式にあきらかだった。その根拠を『日本書紀』から具体的に挙げよう。

（1）持統に「天神寿詞《あまつかみのよごと》」が奏上された

（2）持統に「神璽《かみのみしるし》の剣・鏡」が献上された

（3）持統は「拍手《かしわで》」で迎えられた

これら三点とも、神に対する行為であったから、即位式は異様な緊張と興奮とにつつまれたであろう。今日では日常のさまざまな場面でおこなわれる拍手だが、もとは神に対する所作であり、神を呼び出す意図があった。今でも神社で拍手を打つのはそのなごりだ。

「神にしませば」と謳い上げる五首の万葉歌についてはすでに触れたが（第七章3）、それらは卓越した能力を賞讃する最上級の比喩であった。これに対し持統は、いま挙げた（1）（2）（3）にみられるように、即位式で〝神そのもの〟として迎えられたのである。おそらく多くは藤原不比等による演出であったろう。持統にとって願ってもないことであった。

そして同年九月、持統は皇祖アマテラスを祭る伊勢神宮で初の式年遷宮を挙行した。この女神は、女性天皇持統になぞらえられた皇祖神である。併せて持統は、皇祖アマテラスが息子ではなく孫に降臨を命じる天孫降臨神話を創作させた（不比等が祭祀官僚に指示したのであろう）。前述のように（第七章1）、即位前年の柿本人麻呂の草壁挽歌にその萌芽が織り込まれていた。このように、『古事記』（七一二年）や『日本書紀』（七二〇年）で成文化されるより前の段階で、**朝廷内の最重要行事をつうじて着々と天皇の血筋を権威付ける天孫降臨神話が醸成され浸透していった。**同時に、孫に譲位しようとする持統の執念が朝廷内に確実に伝わってゆく。

（二）大嘗祭

翌六九一年に持統は、天孫降臨神話が導入された大嘗祭を自ら演じた。天孫降臨神話が織り込まれた大嘗祭とは、概略つぎのようなものである（詳しくは著者関連文献＊8）。

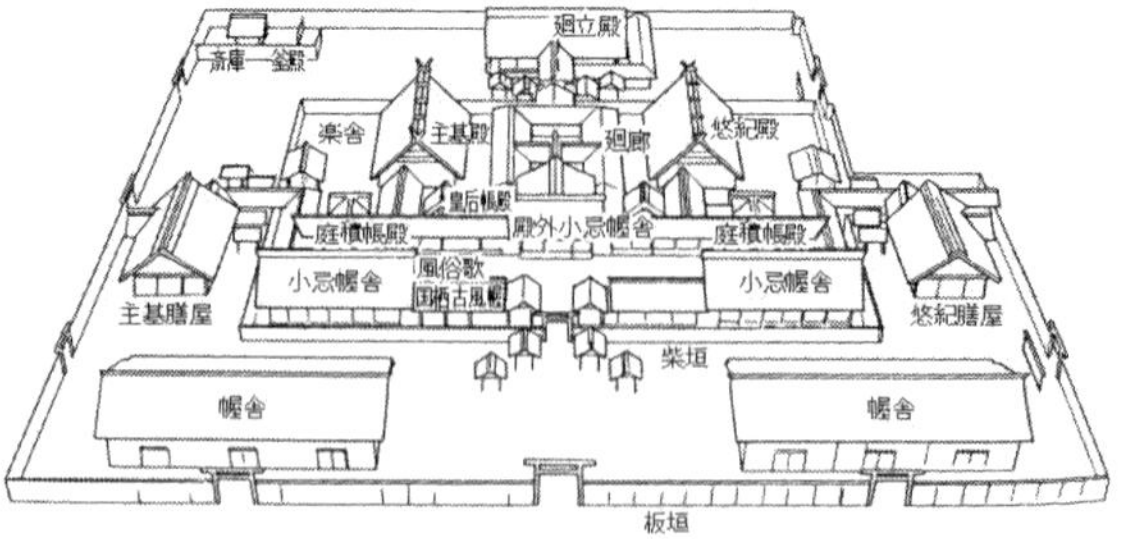

図　大正、昭和の大嘗宮／大規模になったのは明治から／柴垣が囲う領域が高天原（岡田荘司『大嘗の祭り』学生社より）

大嘗祭が執りおこなわれる大嘗宮の主殿には悠紀殿《ゆき》、主基殿《すき》の二殿があり（**図**）、それぞれの主室の中央に布団が敷かれる。『日本書紀』によれば天孫ニニギは地上に降臨する際に柔らかなおくるみに包まれるが、このおくるみは真床覆衾《まとこおうふすま》と呼ばれる。鋭い感性で神道学・民俗学を拓いた折口信夫《おりぐちしのぶ》は悠紀殿、主基殿に敷かれるこの布団こそ、ニニギが包まれる真床覆衾にほかならないと喝破した（「大嘗祭の本義」）。すなわち、**即位した天皇はその布団にくるまって、天から降臨したニニギになり切るのである**。そして布団が取り払われた時、新天皇の身体に天皇霊が染み渡る……。その後、**新天皇は天孫ニニギの生まれ変わりとしてふるまう**（なぜ悠紀殿、主基殿の二殿が設けられるのかについては諸説ある。大嘗祭がおこなわれるようになった当時の国家的最高神はタカミムスヒであったため、あたらしくアマテラスを迎え入れるために二殿が設けられたと著者は考えている）。

このような大嘗祭は天武朝にはなかったことであり、持統が最初であった。従来、大嘗祭の創始は天武に当てられていた。しかし『日本書紀』を精読すると、天武は複数回の大嘗祭をおこなっている。このことから、『日本書紀』の記述は、毎年おこなわれる収穫祭である新嘗祭《にいなめさい》と、即位の際におこなわれる大嘗祭が混同していたと判断される（岡田精司「大化前代の服属儀礼と新嘗」ほか)。

排除の実際

持統の即位前後に醸成された天孫降臨神話は、最終的に『古事記』と『日本書紀』に成文化された。そこでは、皇祖アマテラスが子ではなく、生まれたばかりの孫に降臨を命じるという極めて不自然な展開になっている(第七章2)。

なぜ不自然かと言えば、すでに述べたことから明白だ。その目的は数多くいる天武の皇子たちを後継候補から排除することにあった。大津皇子の謀殺はそのはじまりに過ぎなかった。即位を期していた息子の草壁が早逝するや、持統は年齢条件を満たす前述の三名(高市、忍壁、磯城)の天武皇子たちの即位を許さず、間髪を入れずに自ら即位した。これは天武皇子たちに対する二度目の排除となった。

そして持統は自分の血をつなげるために草壁の遺児、つまり自身の孫珂瑠王の成長を俟って即位させることをもくろむ。孫の即位を実現しておかないと、自身の没後に、天武の皇子たちが皇位をもとめて再び頭をもたげてくるのは目に見えているからだ。

彼らの即位の可能性をあらかじめ潰しておくためにこそ、子より孫を優先する神話を作らせ、神話的権威付けにより孫への譲位を正統化した。そして現実に実践したのである。その神話こそ天孫降臨神話。これは神話の名を借りながら、じつは孫への譲位を正統化するために巧妙に作られた、政治の産物であった。奇妙なことだが、将来を予告する神話により、天武の皇子たちはさらに皇位から遠ざけられた。彼らの即位の正統性は棚上げにされ、行き場を失うことを余儀なくされたのである。政治的神話の創作は、持統即位という二度目の排除との合わせ技であった。

もちろん、〈アマテラスは持統である〉ことがこの神話の大前提であり、それに気づかぬ者は朝廷内に誰ひとりとしていない。**子ではなく孫が降臨する不自然な展開こそ、むしろこの神話の核心であった。**この展開は息子草壁早逝の現実を反映するとともに、その遺児で持統の孫である珂瑠王の即位を予告し、その道を拓くのであった。

「子孫相承けて」——排除の実際（2）

さきに触れたが、天武の有力な後継候補として、壬申の乱で戦功を挙げた天武の長男、高市皇子がいた。母の出自に難点があったものの年齢、実力、実績ともに申し分のない人物であったため、持統は警戒を緩めることはできなかった。彼を皇位から遠ざけるために、巧妙にも厚遇策を採った。アメとムチを使い分けていたのである。

高市本人は母の生まれが低いことを弁《わきま》え、持統と良好な関係を保ったようだ。六九〇年、持統即位の年に太政大臣に登用されて藤原京の建設に尽力するなど、持統王朝を実務でささえた。ただ持統が次期天皇を決める会議を召集したのは、高市が没した六九六年の末であった（享年四十三）。頃合いを見計らっていたとみられるのだ。このことから、持統の後継に高市を推す勢力がまだいて、これを無視できなかった可能性がある。この会議の模様を『懐風藻』が伝えているので要約しよう。

天智の孫で大友皇子の息子である葛野王《かどの》が「我が国では神代より今日に至るまで直系継承で（「子孫相承《あいう》けて」）皇位を継いできた」と主張した。すなわち、草壁皇子との兄弟間継承ではなく、後継は持統の孫で草壁の息子、珂瑠王であるべきと主張した。この時、天武の皇子の一人である弓削皇子が異論を唱えようとしたが、葛野王に一喝されて黙り込むしかなかった。持統は葛野王のことばが「国を定めた」と褒めちぎり、王は破格の昇進を遂げた。

葛野王が言う直系継承は向かうべき理想であり正論であっても、現実にはまだ確立していなかった。その犠牲者こそまさに葛野王その人であった。壬申の乱が起きることなく直系継承がなされてきたなら、皇統は〈天智―大友―葛野王〉となっていたのであるから――。

天武の十人の皇子のうち、高市が没した六九六年の時点で即位可能な二十歳以上の皇子は六名を数えた（忍壁皇子、磯城皇子、穂積《ほづみ》皇子、舎人《とねり》皇子、長皇子、弓削皇子）。吉野での盟約に参加していたのは忍壁一人となった。その代り、下の若い年代が続々と登場してきた。すでに言及したが、長皇子と弓削皇子は『万葉集』で「神にしませば」と歌われている（第七章3）。遺児たちは年々年齢を増すから、有資格者は増える一方だ。

このうち忍壁は持統に疎んじられていたようで（直木孝次郎『持統天皇』）、『日本書紀』の持統の代に全く登場しない。位も大宝令によって三品《さんぽん》（親王の位の第三位）を授かるまで、天武の代での官位に据え置かれていた。ところが持統が没すると、忍壁は朝廷の最高位（知太政官事《ちだいじょうかんじ》）にまで昇進している。このことから、忍壁および同母弟の磯城は持統から終始、徹底排除されていたと推定される。その理由は不詳とされるが、忍壁は幼いながら壬申の乱に同道しており、それを理由に即位を主張するところがあったのかもしれない。

忍壁と磯城の兄弟を後継候補から外し、残った四名に生母の出自を考慮して順位づけると、前掲の倉本によれば舎人皇子、長皇子、弓削皇子、穂積皇子になるという（『皇子たちの悲劇』）。このうち、舎人皇子（親王）は『日本書紀』の（形式上の）最終編纂者として知られる。実質上の最終編纂者は藤原不比等であったのではあるが――。

慣例に倣って今は亡き天武を尊重すれば、（「中継ぎ」である？）持統は退いてこの四名のうちの一人が天武後継になるところだ。しかし持統はこれを許さなかった。天皇による強権発動である。そもそも天武朝の政治は皇后であった持統との共治であったから、それも可能であった。

2　持統王朝の確立

天武が没して四年後の六九〇年、皇后であった持統は正真正銘の〝神として〟即位し、多くの国家的実績を遺した。列挙すれば、

六九〇年正月：〝神として〟即位（持統王朝の誕生）

六九〇年九月：伊勢神宮式年遷宮の創始
六九一年：大嘗祭の創始
六九四年：初の碁盤目《ごばんめ》状都市・藤原京への遷都
六九七年：〈皇太子‐天皇‐上皇〉制の確立（持統王朝の確立）
六九八年：藤原京において薬師寺を完成
七〇一年：大宝律令の制定

等々、枚挙に暇がない。

孫に譲位して自ら上皇になることをとおして、持統は〈皇太子―天皇―上皇〉の三世代からなる天皇制システムを確立した。また「日本」「天皇」「女帝」「太政天皇（＝上皇）」を書き込んだ大宝律令の制定によって、日本という国家の枠組みを確立した。これらの事績を見るならば、持統が史上稀に見る傑出した天皇であったことに異論はないだろう。

しかし、**父と夫との関係において、捩《ね》じれた構図が生まれていた。**いかにして持統は自らの王朝を確立し、天皇制の盤石化をなし遂げたのか？

血脈の結節点に持統がいた

持統天皇の血脈を振りかえると、祖父である大王舒明、祖母である大王皇極・斉明、父である天皇天智、夫である天皇天武、異母弟である大友皇子（弘文《こうぶん》天皇）と、周囲に大王・天皇が綺羅星のごとく煌めく。しかも父と夫は兄弟であった。

持統は父の遺志に反して夫が起こした壬申の革命に身を投じ、弟を亡き者にした。『日本書紀』にはないものの、徳川家康《とくがわいえやす》の孫の水戸光圀編纂の『大日本史』にもとづき、大友皇子は即位していたとの見方が明治政府内につよくあった。天皇はこれを認めて明治三年、大友皇子を弘文《こうぶん》天皇と追謚《ついし》した（この時、明治天皇は十九歳）。これを第三十九代に組み入れたうえで、今上（令和）天皇は第一二六代となっている。すなわち現状は大友皇子を天皇として公式に認め、正史（国家が編纂した史書）である『日本書紀』を修正しているのである。これを受け入れれば、持統の弟も天皇であった。そうなると、弘文を武力で打ち破って（壬申の乱）即位した天武とその皇后（持統）は、「万世一系」の系譜においていわば朝敵になる。実際、戦前をつうじて特に天武の位置づけは芳しいものではなかった。

それにしても、持統のまわりで激しく血流が渦巻いていた――。

血筋が交錯する複雑な血脈の結節点に持統がいたのである。つまり、複雑極まりない血筋を解きほぐす結び目は、自らを皇祖アマテラスに擬して即位し、伊勢神宮最初の式年遷宮を挙行して神的権威を獲得した持統にあった。**〝神として〟即位した持統だけがこの捩じれた構図を解きほぐすことができたのである。**

捩じれた構図――父・夫・弟と持統

――ここで考えておかねばならないことがある。

王位の継承は兄弟間でおこなわれるという慣行が長きにわたって根付いており、天智から大海人皇子（のちの天武）へという血のながれはこれに則るものだった。

一方で、兄弟間継承には争いが付き物だった。この反省もあり、また先進文明国であった唐の慣行からみて我が国でも、皇位継承のあり方は親から子へ、孫へとつづく直系継承に移る過渡期にあった。直系継承が確立すれば、無用な血をながすこともなく、皇位の継承は安定軌道に乗るはずだ。天智から大友皇子への継承は、まさにその〝あるべき〟継承に則っていたのである。前帝天智による後継指名を覆した壬申の乱は、兄弟間継承という従来の慣行には沿うものであっても、直系継承に向かう時代のながれに大きく逆らうものであった。

（二）天智直系であること——父との関係

天武と共治体制を敷いて政治力を発揮していた皇后鸕野は、天武亡きあと直ちに称制を敷いた。父の中大兄王子も即位前、七年の長期にわたって称制を敷いており、これは父に倣う統治法であった。夫と共になした圧倒的な実績をもとに、周囲に有無を言わせず、実質的に天皇としてふるまうのであった。草壁亡きあとは一年を待たずして即位し、天孫降臨神話の創作により自ら神話的権威を獲得して孫への譲位の正統化を図った。だが、それだけで説得力が充分にあったかと言えば、むずかしい。当時にあって権威の究極の拠りどころと言えば、やはりそれは血筋にあったからである。

血筋の正統性があって初めて、即位への道が開ける。血筋こそ何にも優る絶対の条件であった。

自らを皇祖アマテラスに擬した持統であるが、それとて誰でもやれることではない。自身が天智の血を引いていることがこれを可能としたのである。壬申の乱では父に反旗を翻し、夫と共に異母弟の大友皇子を討った持統だったが、**その権威の源泉はと言えば、天武の皇后という以上に、天智直系というその血筋にあった。**確かに皇后であったことは即位に際し有効であったが、それだけでは〝神として〟ふるまうことはできない。やはり天皇の血を直接引いていることが必須だったのである。

（二）天武以後の持統――亡き夫との関係

壬申の乱に勝利した天武であったが、天皇の座に君臨すること十三年で病没した。未完に終わった律令の制定、『古事記』『日本書紀』という歴史書の編纂、そして藤原京の建設などの国家的大事業は持統に託された。しかし、天武の代にあっても持統との共治体制であったから、少なからぬ事業は持統の発案であったろう。伊勢神宮第一回式年遷宮（第六章２）、天孫降臨神話を織り込んだ大嘗祭（前節）、さらには、孫への譲位をともなう〈皇太子―天皇―上皇〉三世代からなる天皇制のシステム化（第十一章２）は持統王朝に発するものであった。

夫天武が没するや、前章で述べたように、鸕野は果敢に舵を切り替えた。そこに樹立されたのは、年齢条件を満たして陸続《りくぞく》と輩出してくる天武の皇子たちを軒並み排除して初めて成り立つ王朝であった。さらに持統は、**敵対していたはずの父天智を淵源とし、しかも天武の血を支流として呑み込む、アクロバティックとも言える王朝を成立させたのである。**

文武の即位式——持統王朝の確立

前節で見たように六九六年、持統が召集した次期後継を決める会議の席上、壬申の乱で斬首された大友皇子の息子の葛野王が、神代より今に至るまで皇位は「子孫相承けて」、すなわち直系継承であったと主張した。だが、神代より今に至るまでという発言は事実とは言えず、むしろ今後の〝あるべき〟姿を主張するものであった。〝あるべき〟理想の過去を創作してこれを指針とするのは、都合のよい神話を創作して現実をこれに沿わせることと軌を一にしていた。この点からも、葛野王発言は天孫降臨神話を主導した藤原不比等の事前の根回しによるものだろう。

皇位継承の〝あるべき〟姿は、六九七年に挙行された文武即位式で発せられた宣命《せんみょう》で公けに示される。宣命とは天皇の意思を伝えるもので、祭祀官僚が官人たちに聴かせるスタイルを採る。十代半ばの若い天皇をサポートするために文武の即位式からはじまったが、以後、慣行となった。珂瑠皇太子には父方から天武、持統、天智の血が、母方からも天智の血が入っており、まさに天智の血がマックスに達した貴種である（前掲系図）。**持統の譲位による珂瑠の即位は、天智を淵源とする持統王朝の確立を宣言するに等しかった。** 宣命にはつぎのフレーズが見える（『続日本紀』拙訳。「 」内は原文）。

「高天原」にはじまり代々の天皇が紡いでこられた悠遠《ゆうえん》なときのながれを「中今《なかいま》に至るまでに」お治めになられてきた多くの「天つ神の御子《みこ》」のひとりとして

この宣命には『古事記』『日本書紀』に先んじて「高天原」が初出していた（第七章2）。また、ここに見える「中今」は神道の重要語で、悠久の時のながれにつながる今この時こそかけがえのない、ほんとうの時という意味である（終章1にて詳説）。さらに宣命は持統が文武に譲位する次第を述べる（要約）。

「現御神《あきつみかみ》（＝現人神《あらひとがみ》）として大八嶋國《おおやしまぐに》（＝日本）をお治めなされる倭根子天皇命《やまとねこすめらみこと》」つまり持統天皇は、「天に坐《ま》す神の依《よさ》し（＝委任）」によって文武天皇に皇位をお授けになる

持統は「高天原」の神である「天に坐す神」つまり「天つ神」からの委任を受けて文武に皇位を授けたのであり、そこに天武の名はなかった。**文武の即位式は持統（そして不比等）が考える皇位継承の〝あるべき〟姿を実践するものであった。**ここに持統王朝が確立したのである（天武は傍系に押しやられたが、持統は自身の意思により天武陵に合葬された。天武への愛情を失っていたわけではないことが分かる。妻として抱く感情と政治家としての冷徹な思考を持統は併せもっていた）。

こうなると皇統における夫天武の位置づけがむずかしくなる。持統が皇位に就いて孫に譲位するのは壬申の乱に勝利した夫のお蔭だ。しかし父を立てると皇統上、父に反逆した夫を脇に置かざるを得ないジレンマがあった。〈天智─持統〉という父と娘の直系関係を根幹とすれば、天智と兄弟関係にある、持統の夫天武は傍系となる。それだけではない。戦乱を起こした末に獲得し

た皇位であったから、天武は異端の天皇とならざるを得ないのだ。明治期に弘文天皇が立てられたのは、裏を返せば弘文を殺害した天武を〝朝廷の敵〟とみなすに等しいことを意味した。

天智につらなる持統、天武は傍系へ

ここで想起されるのは、『日本書紀』に記された天智と持統の諡号である。

天智：「天命《あめみこと》開《ひらかす》別《わけ》天皇」
持統：「高天原広野姫天皇」

天智が「天命を受けて皇統を開き」、これを継いで「高天原」の持統が皇統を持続させたと関係づけられている。諡号に高天原とあることから見ても、持統が高天原を主宰するアマテラスと等値されていたことが分かる。

このような位置づけは、天智との血のつながりがあって初めて可能であった。天智の娘であり、天武の妻であった持統は前述のように、対立関係にあった二つの系譜、

〈舒明 → 皇極・斉明▼ → 天智〉
〈天武 → 持統▼〉

という二つの系譜を接続して統合した。その結果、生まれたのが、

〈天智 → 持統▼ → 文武〉

という系譜である。**即位式で自らを神格化した持統は、その超越性故に敵対した二つの系譜を合流させることに成功したのである。**

対して天武に授与された諡号は「天渟中原瀛真人天皇《あまのぬなはらおきのまひとのすめらみこと》」であった（第十章1）。神山に住む道教の達人とされているが、皇統上の位置づけは不明というしかない。天武の指示によって編纂がはじまった『日本書紀』であったが、すでにみたように（第七章3）、最終的に編纂を主導したのは藤原不比等であった。じつは『日本書紀』は、壬申の乱を起こした天武の存在を持て余し、その扱いに苦慮していたのではないか？

天つ神になり代わって——持統王朝の確立（2）

壬申の乱を挟んで矛盾する〈ヨコ〉系と〈三極〉系は持統によってつなげられた。二つの系譜が持統王朝にながれこみ、統合されて一つの系譜になった。持統が結節点となり、ここに、単なる天智系でも天武系でもない、あたらしい皇統が誕生した。これが本書の強調する持統王朝である。

六九六年暮れの後継者決定会議の結論にもとづいて、持統は翌六九七年二月、孫の珂瑠王を皇

太子とした。そしてこの年の八月に皇太子に譲位し、自らは上皇となった（『日本書紀』『続日本紀』）。皇太子も上皇もこの時、史上初めて実現した（前掲の荒木『日本古代の皇太子』によれば、皇太子は六八九年に施行された飛鳥浄御原令で初めて定められた。これにもとづく皇太子は珂瑠王が初例である。『日本書紀』には厩戸豊聡耳皇子《うまやとのとよとみみ》（聖徳太子）を「皇太子」と表記するなど、全巻で一五七回も頻出する。それらの多くは編纂当時の認識を全過去にさかのぼらせたものである）。

五十三歳の上皇の権威の下に十五歳の天皇文武が誕生したのである。前例を見ない若さというか、幼さであった。成年に到達してすぐの、ギリギリのタイミングであった。いかに急いでいたかが分かろうというものだ。

さて前述のように、文武の即位式での宣命に、天武の名はなかった。歴代大王・天皇のなかに埋没してしまっているのだ。一方、**高天原におわす天つ神から委任された持統が、天つ神になり代わって文武に皇位を授けるのであった**（『続日本紀』）。すなわち、文武は天つ神からというよりは、持統から直接皇位を授けられたのである。このことからもはっきりと、持統は王朝の祖となったと言うことができる。

文武が皇太子を経て即位し、持統が上皇となったこの時、持統王朝が確立する。**同時に、〈皇太子―天皇―上皇〉**の**三世代体制からなる天皇制システムが樹立された。**天皇制はこの体制を獲得して初めてシステムとして成立し、盤石《ばんじゃく》たり得るのであった。

持統王朝にはじまるこの皇統は、薬師寺と伊勢神宮のもつ三極構造によって体現され可視化された。それは密やかで至高の天皇ブランドになった。持統は三極構造に天皇家の弥栄《いやさか》を託したのである。そして三極は、その後につづく皇統を表徴するのであった。

歴史上、八名十代の女性天皇が出現したが、歴史学の主流では女性天皇はみな男性天皇につなぐための「中継ぎ」とみなされてきた。しかし、〈皇太子―天皇―上皇〉の三世代からなる血脈システムを築いた女性天皇持統は、今日に伝わる天皇制を設計し、かつ施行したと言える。このような持統までをも「中継ぎ」の一言で括るのは、さすがに無理というものだ。それでは「万世一系」的観念に呑み込まれたワンフレーズ・ヒストリーになってしまうではないか。このような位置づけは天皇制成立の実態と乖離していると著者は考える。

第十三章

三極の成り立ちと意味

古代天皇たちの寺社戦略をめぐる長かった探究の旅もいよいよ終わりに近づいてきた。前章では〈タテ〉系配置、〈ヨコ〉系配置、〈三極〉系配置相互の関係を皇統の観点から総括した。しかし、最後に残された重い問題がある。それは、薬師寺から伊勢神宮に転移した〈三極〉構造の意味とはいったい、何だったのか？　という重い問いだ。ここまでと論点が多少異なり、ここからは思想的内容に踏み込むことになる。

1　三極の成り立ちと思想的背景

三極構造のエッセンスは三角形で図示できる。〈タテ　↓　ヨコ　↓　三極〉という運動の三段階を形の面から分析すれば、つぎのようだ。

——三角形は二つの次元からなる。〈タテの次元＝高さ〉と〈ヨコの次元＝底辺〉である。言い換えれば、〈タテ〉と〈ヨコ〉の次元が統合された結果が三角形である（第十章3）。そこでは

〈タテ〉と〈ヨコ〉という正反対の次元が、それぞれの特性を活かしながら、〈三角〉という、もう一つ高い次元で統合されている（**図解**）。

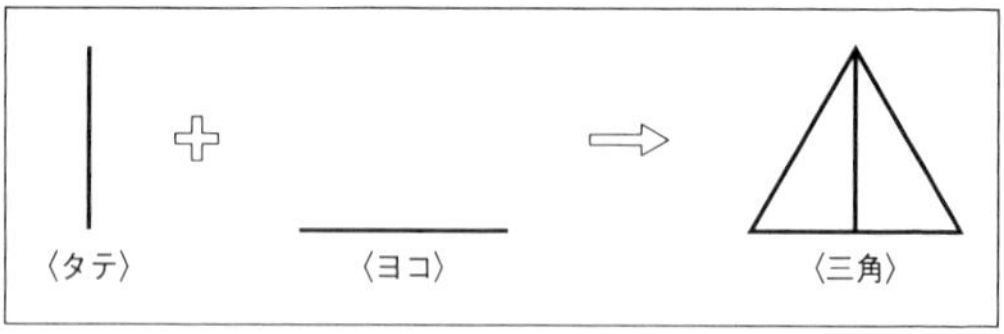

図解

三極構造は〈タテ〉と〈ヨコ〉の次元を超えて、全くあたらしい世界を開くのだ。これを形の自己運動とみなすなら、**〈タテ〉系配置は〈ヨコ〉系配置を呼び込み、一つ高い次元で〈三極〉系配置を成立させたと言える。**

配置タイプの三段階

天皇（ないし天皇たらんとする者）たちが建立した社寺建築の配置タイプには、つぎの三段階が見られた。

〈南北タテ一列〉→〈東西ヨコ並び〉→〈三極〉構造

言うまでもなく、〈タテ〉と〈ヨコ〉は正反対の関係にある。だが所詮、ともに一本の線に過ぎない。その両端は開いており、閉じていない。繰りかえしになるが、閉じるとは、組織をもつ一つの全体が完結していることをいう（第十章3）。この点で〈タテ一列〉と〈ヨコ並び〉はともに組織性・全体性をなしていないのだ。これに対し〈三角〉は閉じた図形をなしており、組織性・全体性を満たしている。ここからも、〈三角〉は〈タテ〉と〈ヨコ〉に対してひとつ上の次元にあることが分かる。

つぎに〈タテ〉、〈ヨコ〉、〈三角〉の視覚上の特性を見よう。

垂直に立つ〈タテ〉は屹立をイメージさせて厳しく映る。しかし、転倒の恐れがあり不安定だ。これに対して、水平に横たわる〈ヨコ〉は安定していて穏やかだ。垂直がもたらす妥協のない厳しさと、水平がもたらす不動の安定性を〈三角＝三極〉は同時に満たしている。本書ではこれを結晶体と呼んでいる（第十章3）。

永続的な揺るがぬ権威をもとめる社寺建築に〈三角＝三極〉は打ってつけの配置タイプと言える。伊勢神宮に即せば、**〈正殿＋二宝殿〉のなす三極は、〈タテ〉配置と〈ヨコ〉配置が統合された結果であり、結晶体と呼ぶにふさわしい。**

現象から意味へ

社寺において建築群が配置されるとき、それらがどう見えるか、どう現れるか、という現象レベルでこれまで説明してきた。しかし、問題はそこにとどまらない。宗教建築であればなおのこと、視覚という現象レベルの奥には意味の世界、すなわち世界観がひかえているはずだ。社寺建築の配置にどのような意味が託されているのか、言い換えれば、**そこにどのような世界観が表明されているかを見なければならない。**

ここまで折に触れて道教に言及してきた（第五章2、第九章1、第十章）。ここからは三極構造を思想化したものとして、道教の哲理を積極的に援用したい。だがその前に、改めて古代日本における道教の位置を概観しておこう。

2 道教の成り立ちと流伝のかたち

まず中国における道教の成立について、概略を押さえておきたい。

思想書あるいは経典でもある『老子』（『道徳経』あるいは『老子道徳経』とも）の成り立ち、そしてその著者（あるいは編者）の老子については、じつは不明な点が多い。

しかし近年、驚くべき大発見が一九七三年、一九九三年、二〇〇九年と中国で相次いだ。絹布《けんぷ》あるいは竹簡《ちくかん》に記された『老子』の写本が続々と発見されたのである。なかでも一九九三年に発見された竹簡は最も古く、紀元前三〇〇年頃のものと判定された（湯浅邦弘《ゆあさくにひろ》「老子」『アジア人物史1』）。

それは戦国時代中期にあたり、韓《かん》、趙《ちょう》、魏《ぎ》、楚《そ》、燕《えん》、斉《せい》、秦《しん》の七国が覇を争っていた時代である。老子は架空の人物であるとか、『老子』は古さを装って後世に書かれたとか諸説あったが、この発見により、『老子』は戦国時代に先立つ春秋時代（紀元前七七〇年～前四〇三年）に老子なる人物が書いたという説が一気に有力になった。

じつは道教という宗教は、老子が創唱したわけではない。老子を道教の開祖と崇めるのは後世になってのことだ。道教の成立は複雑な経路をたどっており、その時期については二通りの見方がある（神塚淑子《かみつかよしこ》『道教思想10講』）。

道教が成立したとき

第一の見方では、教団組織の出現をもって道教の成立とみる。これによれば二世紀後半、後漢の末となる。

第二の見方では、内容の充実をもって成立と捉える見方だ。二世紀後半に成立した教団道教でも『老子』は参照されていたが、五世紀の中国南朝において『老子』の哲理が本格的に民俗宗教のなかに導入され、内容が思想的に深化された。これをもって道教の成立と捉えるのである。道教の思想に関心を抱く本書は、もちろんこちらの見方を採る。極めて古くから読まれてきた『老子』だが、道教の成立はと言うと、じつは意外にも〝あたらしい〟（本書では成立以前の道教を道教系、道教的と表記する場合がある）。

じつは道教、いま述べたことからも分かるように、必ずしも体系だった宗教ではない。上田正昭とともに、いち早く道教流伝を説いた下出積與は、道教には四つの分野があると言う（『日本古代の道教・陰陽道と神祇』）。

第一は老荘思想を中心とする哲理。宇宙生成論はこれに該当する
第二は不老不死（長生）を目的とし、肉体的生命の維持を図る医術
第三は方術で、自然界におわす神々への祭祀をともなう。皇極が雨乞いに成功したのはこれによる

第四は倫理で、これは長寿を実現するのに必要とされた

もちろん、これらがきれいに分かれているわけではない。道教ではこれら四分野が雑然と交じり合っていた。本書が言及する宇宙生成の哲理や四方拝、そして不老不死を願う亀への信仰は緩やかに共存していたのである。このように道教は多様で多彩な内容を包含する、さしたる体系をもたない宗教であった。

『老子』はその実、文字数にしてわずか五千字余りの文献である。字数だけ見れば（本書を持ち出すのは畏《おそ》れ多いが）、なんと本書の約四十分の一である。しかしそこには叡智の詰まった短い文章が全八十一章にわたって凝集している。『老子』が現代でもひろく一般に読まれるのは、格式ばった『論語』とは対極の、柔軟に生きる人生論が評価されているようだ。だが本書が注目するのは、そこで説かれている、万物の生成を語る宇宙論である。宇宙論と人生論がミックスされているところこそ、『老子』のもつ魅力があるように思われる。

公伝ではなく流伝

それでは、道教は我が国にどのように入って来たのであろうか？

我が国では仏教と儒教を積極的に取り入れたが、道教は拒否したと言われてきた。実際、『古事記』『日本書紀』に道教公伝の記事はない。拒否説を主導したのは津田左右吉《つだそうきち》、和辻哲郎、中村元《なかむらはじめ》といった錚々《そうそう》たる先達である。大御所たちの見解は長く歴史学を縛ってきた。

これに果敢に異を唱えた代表的存在が京都大学教授の上田正昭であった。かれはさまざまな文献、石に刻まれた墓誌などの詳細綿密な渉猟により、公伝ではないが、道教が朝鮮半島から古代日本に流伝し浸透したことを浮かび上がらせた。

確かに道教の宣布を職能とする道家《どうか》（道士《どうし》）や道教教団の渡来記録は見えない。しかし、公伝がなかったといって、道教が入って来なかったわけではなかった。道教思想や実践の技法はかなりの程度で列島社会に浸透していたのである。

道教の痕跡を総覧する

すでに大王家と道教の関係を述べてきたが（第五章2、第十章）、ここではさらにさかのぼってその痕跡を総覧しておこう。

（一）弥生時代――纏向遺跡と鬼道

第三章で触れた弥生時代末期の纏向遺跡では、大型建物群の傍らから二千七百個余りの桃の種が出土した（桜井市教育委員会、二〇一〇年）。大きさは直径二・五センチほどで、なかには四センチという超大粒のものまであった。大量に現れ出た桃の種には果実や皮が残ったものもあった。そのことからも、これは単なる食用ではなく、祭祀にもちいられていたとみられる。見逃せないのは、主に中国南部に見られた道教的呪術祭祀と共通していることだ。そこで桃は不老不死（長生）を叶える仙果として珍重されていた。一方、儒教の祖である孔子は桃を果物のなかで「下」

とみていた、という逸話が伝えられている（王秀文『桃の民俗誌』）。

注目されるのは、漢が衰退したあとの三世紀末に成立した三国（魏《ぎ》、呉《ご》、蜀《しょく》）時代の歴史書『三国志』中の『魏書《ぎしょ》』倭人《わじん》の条、通称「魏志倭人伝《ぎしわじんでん》」の記述だ。これによれば、三世紀前半の邪馬台国で女王卑弥呼《ひみこ》が「鬼道《きどう》」を操っていたという。

はて、鬼道とはいかなるものだったのか？

前掲の福永は初期道教系の経典にもとづき古代の中国において、鬼道には七つの要素があったと指摘する。祈禱、祭祀、呪い《まじない》、祝詞《のりと》、護符《ごふ》（お札信仰）、憑依《ひょうい》、神託である（「神僊《しんせん》・樓閣《ろうかく》・渦巻《うずまき》文《もん》」）。**邪馬台国を見聞した人物が鬼道と共通する呪的要素を卑弥呼の祭祀のなかに見出したのであろう**。このようなシャーマニズム的性格のつよい鬼道が他の民俗信仰と連動、集積されて道教の母胎となったとみられる。もちろん、卑弥呼の鬼道が全て大陸的というわけではなく、実際には列島土着の呪術信仰とないまぜになっていたのであろう。

（二）古墳時代——神獣鏡そして〝水と亀〟

古墳からは多数の神獣鏡《しんじゅうきょう》が出土しているが、そこには道教の母胎というべき神仙思想が表現されている（上田・前掲対談。神仙思想については第五章2、第十章1）。神獣鏡とは、鏡の背面に神仙像や虎、龍の形を組み合わせた紋様をもつ鏡のこと。

また、古墳時代に豪族がおこなっていた祭祀には、〝水と亀〟が密接に関わっていたことをすでに見た（第十章2）。これも道教系の祭祀形態とみることができる。水の祭祀は畿内のみならず東国にも見られることから、**道教系の祭祀形態は列島各地にひろがっていたと推定される。**

（三）飛鳥時代――天寿国の亀、四方拝、亀形石槽、道観

聖徳太子が六二二年に逝去したとき、天寿国繡帳《てんじゅこくしゅうちょう》が織られた（国宝、中宮寺《ちゅうぐうじ》蔵）。そこには太子が天寿国に往生するさまが表現された。そもそも天寿国とは天上にある不老不死（長生）の国を意味し、中国神仙思想における理想郷だ（福永「天寿国繡帳の曼荼羅図」）。この概念はサンスクリット語による仏典には見られないものだ。**つまりこの繡帳がもとづいているのは、仏教というよりは道教に近い。**そして天寿国には亀があしらわれている。じつは、**この亀の図像が、のちの斉明（皇極）が主導した前述の亀形石槽によく似ていて興味深い**（**写真**、前掲第十章写真2，図3）。

写真　天寿国曼荼羅繡帳（部分）（千田稔『飛鳥――水の王朝』中公新書より）

皇極は即位した六四二年に四方拝、つまり東西南北におわす諸神を拝する儀式によって存分に雨を降らせた。前述のように、これも道教儀礼であった（第十章1）。

斉明と天武の母子は道教思想にもとづいて、飛鳥の都を水の都とすることに邁進した。そこには〝亀〟が重要な役割を果たしており、**飛鳥の都のここ**

かしこに道教的景観が出現していた。

斉明は亀形石槽を中心とする水の祭祀場を造るとともに、至近の尾根筋に石垣をめぐらせて平坦部を造成し、天宮と呼ぶ道観を建て、庭には酒船石を配するなどした。一帯を道教祭祀の聖地としたのである。また、後飛鳥岡本宮の西北に隣接して壮大な苑池を造り、そこにも水の祭祀場を設けるなどした（第十章2）。

3　浸透していた道教

唐では「道先仏後《どうせんぶつご》」といって仏教より道教が重んじられていた（前掲、神塚『道教思想10講』）。そもそも唐王朝の成立からして道教が深くかかわっていたし、道教の尊重は唐代をつうじて一貫していた。

「天皇」「神宮」の起源は道教にあり

その一例を挙げれば、唐（六一八年〜九〇七年）の初代皇帝になる李淵《りえん》（高祖《こうそ》）が蜂起するや、「老子が世を度し（救い）、李淵が王となるであろう」との予言が盛んになされた。老子の支持者が李淵の周囲に多くいたのであろう。また第二代太宗《たいそう》および第三代高宗《こうそう》は「朕《ちん》の本系は老子から出ている」と言い、また第九代玄宗《げんそう》は「玄元皇帝（＝老子）は仙聖の宗師《そうし》であり国家の本系である」とした。また唐を代表する詩人の李白《りはく》や杜甫《とほ》も詩作などで老子や道教に限りない共感を示していた（坂出《さかで》祥伸《よしのぶ》『道教とはなにか』）。

さきに述べたように、我が国の朝廷は道教を拒否したと言われるが、内容の取捨選択はあっても、道教の全てを拒絶したとは到底考えられない。導入の一例を挙げれば、すでに触れた四方拝（第十章1、2）、水と亀の祭祀（第十章2、本章2）、天皇家固有の八角墳や（第五章2）、令和の即位式にも見られた天皇の座す八角形の高御座《たかみくら》も道教由来である。

天皇という語は、すでにあった和語スメラミコトに漢語の「天皇」を当てたことによって生まれた。これは国文学者や古代史家にひろく認められている見解だ（第四章1）。前掲の福永によれば、**「天皇」「神社」「神宮」「神道」は、もとは道教用語であるという**（『道教と古代の天皇制』ほか）。

「神社」は神を祭る祠《ほこら》として前四世紀の『墨子《ぼくし》』に初出していた。今では墨子はすっかり消えてしまったが、儒教に最も厳しく対立していた流派であり、道教と親近性があった。「神道」の語がもちいられるようになったのは二世紀半ば、後漢の頃であったという。中国南北朝時代の道家陶弘景《とうこうけい》（五世紀半ば〜六世紀前半）は、「神宮」を内宮と外宮に分けていた。伊勢神宮を構成する両宮を内宮、外宮と呼ぶのは、この範疇を適用したのであろう（第八章2）。

このように通常我が国のオリジナルと考えられている語も、もとを正せば大陸に起源をもっている。漢字をもちいることの宿命と言えようが、道教との関連にもっと注意を払う必要があるだろう。導入後に徐々に換骨奪胎《かんこつだったい》が進み、我が国流にアレンジされてゆくのではあるが——。

藤原京で読まれていた『老子』

『老子』の注目すべき第一章は宇宙生成論だが、その冒頭部を墨書した木簡がなんと持統王朝の都藤原京から出土している。「道可非常道」と墨書されていたが、これは「道可道、非常道」とあるべきところを一字脱落したか。その意味は、これが「道《みち》」だと言えるような（儒家の説く「道」は恒常不変の真の道ではない、というものだ（神塚淑子『『老子』〈道〉への回帰 書物誕生』）。『老子』の一節が木簡に写されていたとは、おそらくエリート官僚の間で『老子』が熱心に読まれていたことが想像される。本書が『老子』に注目するのも、なんら突飛な試みではないことがお分かりいただけるかと思う。

道教由来の呪文を墨書した木簡は藤原京跡地から数多く見出されているが、これにとどまらず平城京そして全国各地から出土している。七～八世紀初期のものが大阪市東住吉区、埼玉県行田《ぎょうだ》市から、八世紀半ば～九世紀のものが静岡県浜松市、石川県金沢市、東京都八王子市などから出土している（増尾《ますお》伸一郎《しんいちろう》「日本古代の宗教文化と道教」）。

4　世界は三極からなる

さて伊勢神宮の社殿配置を特徴づける三極にはいったい、どのような意味が託されていたのだろうか？

これに関連して特に注目したい『老子』の一節がある。それは道教思想に関心をもつ者ならだれもが知る、宇宙生成の根本命題だ。道教の達人たる天武も熟知していたであろう。すなわち、

道は一を生じ、一は二を生じ、二は三を生じ、三は万物を生じる

という、数をともなう宇宙生成の哲理である（第四十二章、拙訳）。これをめぐっては、さまざまな議論が繰りかえされてきた。本格的な宇宙生成論と捉える伝統的な解釈から、人生訓を説いたに過ぎないとみなす近年散見される解釈まで、その幅は大きい。もちろん、本書は前者の立場に立つ。

無から万物が生じる

『老子』が説く〝道〟は宇宙の母というべき存在で、タオと発音。道は宇宙生成の始原のエネルギーというべきもので、形をもたないが作用を及ぼす。『老子』はまた宇宙生成の根源に無を想定しており、道も無に属す。しかし、**この無には有《う》が潜在していて、無から有を生じるというのだ**。このように有と無の関係は単純な割り切りを許さず、一筋縄ではいかない。この思想は難解だが、それ故にこそ魅力的とも言え、深い洞察であることは確かだろう。科学哲学を実践的に探究する京都大学教授の広井《ひろい》良典《よしのり》は、老荘思想における無をつぎのように捉える（『無と意識の人類

史』）。「「無」**はポジティブな価値をもち、**「道」の概念とともに万物がそこから生成する根源のようなものとして把握された」と。

無に対するこのような解釈は現代最先端の物理学に通じるものがあるが、老子は直観的にこう捉えたのであろう。また『老子』の宇宙生成論は、

そのとき（太初において）無もなかりき、有もなかりき。（何もないところに：著者補足）何ものか発動せし

と謳い上げるインド最古の宇宙生成論に通じるものがある（辻直四郎《つじなおしろう》訳『リグ・ヴェーダ讃歌』）。東洋の宇宙生成論に共通する見方と言っていいだろう。なお、**無とは形をもたないこと、有とは形をもつことと読み替えると分かりやすい。**

道（＝無）から形をともなって現れ出たのが一である。道と一の関係は道教に独特だ。道は無に属すが、いま述べたように、この無には有が潜在していて、そこから現れ出るのが一。一は形をもち、そこから宇宙が展開する。再掲すると、

道は一を生じ、一は二を生じ、二は三を生じ、三は万物を生じる

すなわち、万物宇宙は〈一 ↓ 二 ↓ 三〉の三段階を経て生成する。本書が特に関心をもつの

はここである。

二から三への展開がキモ

一とは生まれたばかりの全一的な宇宙。伊勢神宮に掲げられる「太一」はこれに由来する（第九章1）。そこから対極をなす二、すなわち、陰と陽が生じる。地と天、女と男、凹と凸、柔と剛、谷と尾根、等々……。存在のさまざまなレベルと状況において、二極が出現する。**二極は第三極を得て交じり合う**、と『老子』はことばをつづける（第四十二章、拙訳）。

万物は陰陽二極をもち、そこに沖気《ちゅうき》が生じて陰と陽は交じり合い調和をなす

後半部の原文は「沖気以為和」。読み下すと「沖気以て和を為す」。従って〈三＝陰＋陽＋沖気〉と解釈できる。なお「沖」は揺り動かすこと。すでに引いたように、万物は〈一→二→三〉の三段階を経て生成されるが、これを嚙み砕いて言い換えると、

一には陰陽二極があるが、この二極は対立している。そこに第三の極として沖気が生じて二極を揺り動かし、二極は反応し合う。この（二極と沖気からなる）三極から万物が生じる。

陰陽二極はそのままでは動かないが、沖気が（触媒的に）作用して、初めて互いに反応するの

だ。以上を簡略に示すと、

道（無）↓一（有）↓二（陰＋陽）↓三（陰＋陽＋沖気）↓万物

となる。二は固定されずに三に至る。すなわち、**沖気の揺り動かす作用によって陰陽二極は反応し合う。〈陰陽二極＋沖気〉の三極から万物が生じるというのである。**ここが『老子』宇宙論のキモである。

中国思想と言うと、我々は陰陽二元（二極）論を頭に浮かべがちだが、『老子』が説くのは単純な二元論ではない。第三の極（沖気）が（触媒的に）陰陽二極にはたらきかけ、ここから万物が生じるという、いわば三極論である（本書はもっぱら道教的文脈を追っているが、西洋に目を向ければ、キリスト教でも父なる神・子であるキリスト・精霊《せいれい》からなる〈三位一体《さんみいったい》〉に見るように三が重視される。また、西洋哲学の弁証法に見る〈正↓反↓合〉の三段階でも三が最終的到達点であり、最も重要だ）。

5 『古事記』『日本書紀』にひそむ三極

我が国の、古典中の古典『古事記』『日本書紀』を振りかえると、ハタと思い当たることがある。二つの文献の冒頭に共通して出てくる場面だ。高天原に最初に登場し、何事もなさぬまま身を隠す三柱《みはしら》の神々がいた――（上段は『古事記』、下段は『日本書紀』一書による）。

●天御中主神《あめのみなかぬし》、天御中主尊《あめのみなかぬし》
●高御産巣日神《たかみむすひ》、高皇産霊尊《たかみむすひ》
●神産巣日神《かみむすひ》、神皇産霊尊《かみむすひ》

〝造化《ぞうか》三神〟と呼ばれる世界創成の神々だが、読み進めても三神が揃ってのちの展開に絡むことはない。高御産巣日神と神産巣日神は再登場するが、それは全く別の文脈においてである。なぜ名前だけ出てきて消えるのか。大いにいぶかしく、長らく議論の的となってきた。自信に満ちて「分からない」「意味不明だ」と言い切る論者もいる。分からないのが正しいことでもあるかのように――。

三神からはじまる『古事記』と『日本書紀』

『古事記』『日本書紀』では冒頭に造化三神が現れ、そして隠れたあと、神々や生命や国土を含め、万物がつぎつぎと生み出されてゆく。前掲の福永は、三神が現れ、そして身を隠すのは、六世紀に成立した道教の教理書『九天生神章経《きゅうてんせいしんしょうきょう》』に「共通し類似」すると指摘する（「『古事記』神話と道教神学」）。

『古事記』を見ると、造化三神が隠れたあとに、ウマシアシカビヒコジとアメノトコタチが登場してこれも何もせずに退場。この二神を加えた「五柱の神」を『古事記』は「別天《こと》つ神」、別格の天つ神とする。ついで国常立神《くにのとこたち》にはじまりイザナギとイザナミにいたる「神世七代《かみよななよ》」があらわれる。このように『古事記』において出現する神々の数は段階的に三→五→七と増えてゆくが、三からはじまる点で『老子』に共通する。三、五、七は言うまでもなく奇数だが、福永によれば、儒教は偶数を、道教は奇数を重んじると言う（「思想信仰としての南船北馬《なんせんほくば》」）。現代の我々にも馴染み深い七五三の風習は室町時代、あるいは江戸時代からとみられる。七五三の成立には複雑な経緯があるものの、背景には道教思想がはたらいていたと言えるだろう。

さてイザナギとイザナミは、「別天《こと》つ神」から授かった天《あめ》の沼鉾《ぬぼこ》をもちいてオノゴロ島という〝はじまりの島〟を造る。そこに降り立った二神は交合して島々を産む。これが大八嶋國《おおやしまぐに》、八つの島からなる日本列島である。そうやって出来た国土において、イザナギとイザナミはさまざまな神々を産む。その神々とは（神々の名は主に石川淳《いしかわじゅん》『新釈『古事記』』による）、

石の神
土砂の神
門の神
屋根を葺く神
屋の棟の神

風をふせぐ神
海の神（＝オオワタツミの神）
水戸《ミナト》の神（＝河口の神）
風の神
木の神
山の神（＝オオヤマツミの神）
野の神
天《アメ》ノ鳥船《トリフネ》（＝船の神）
穀物の神（＝オオゲツヒメ）
火の神（＝カグツチ）
金山《カナヤマ》の神
埴土《ハニヤス》の神（＝粘土の神）
田の水の女神
五穀のみのりの神（＝ワクムスヒの神）……

この世をつくる、あらゆる恵みの神々の出現——。**造化三神がイザナギとイザナミという陰陽二神を介して、この世の万物を司る神々を生み出している……**。まさに『老子』が説く、三から万物が生じる展開ではないか。となると、この造化三神は、『老子』の説く三に由来していると言ってよいのではないか。万物宇宙を生み出す三に――。

高御産巣日神を陽、神産巣日神を陰、天御中主神を沖気とみなせば、『古事記』『日本書紀』の根底に道教思想が蠢《うごめ》いていることに気づく。

『日本書紀』にはイザナギ・イザナミを陽神《ようしん》・陰神《いんしん》と表記する箇所が多数あり、その陰と陽が交わる。わざわざ陰と陽と表記するあたりは中国思想の影響が顕著だ。造化三神に『老子』の影響が見られても意外なことではない。

生成的な三

さて、注目すべき三は、二で割り切れないが故に、扱いは厄介だ。世界は複雑になり、思考においても実際においても効率がよくない。しかしその分、生成的とも言える。そこに根源的なちからが宿り、エネルギーの素となる。そう、三**はダイナミックであり、生成力に富んで発展的なのである**。だからこそ、そこから万物が生じ、宇宙が展開する。

二極論で割り切る見方は説明しやすいし、分かりやすくもある。儒教はこの立場に立つ。しかし、**そこからダイナミズムは生じにくい**。

二つに割り切れるという前提に立つと、世界を二項対立の相として捉えることができ、効率がいい。だが、それで、ありのままの世界をそのままそっくり、いきいきと捉えることができるのだろうか？

また二項対立のままだとそれは分断への道になりかねない。今日、二極論が流布するが、それは極論なのではないだろうか？

二極論か、三極論か？　その選択は我々が世界に接する際の態度の問題でもある。

生成力の獲得――伊勢神宮の三極

ここで改めて、伊勢神宮の社殿配置の生成プロセスを振りかえると、もともと宝殿一つであったものが、薬師寺の東塔と西塔に倣って、東宝殿と西宝殿という二棟の宝殿を生じ、もとの宝殿は正殿となった（第十章3）。この時、伊勢神宮は〈三極＝三角〉を獲得したが、それは万物を生み出す生成的な形であった。

逆に言うと生成運動の結果、**伊勢神宮にもたらされた三極のなかに、〈一→二→三→万物〉という道のはたらきの痕跡を確認することができる。**この見方を補強するのが『老子』第二十五章である。前掲の神塚はこれをつぎのように読み解く（『道教思想10講』、傍点著者）。

道は全てのものの中にあまねく行きわたる、つまり道は万物に普遍的に内在する

万物に普遍的に内在する道の様態を示しているのが、薬師寺と伊勢神宮に見られる三極と言えるのだ。

もちろん、道教哲理のむずかしい問題を持統や不比等が追究したわけではないだろう。三が万物を生じるというご利益こそ、かれらが欲したものであった。伊勢神宮聖域の核心をなす三極に

よって皇祖は永遠に生成的であり、それは式年遷宮に乗って確かに後世に伝わる。その結果、さらには皇統の永続を約束するのであった。伊勢神宮に生成力と永続性をもたらす、このような機転と工夫の背景には、老子の説く道教的哲理がはたらいていたのである。

終　章

時間の中の三極

ここまでもっぱら三極のもつ空間的側面を述べてきた。最後になったが、時間に目を向けたい。時は過去→現在→未来と線的にながれる。これがごく日常的な感覚だろう。あたかも川の流れのように。しかしひとが、今、この時という実存的意識に立つとき、〈現在〉の背後に膨大な〈過去〉が立ち現れる。そしてひとは前方に何もない空白の最前線に立っていることに慄然とするのである。前方に未知なる〈未来〉が待っているが、それはまだ空白としてあるに過ぎない。過去→現在→未来という線的なながれはたちまち歪《ひず》み、変形するのだ。

すなわち、**我々によって生きられる時間の中心には常に現在があり、〈現在・過去・未来〉という三極に内包されていることに気づく。**

1　現在・過去・未来

神道における重要な時間の観念に「中今」がある。「中今」とは時のながれのなかで今、この時が中心であり、それが悠久の時のながれにつながっているという直観である。

中今の時

中今についてはさきにも触れた（第十二章2）。時は過去↓現在↓未来と絶え間なくながれるが、その中で、今がいちばんだ。今、その中心にいると捉える実存的な感覚。それが中今であると言ったらいいだろうか。すなわち、ひとによって生きられる時間は、**過去↓現在↓未来というよりは〈現在・過去・未来〉なのである。**神道学・民俗学の折口信夫はつぎのように言う（「神道に現れた民俗論理」）。

続紀（『続日本紀』、著者注）を見ると、「すめらが御代々々中今」といふような発想語が見えている。**これは今が一番中心の時だという意味である。**すなわち、今のこの時間が、一番のほんとうの時間だ、と思っているのである。一方では、「皇《すめら》が御代々々」という長い時間を考えながら、しかも呪詞の力で、その長い時間の中でも、今がもっともほんとうの時間になる、と信じたのである

「中今」が意味するのは、悠久の長い長い時間のなかで皇祖および皇孫（＝歴代天皇）とつながっている今、この時――、と感じる直観だ。

神道に教義はないと言われるが、教義より重要なのはこの感覚であろう。折口が取り上げてい

る『続日本紀』に中今が出てくるのは、すでに見た文武天皇の即位式である。代替りの時こそ、中今が最もリアルに実感される時であったろう。悠久の時のながれの中に見出される〝今、この時〟こそ、神道における最高の時であった。

式年遷宮も〈現在・過去・未来〉からなる、時間における三極を内包している。遷宮のおこなわれるその時こそ、悠久の過去と永遠の未来に包まれる最高の時である。皇祖神があたらしい社殿に遷座する時、皇祖皇孫につながる今、この時を実感するのである。これこそが「もっともほんとうの時間」と天皇も皇族も、重臣たちも神職たちも信じたのである。中今は、式年遷宮が目的とする理念を殊の外よく表している。それは極めて神話的で神道的な行為であった。

もちろん、中今は日常折々の祈りにおいて常日頃より感じることであろうが、天皇の即位式や大嘗祭（第十二章2）、そして式年遷宮時（第八章1）にはひときわ、そのリアリティが高まるのである。なお、神道とは異なる視点から日本の文化を説いた評論家加藤周一《かとうしゅういち》は、

日本では人びとが「今＝ここ」に生きているようにみえる

という（『日本文化における時間と空間』）。そしてつぎのようにことばを添える。

時間や空間に対する態度、そのイメージや概念は、文化の差を超えて普遍的なものではなく、それぞれの文化に固有の型をもつにちがいない

加藤は中今に触れていないが、中今は日本の「文化に固有の型」のひとつ、それも代表例と言ってよいのではないか。しかし今、この時という刹那の重視は、ともすると全体の忘却にむすびつきやすく、方向を誤る危うさをともなうものでもある。

加速される血のながれ

持統王朝が体現した、天皇を中心とする〈皇太子―天皇―上皇〉という血脈のシステムも〈三世代＝三極〉のなかにあり、現在の中に過去と未来が併存する姿である。皇太子と上皇が創出されたことにより、この血脈システムはスムースに加速される。

皇太子は天皇となり、天皇は上皇となり、つぎの皇太子が指名される――。

このように次々と未来を取り込んでゆく血脈システムが持統王朝で具体的に示された。孫の珂瑠王は六九七年二月に皇太子になるが、わずか半年後の八月、持統天皇は十五歳の文武天皇に譲位して自らは上皇となるのであった。七〇一年に文武は男児（首親王《おびと》、聖武天皇）を儲けるも、当時はまだ後継に赤子の指名は叶わず翌年、持統上皇は逝去。文武も五年後に早逝し、その母親が即位し（元明）、次いで娘（元正《げんしょう》、文武の姉）が即位するという異例の展開となった。

現実は意想外の極めて複雑な経路をたどったが、〈皇太子―天皇―上皇〉という〈三世代＝三極〉にわたる血脈システムの存在が天皇制の存続をささえた。実際、天孫降臨神話との対応関係がこの時も成立していた（上山春平『神々の体系』、大山誠一『天孫降臨の夢』）。

〈アマテラス＝元明上皇〉
〈オシホミミ＝文武天皇〉
〈ニニギ＝首皇太子〉

天孫降臨神話にもとづいて神話的権威をともなうこの血脈システムこそ、天皇制を確実なものにしてゆくのであった、

三極の根底に道教思想があった

前章で見てきたことから、薬師寺や伊勢神宮に見られる三極の根底に、中国の道教思想がはたらいていたとみて大過ないであろう。三極を道教だけで説明するのは無理があるかもしれないが、本書は当時の大王・天皇家に浸透していた道教との文脈において三極を捉えた。ひとつの試論として受け取っていただければ、と思う。

なお本書では建築を念頭において三極と言ってきたが、道教では〝気〟が重視される。しかしながら『老子』本文に「気」は三カ所にしかなく、意外に少ない。これは老子につづくのちの道家たちが気を強調してきたことによる。〝気〟を重視する読者におかれては、あらゆる物に〝気〟や〝霊魂〟を見出す日本的アニミズムを呼び起こし、三極を三気と読み替えていただければ有難い。

中国思想では目には見えない宇宙生成のプロセスを、そのまま深遠な世界に止めておく。その点、我が国では内容を深く吟味するよりも、結論や形だけをいち早く取り入れてしまう性向があるようだ。すなわち、**思想を図式化し、すぐに建造物に具体化してしまうのだ**（第五章2）。それで思想の源泉は中国にあっても、じつは中国にはない独自の建築や墳墓、都市が生まれる。**八角墳、正方形の真ん中に宮がある藤原京、そして薬師寺や伊勢神宮の三極構造はその代表例と言えるだろう。**

以上、三極導入の理念的意味を、道教を手掛かりに探った。当時において道教は、先進国たる唐帝国が最も重視する、充分信頼するに値する呪術であり、思想であり、科学であった。

もちろん、自己満足的に三極が探究されたわけではなかった。天武と持統が欲したのは、繰りかえし述べてきたように、創り上げつつある「日本」という律令国家を盤石なものとし、その中枢を担う天皇家が未来永劫に繁栄の道を歩むことであった。持統天皇は、万物を生み出す三極の確かな生成力を伊勢神宮に内包させた。そのことによって、律令国家「日本」の確立と持統王朝の永遠の弥栄《いやさか》を祈念したのである。

2　三極のゆくえ

伊勢神宮の三極構造は式年遷宮によって永続することが約束されている。見てきたように、伊勢神宮は式年遷宮をとおして〈成長―中断―復活―修正〉のプロセスを経て今日に至っている。そのなかで内宮の三極構造は三百年余りもの長きにわたって失われていたが、近代になってようやく復活した（第八章4）。そして今や隆盛の時期を迎えている。

では、伽藍における三極構造はどうなったのか？　薬師寺につづいて三極をもつ国家の大寺は出現したのか？

読者はそう問われるだろう。

三極構造はだれもが知る巨大伽藍で確実に受け継がれた、のであるが……。

二つあった七重塔

三極をもつ国家の大寺が薬師寺につづいて建立された。奈良の大仏でだれもが知る東大寺である。建立したのは文武の子、すなわち持統の曾孫である聖武天皇だ。

聖武は七四〇年、難波宮への行幸の途上で智識寺を訪れ（第九章1）、盧舎那仏に遭遇して大いに感銘を受け、以後、大仏建立に邁進した。七四九年、東大寺の大仏建立を成功に導く神として、宇佐《うさ》八幡神《はらまんじん》を九州は豊後《ぶんご》国（ほぼ大分県）から奈良の都に招き寄せた。宇佐八幡神は建設途上にあった東大寺を参拝したが、これを迎え入れた際の宣命で、智識寺での体験が大仏建立のきっかけになったと述べている。

大仏建立の詔が七四三年に発せられ、七五二年にインド僧、菩提僊那《ぼだいせんな》（ボーディセーナ）を導師として大仏開眼《だいぶつかいげん》の儀式が盛大におこなわれた。この大仏は鋳造仏《ちゅうぞうぶつ》（金銅仏《こんどうぶつ》）として、世界最大

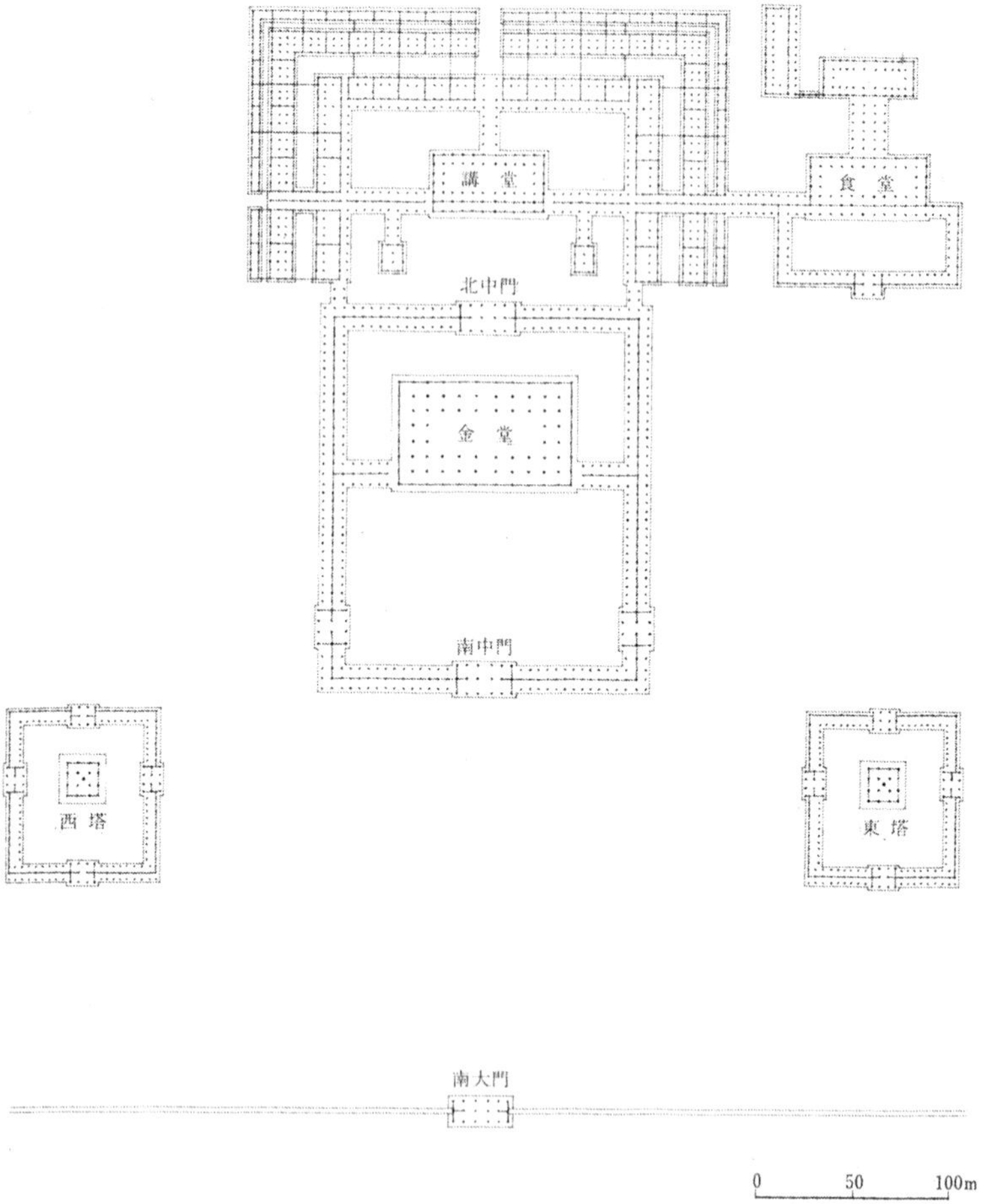

図　東大寺／配置復元図（日本建築学会編『日本建築史図集』彰国社より）

の規模を誇る。開眼供養がこの年になったのは、仏教公伝二百年を記念してのことであった。それは仏教公伝を五五二年とする『日本書紀』にもとづいていた。

あまり知られていないかもしれないが、かつて東大寺には七重塔が東西に二棟聳え建ち、列柱回廊奥の大仏殿と三極をつくっていた。それは薬師寺の壮大な拡大版であった（**図**）。

東と西に二棟並んでいた七重塔の高さについては二十三丈（六八メートル）説と三十三丈（九七メートル）説があった。つい最近、古文書の解読により二十三丈説に落着した（奈良文化財研究所、二〇二四年）。七重塔はそれぞれ列柱回廊に囲まれていた。

西塔は平安中期の九三四年に落雷により焼失。その後、再建途上にあった一〇〇〇年に再び焼失して現在に至る。東塔は平安末期の一一八〇年に平家の焼討ちにより焼失。鎌倉時代の一二二三年に再建されたが、南北朝時代の一三六二年に落雷により再び焼失した。東塔も西塔も現在は基壇の跡を遺すのみ。残念ながら、ここで三極を体感することはできない（東大寺では東塔を再建し、西塔や講堂、僧坊などは創建時の姿が分かるよう礎石などを整備する計画という。『日経デジタル』二〇二三年四月二十六日）。

三極を上回る〝巨大幻想〟

しかし往時を想像復元してみると、三極の観点からは、諸手を上げて礼讃できる状況ではなかったようだ。

二棟の七重塔が大仏殿を囲む大列柱回廊の外に出て、独自に列柱回廊を構えていること、また、

写真1　江戸時代に再建された大仏殿（著者撮影）

大仏殿と七重塔の距離が二七〇メートル、二塔間が四〇〇メートルと、非常に離れていることから、三極は視覚的にまとまりを欠き、一体性に乏しかったと言わざるを得ない。確かに三極は列柱回廊という共通アイテムを介して類同性をもっていた。これによって三極は、三つのゾーンとして辛うじて認識されたであろう。しかし伽藍の巨大性故に全体が茫漠《ぼうばく》となってしまい、三極の全体像が結びにくかったと想像せざるを得ない。残念ながら伊勢神宮の結晶体を想わせるような三極の緊迫感は見出しがたいのだ。

　薬師寺と比べて伽藍は格段に巨大化し、東大寺は並ぶものなき威容を誇った。しかしそのことが逆に、三極構造の意味合いを弱めてしまったことは否めず、皮肉な結果と言うしかない。言い換えれば、三極という形式は保たれたが、その意味が置き去りにされたということか……。大きいことはいいことだ、とばかりに〝巨大幻想〟に突き動かされて、三極は見失われてしまったのだろうか？

だが、東大寺には是非とも巨大でなければならない事情があった。

東大寺のあらたな事情

東大寺という名は、西大寺《さいだいじ》に対しての通称であり、正式名は「金光明《こんこうみょう》四天王護国之寺」という。華厳宗《けごんしゅう》の大本山である。平家の焼討ちに遭った東大寺は鎌倉時代に勧進僧重源《かんじんそうちょうげん》によって再建されたが、その南大門に掲げられた扁額《へんがく》には「大華厳寺」とある。華厳宗は大乗仏教とされるが、じつは後期の大乗仏教であり、密教に近い。ちなみに重源は密教僧であった。

写真2　台座の連弁には盧舎那仏の化身として多数の釈迦如来が表現される／レプリカ（著者撮影）

なお重源が再建した大仏も大仏殿も焼失し、現状は江戸時代の再建による（**写真1**）。但し大仏の台座まわりは創建時のまま（**写真2**）。台座の蓮弁《れんべん》には華厳経の世界観が表現されている。

密教では仏教を顕教《けんきょう》と密教に分ける。従来の顕教では釈迦を本尊とするが、密教では大日如来という太陽神を万物宇宙の根源とし、釈迦も大日如来《だいにちにょらい》の化身とする。あまり知られていないが、東大寺は大乗仏教と密教の接点に位置づけることができる。

東大寺の大仏が依拠するのは『華厳経』と『梵網経《ぼんもう》』であ

る。『梵網経』は『華厳経』の一部を具体化する性格をもつが、中国における偽経とみられている。しかし影響力は大きかった。これらは比較的あたらしい経典で、『華厳経』は砂漠の中のオアシス都市ホータンで三世紀に編纂された。ホータンは現在の中国新疆《しんきょう》ウイグル自治区和田《ホータン》市。広大無辺《こうだいむへん》、果てしなくつづくタクラマカン砂漠の中で編まれたせいか、『華厳経』は無限のイメージを強調する。森羅万象《しんらばんしょう》が万華鏡のように互いを照らし出し、無限に関連し合うネットワークこそ、この世界であると説く。このネットワークを経典では因陀羅網《いんだらもう》という。因陀羅とはインド神話の雷神であるインドラ。

　そのような無限世界を想定し、これを生み出した教主こそ、太陽の化身とされる盧舎那《るしゃな》仏、すなわち東大寺の大仏にほかならない。そこで盧舎那仏は釈迦をも包含する絶対的存在であり、釈迦を盧舎那仏の化身と見なすなど、じつは釈迦を相対化したところがある。薬師寺が本尊とする薬師如来はガンジス河流域で生まれたとも言われるが、それとは大分、世界観が異なるのだ。盧遮那仏は毘盧遮那《びるしゃな》仏とも呼ばれ、サンスクリット語のヴァイローチャナを音写した呼称。密教では大日《だいにち》如来と呼ばれる。

　となれば、ほとけが巨大化し、伽藍規模も巨大化するのは必然であった。そのなかで、**薬師寺から伝わった三極は本来の意味を失い、ただ形式を残すのみとなったのか。**

　すでに述べたように（第五章3）、聖武の詔によって全国各地に国分寺が建立されたが、東大寺はそれら国分寺の総本山と位置づけられた（「総国分寺」）。国分寺の伽藍配置には多くのバリエーションがあったが、東大寺につづく三極構造の寺が国分寺に出現することはなかった。

但し総国分尼寺と位置づけられた法華寺には東塔と西塔の痕跡が遺る。この寺は光明《こうみょう》皇后宮を前身とし、完成は七八二年とみられる。また国分寺ではないが、奈良時代末期、七八〇年頃の発願と伝わる秋篠寺《あきしのでら》にも東西に双塔があった。これらの寺においても、金堂とともに三極をなしていたわけだが、伽藍においてこのながれはやがて消えてゆく。

三極は独り伊勢神宮で生き延びることとなったのである――。

伊勢神宮で生き延びる三極

伊勢神宮では古代、中世をつうじて三極が保持されていた。ところがすでに述べたように、戦国時代をはさみ、百二十余年にわたって式年遷宮を催行できない時期がつづいた。ようやく内宮で式年遷宮が復活した一五八五年、社殿配置に大きな異変が起きてしまった。社殿配置は三極を失い、正殿と二棟の宝殿からなる三社殿が東西〈ヨコ一線〉に配されるのだった（第八章４）。いくら社殿が三棟あっても、〈ヨコ一線〉では極は生まれない。

この状態が安土桃山から江戸時代をつうじ明治二十二年まで、三百余年の長きにわたって営々とつづいた。この間、内宮は伊勢神宮の核心というべき三極を喪失していたのである。それは朝廷が衰退していた時期と重なる。神宮は〝魂を欠いていた〟と言ったら言い過ぎだろうか？

この、**核心を欠いた神宮の危機的状態は明治二度目の式年遷宮で、ようやくにして打ち止めとなった。**この時、伊勢神宮本来の三極構造が蘇ったのである。このことはもっと知られてよいだろう。九死に一生を得たと言えるほどの復活劇であった。それが起きたのは、伊勢神宮の長い千三百年の歴史のなかで、たった百三十年前のことである。この抜本的修正がなかったならば、伊勢神宮は魂を失ったままに今に至っていたであろう。

エピローグ

三極構造は未来に向かう

現代の我々が古代に少なからぬリアリティを感じるのは、天皇という存在が国民の象徴として今も存続しているからだろう。となれば、天皇のはじまりは古代にあることは確かだとして、古代のどの時点から、誰からなのか、それが気になってくる。

そこで忘れてならないのは、天皇以前の段階として大王の段階があったことだ（その前段階としての王の段階があったが、ここでは問わない）。

歴史学があきらかにしているように、**大王は豪族間の談合あるいは武闘によって決まる、豪族間におけるトップに過ぎなかった。**豪族間に王位継承の暗黙のルールがあって、常にみながおとなしく従っていたわけではなかったのである（第四章2）。各豪族はそれぞれの氏神をもっており、大王の氏神が全豪族に被るわけでもなかった。当時の国家的最高神は外来神であるタカミムスヒであり、皇祖神アマテラスはまだ成立していなかった（第六章）。すなわち歴代大王に、世襲による一系性は認めがたいのだ。**このような大王と天皇の違いは、単なる呼称の問題ではなかった。そのあり方からして全く違ったのである。**

本書執筆も終盤に差し掛かった二〇二三年、富雄《とみお》丸山古墳（奈良市丸山）から東アジア最長最古の鉄剣とみられる蛇行剣《だこうけん》と我が国初の異形の盾形銅鏡《たてがたどうきょう》が見出され（奈良市埋蔵文化財調査センター、橿原考古学研究所）、〝空白の四世紀〟を埋める大発見として大いに話題になった。私はこれらの剣や鏡が前方後円墳ではなく、我が国最大の円墳から出土したことに注目したい。

前方後円墳《ぜんぽうこうえんふん》は大王ないしこれに近い豪族のものとみなされ、とかく前方後円墳ばかりが注目されがちだ。だが、大王から距離があるとみられる円墳から、前方後円墳にも見られない豪華な副葬品が出土したことは、何を意味しているのだろうか？　よく考えてみる必要があるだろう。当時の大王は圧倒的な力で豪族たちを強力に支配するようなものではなく、大王と豪族は共存し、緩やかにそれぞれが分立していたことを物語るように思われる。

やがて大王の段階を脱却し、神話に裏付けられて今日につながる天皇が出現する。天上に高天原が設定され、天皇は、高天原を主宰するアマテラスの子孫の位置づけを得て登場するのである（第七章3）。このようにして天孫降臨神話によって神話的権威を帯びた天皇が出現したのは七世紀も末から八世紀初めのことであった（第十二章）。天皇制の揺籃期は天智、天武の代であった。この時期を経て、**天皇の血筋を権威付ける神話と〈皇太子―天皇―上皇〉からなる天皇制システムをともなって持統王朝が確立した**（第十一章1、第十二章2）。この時、我が国は天皇への衣替えを完了させて、アマテラスの子孫である天皇を戴く律令国家として発足したのである。

そしてこの時、『古事記』も『日本書紀』も、当初の枠組み（パラダイム）**を大きく変えた**（第七章2）。「男系男子」による「万世一系」的発想の下、初代「神武天皇」以降、大王という天皇**の前段階を全て天皇に塗り替え、「万世一系」のイメージをつよく打ち出すのであった**。特に

『日本書紀』は持統王朝を起点として全過去を振りかえり、この時期に構築された〝あるべき〟天皇制を全過去にさかのぼらせた。すなわち、全ての大王に天皇の称号を与えて「万世一系」的イメージを纏《まと》わせ、天皇は全ての歴史をつらぬくものとなったのである。古代史永遠のテーマとなっている邪馬台国の女王卑弥呼は中国の史書に登場するが、我が国の正史『日本書紀』に登場しないのは、「万世一系」のイメージにそぐわないからであろう。

編纂の最終段階で起きたこの大転換を主導したキーパーソンは藤原不比等であった（第七章3、第十二章1）。このようであるから、『日本書紀』の枠組みを真に受けると火傷をしてしまいかねないのだ。

天皇の歴史を振りかえれば、『日本書紀』が打ち出し、明治憲法によって国民周知のものとなった影響が今なお残る「万世一系」のイメージから（第十一章）、皇位の継承はずっと〈父―子―孫〉というサイクルで繰りかえされてきたと思いがちだ。しかし、そんなことは全くなかった。本書で見てきた七世紀の飛鳥時代においては、皇位（王位）に絡む三つの系譜があった。それは、

（一）聖徳太子の系譜＝〈聖徳太子→山背大兄〉
（二）大王舒明の系譜＝〈舒明→皇極・斉明▼→天智〉
（三）持統王朝の系譜＝〈天武→持統▼〉＋〈天智→持統▼→文武〉

である。興味深いことに、それぞれの系譜には社寺建築の配置タイプが対応していた。本書が注

目したのはここであった。本書の生命線でもある。

（一）聖徳太子の系譜：〈南北タテ一列〉＝法隆寺若草伽藍
（二）大王舒明の系譜：〈東西ヨコ並び〉＝百済大寺、法隆寺西院伽藍
（三）持統王朝の系譜：〈三極構造〉＝薬師寺、伊勢神宮

天皇（あるいは天皇たらんとする者）**たちは、建立する神社仏閣の配置タイプで自らの血筋を表明していた。**言い換えると、社寺建築の配置タイプは発願者それぞれの血筋を代弁していた。目には見えない血筋を社寺建築の配置タイプで可視化したのである。天皇たちは建築群の発する世界観や壮麗さをもって己の血筋の優位を誇示し、自らの正統化を図った。彼らは極めて戦略的に社寺建築をもちいていた。

　奇しくも第一走者となったのが聖徳太子の系譜であったが、これをスプリングボードにして、大王舒明の系譜は太子の系譜を全否定した（第三章２）。天智の娘である持統天皇は、舒明の系譜を引く父と、これに反旗を翻した夫天武の対立関係を〝神として〟包み込み、あらたな王朝を確立した（持統王朝、第十二章）。**この王朝は〈天武↓持統▼〉という夫から妻への系譜を支流として呑み込み、〈天智↓持統▼↓文武〉という父から娘へ、そして孫へとつながる系譜こそ本流とした。**

　さらに持統王朝は、我が国固有の上皇制の導入により、天皇の血筋に確かな道筋を付けた。

〈皇太子―天皇―上皇〉という〈三世代＝三極〉にわたる血脈システムを内実として天皇制が樹立されたのだ（第十一章2、第十二章2）。このシステムがあったからこそ、天皇制が今日まで存続してきたと言える。上皇は明治二十二年に制定された皇室典範で廃止されたが、平成天皇の「お言葉」が切っ掛けになり二〇一九年に復活したことは記憶にあたらしい。

同時に持統は、**伊勢神宮において〈一正殿＋二宝殿〉からなる三極構造を打ち出した。結晶体を想わせる完全無欠な伊勢神宮は持統王朝の完璧さを象徴した**（第十章3）。そして持統は、**伊勢神宮に天皇制の永続を託した**。伊勢神宮には式年遷宮という更新・再生のシステムが埋め込まれた（第八章1）。紆余曲折を経ながらも、持統王朝の淵源をなす天智の血筋が今日の皇室につながっているのである。

だが伊勢神宮の式年遷宮は思わぬ挫折に遭遇した。中世末期、世が戦乱を迎えるや、朝廷は衰微し、式年遷宮を執りおこなうことができなくなった。正殿が倒壊しても再建できず、宝殿を代用するありさまだった。そんな惨状がつづいたのである。ようやくにして式年遷宮が復活した時、あろうことか、伊勢神宮は大きな過ちを犯してしまう（第八章4）。

過ちが生じたのは式年遷宮を必要とするほど建築が耐久性を欠いていたからであり、過ちをスムースに正すことができたのもまた、式年遷宮というシステムがあったからであった。現在の伊勢神宮の在りようは、〈成長―中断―復活―修正〉というプロセスの集積と言える（第八章3）。

国家の大寺における三極構造は薬師寺ではじまったが、早くも東大寺で形骸化し、その後、伽藍から消えた（終章2）。しかし、**結晶体を想わせる完璧さをそなえる三極構造は、薬師寺から**

伊勢神宮に転移した（第九章1、3、第十章3）。三極構造は持統王朝の皇統を表徴するものとなり、皇祖を祭る伊勢神宮にこそ必須とされた。伊勢神宮の三極構造は歴史の荒波に揉まれながらも、式年遷宮というシステムに乗って今日まで生き延びてきた。

皇室の核心となり、日本国家の長い歴史をささえてきた伊勢神宮の三極構造は、式年遷宮というシステムに乗り、未来に向かって永続してゆくのだろう。

読む年表

読む年表1　若草伽藍塔心礎の来歴をめぐって

六二〇年代　若草伽藍五重塔の心礎が据え付けられる

一八九六年頃（明治）　法隆寺信徒代表・北畠治房男爵の邸宅に庭石として運び込まれる

一九一五年（大正）　経済的に困窮した法隆寺によって、摂州住吉（現・神戸市東灘区）の久原房之助邸に庭石として売却され、運び込まれる

一九三八年（昭和）　野村證券の創業者・野村徳七の所有となる

一九三九年四月　法隆寺修理事務所長・岸熊吉が住吉の野村邸を訪れ、塔心礎を確認する。併せて野村合名会社の所有となっていること、寄付してもらえる可能性があることを管主・佐伯定胤に報告

一九三九年五月　佐伯管主は野村合名会社社長・野村徳七邸を訪れ、心礎の寄進を願い出る。野村は即座に快諾し、無償で返還されることとなった

一九三九年十月　若草の地に返還される

一九三九年十二月　佐伯管主の依頼により、石田茂作によって若草伽藍の発掘調査がおこなわれる。西院伽藍と同じく塔と金堂が〈ヨコに並ぶ配置タイプ〉と予想されていたが、塔と金堂が〈タテ一列に連なる配置タイプ〉であった。また塔と金堂をつらぬく中軸線は筋違道および斑鳩地域の地割りと同じく西に二十度傾いていた。この発掘調査の結果、若草伽藍が聖徳太子創建の法隆寺であったこと、西院伽藍は若草伽藍の焼失後に建てられたことがほぼ定説となった

読む年表2　法隆寺再建・非再建論争史をめぐって

（明治）

一八九〇年　黒川真頼は『日本書紀』にいう天智八年に焼失した斑鳩寺と天智九年に焼失した法隆寺を別の寺とし、斑鳩寺は再建されなかったが、法隆寺は再建されたとした（「法隆寺建築説」）

一八九六年　小杉榲邨は法隆寺金堂の壁画を論じるにあたり、金堂の建設年代を特定する必要から再建説を説いた。古来、法隆寺に火災はなかったとする寺伝や古書を苛烈に論難した（「法隆寺金堂壁畫の説に就きて」）

一八九七、八年頃　関野貞が北畠治房邸に運び込まれた若草伽藍塔心礎を見る。斑鳩寺と法隆寺の二寺が併存していたとの説を北畠から聞く。併せて関野は若草伽藍跡を初めて見るが、この時、焼土の痕跡には気付かなかった

一九〇〇年　専ら口頭で主張されていた法隆寺信徒総代・北畠治房の自筆原稿が法隆寺で発見された。その後、非再建派が説く二寺併存説の先駆けであった

一九〇五年二月　平子鐸嶺は「審査の結果」として法隆寺金堂、中門、五重塔は推古様式と断定した。そして『日本書紀』にいう天智九年庚午《こうご》（六七〇年）は、推古十八年庚午（六一〇年）を誤ったものと主張。つまり干支《かんし》を一回り繰り上げて、火災は六十年前のこととし、しかも伽藍中枢に及ぶものではなかったとした（「法隆寺草創考」）

一九〇五年二月　関野貞は建築様式論と尺度論から法隆寺を飛鳥時代の建築とし、再建によるものではない主張した。「金堂・塔婆・中門等の形式手法」は「雄麗の裡、多少古拙撲實の風を帯ぶ」と評し、「純然たる飛鳥式」とした。また特に尺度論は厖大かつ精緻を極めるものであった（「法隆寺金堂塔婆及中門非再建論」）

一九〇五年四月　喜田貞吉は関野の尺度論と平子の干支一運説を論難した（「平子関野両氏の法隆寺非再建論を駁す」）

一九〇五年五月　喜田貞吉は『日本書紀』を尊重すべきことを説き、実物論が依拠する様式論に根本的な疑念を表した（「法隆寺の羅災を立証して一部藝術史家の研究方法を疑ふ」）

一九一一年（大正）　平子鐸嶺没。享年三十五

一九二七年（昭和）　『日本書紀』の斑鳩寺・法隆寺の火災記事を一切認めなかった関野貞が、改めて若草伽藍跡を訪れてその焼失を認めた。学界内外に大きな衝撃をあたえたが、

非再建説を取り下げたわけではなかった。山背大兄らにより聖徳太子のために建立された若草伽藍と、太子が建立した現存金堂が同時に存在していたという二寺併存説であった（「法隆寺主要堂塔の建立年代」）。これには北畠の二寺併存説の影響が認められる

一九三四年　喜田貞吉が論争の回顧録を著わす（『法隆寺再建非再建論の回顧』）。再建説の勝利を確信する内容であった

一九三五年　関野貞没。享年六十八

一九三九年三月　東大構内の山上御殿にて、新非再建説を引っ提げて登場した足立康と喜田貞吉の討論会が開催された。甲論乙駁であったが、一般の聴衆には雄弁な足立が優勢に見えたようであった。足立は二カ月後に発表した論文のはしがきで「私の説は博士の反駁により却って益々強化されるに至った」と豪語している

一九三九年五月　足立康は新非再建説を発表して波紋を広げた（「法隆寺再建論と新非再建論」）。聖徳太子が建てた若草伽藍と太子廟である釈迦堂が併存していた。若草伽藍は焼失したが、この釈迦堂が現在の金堂になり、これをコアとして西院伽藍が出来たというものであった。二寺の中身は関野説と異なるものの発想には共通点が見られ、これを全くの独創であるかのように主張することへの批判もあった

一九三九年七月　喜田貞吉は持論の集大成というべき論文を発表した（「今の法隆寺伽藍は焼失後の再建――足立博士の新非再建論に対して」）。喜田は七月三日に六十九歳で没していたから、死の間際に完成させた論文であった。足立の新論は「今の主要伽藍は飛鳥時代の建築」とする非再建説の基本的立場を変えておらず、『七大寺年表』と大きく喰い違うことを突く。さらには金堂・塔・中門・回廊の「完

成が和銅の初めであったとしても、其の様式が和銅（七〇八年~七一五年）の頃のものと見做すべき必要はなく」と、非再建説の盲点を露わにするのであった

一九三九年十二月　（年表1参照）

一九四一年十月　足立康編著『法隆寺再建非再建論争史』刊行。法隆寺をめぐって交わされた主要な再建説、非再建説を集成した論文集。論争の初期から、発掘調査結果を経ての足立による最後の新非再建説「法隆寺新非再建論の新証拠」までを収録

一九四一年十二月　足立康没、享年四十四

読む年表3　若草伽藍、百済大寺、西院伽藍をめぐって

六〇一年　聖徳太子を筆頭とする上宮王家が斑鳩宮に移り住む

六〇七年　聖徳太子が若草伽藍金堂を完成させる。本尊・薬師如来像を安置

六二二年　聖徳太子が斑鳩宮にて病没。享年四十九

六二〇年代　聖徳太子の長男・山背大兄が若草伽藍五重塔を完成させる。塔と金堂が南北タテ一列に連なる威容が出現した

六二八年　女性大王推古没、享年七十五
後継の座をめぐり、田村王と山背大兄王が激しく対立した。蘇我氏は内部分裂を起こし、田村は蘇我氏主流の蝦夷が推し、山背は蘇我氏傍流の摩理勢が推した。田村に蘇我の血は入っていないが蝦夷の妹を娶っており、すでに古人大兄王を得

ていた。蘇我氏主流には、田村の次に古人を即位させる算段があった。山背には父の名望を背に、自分こそ即位して当然との揺るがぬ自負があった。結局、蝦夷により摩理勢は絞殺された

六二九年　田村王が即位（舒明）

六三九年　大王舒明が百済大宮・大寺の建立を発願。百済大寺は最大の規模を誇る初の官寺であった。またその伽藍配置は上宮王家の若草伽藍と正反対の金堂と九重塔が〈東西ヨコ〉に並ぶ初例であった

六四一年　大王舒明没、享年四十九。中大兄王子十六歳（のちの天智）が殯の場で誄をする。

六四二年　皇后が即位（皇極）

六四三年　大宮はほぼ完成したとみられるが、大寺の建立は大王皇極に受け継がれる
斑鳩宮が蘇我入鹿および皇極の弟軽王らによって焼き討ちにされる。山背大兄以下、上宮王家は若草伽藍の五重塔にて集団自決。享年不詳

六六四～五年　中大兄王子により法隆寺一新計画が具体化か。伽藍配置は百済大寺を踏襲して金堂と五重塔が〈東西ヨコ〉に並ぶ。その構成は緻密になり、百済大寺に優る聖域空間となる

六六八年　中大兄王子が即位（天智）
天智天皇が百済大寺金堂に丈六釈迦像を寄進

六六九年　法隆寺西院伽藍金堂ほぼ完成か
天智天皇の命により若草伽藍が放火されるも失敗

六七〇年　天智天皇の命により若草伽藍が放火され全焼

六七一年　天智天皇病没、享年四十六

六七二年　壬申の乱が勃発。天智の兄弟・大海人皇子が天智の子・大友皇子を武力で破る。大友の首実検にまで至ったのは、大海人がこの乱を「革命」と意識していたからか

六七三年　大海人皇子が即位（天武）。天智の娘・鸕野皇女を皇后とする
百済大寺が飛鳥に移築され高市大寺と名を変える

六七七年　高市大寺から大官大寺と名を変える

六八六年　天武天皇病没、享年不詳

六九〇年　皇后が神として即位（持統）

六九三年　持統天皇が法隆寺西院伽藍金堂に天蓋を寄進。釈迦三尊像の東に安置された「根本本尊」薬師像の上に懸けられた

六九〇年代後半　法隆寺西院伽藍五重塔ほぼ完成か

七一一年　法隆寺西院伽藍中門に金剛力士像を設置。すでに中門は完成していた。これで主要部が整ったとみられる

読む年表4　繰りかえされた吉野行幸をめぐって

六七三年四月　天武、伊勢の斎王に大来皇女を任命

六七四年十月　斎王大来、伊勢に赴く。伊勢神宮社殿は板校倉造りであった

六七九年五月　天武、吉野に天武と天智の皇子六名を召集。後継を息子の草壁皇子に決定（吉野の盟約）。皇后同席

六八六年九月　天武天皇没
同年十月　皇后、草壁のライバル大津皇子を死に追いやる
同年十一月　皇后、大津の姉の斎王大来を伊勢から戻す
六八九年一月十八日〜二十一日　皇后、吉野に行幸
同年四月　草壁没。病弱故、年初には予期されていたか
同年八月四日〜?　皇后、吉野に行幸
六九〇年一月　持統天皇即位式。大王・天皇史上、初めて神として即位した
同年二月十七日〜?　持統、吉野に行幸
同年五月三日〜?　持統、吉野に行幸
同年八月四日〜?　持統、吉野に行幸
同年九月　内宮第一回式年遷宮。〈アマテラス＝持統〉の権威高まる
同年十月五日〜?　持統、吉野に行幸
同年十二月十二日〜十四日　持統、吉野に行幸
六九一年一月十六日〜二十三日　持統、吉野に行幸
同年四月十六日〜二十二日　持統、吉野に行幸
同年七月三日〜十二日　持統、吉野に行幸
同年十月十三日〜二十日　持統、吉野に行幸
六九二年三月　持統、伊勢に行幸。外宮式年遷宮の準備状況を確認する。内宮に対して、〈アマテラス＝持統〉として振る舞うことの許しを得たか
同年五月十二日〜十六日　持統、吉野に行幸

同年七月九日〜二十八日　持統、吉野に行幸
同年九月　外宮第一回式年遷宮
同年十月十二日〜十九日　持統、吉野に行幸
六九三年三月六日〜十三日　持統、吉野に行幸
同年五月一日〜七日　持統、吉野に行幸
同年七月七日〜十六日　持統、吉野に行幸
同年八月十七日〜二十一日　持統、吉野に行幸
同年十一月五日〜？　持統、吉野に行幸
六九四年一月二十四日〜？　持統、吉野に行幸
同年四月七日〜十四日？　持統、吉野に行幸
同年九月四日〜？　持統、吉野に行幸
六九五年閏二月八日〜十五日　持統、吉野に行幸
同年三月十二日〜十五日　持統、吉野に行幸
同年六月十八日〜二十六日　持統、吉野に行幸
同年八月二十四日〜三十日　持統、吉野に行幸
同年十二月五日〜十三日　持統、吉野に行幸
六九六年二月三日〜十三日　持統、吉野に行幸
同年四月二十八日〜五月四日　持統、吉野に行幸
同年六月十八日〜二十六日　持統、吉野に行幸
同年十二月　宮中にて後継者決定会議。大友皇子の子、葛野王の主導により持統の孫で草壁の息子、珂瑠王に決まる

六九七年二月？　珂瑠王、立太子
　同年四月七日～十四日　持統、吉野に行幸
　同年八月　文武天皇即位（十五歳）、持統は上皇となる
六九八年九月　斎王を伊勢に派遣（『続日本紀』）
七〇一年六月二十九日～七月十日　持統、吉野に行幸（同前）
七〇二年十一月　持統上皇、伊勢を含む各地を行幸（同前）
　同年十二月　持統上皇没（同前）

読む年表5　法隆寺、薬師寺、伊勢神宮をめぐって

六七〇年　法隆寺若草伽藍が全焼。すでに西院伽藍の金堂が完成していたか
六七九年　朝鮮半島は統一新羅の都・慶州に三極構造をもつ四天王寺が完成
六八〇年　新羅の四天王寺情報を得た天武が三極構造をもつ薬師寺の建立を発願。『日本書紀』は皇后の病気平癒を祈願して発願したと伝えるが、三カ月後には全快している
六八二年　本薬師寺金堂が着工
六八六年　前年から重篤な病に陥っていた天武没
六八七年　本薬師寺金堂が完成
六八八年　伊勢神宮において式年遷宮が制度化される（または六八五年）

六八九年　伊勢神宮の設計に三極構造が導入される。藤原不比等の主導によるものか
六九〇年一月　皇后が神として即位（持統）
　同年九月　伊勢神宮内宮で初の式年遷宮を挙行。この時、三極構造と神明造りが成立した
六九二年三月　持統、伊勢に行幸
　同年九月　伊勢神宮外宮で式年遷宮を挙行
六九三年　持統、法隆寺西院伽藍に天蓋を寄進。金堂の本尊・釈迦三尊像の東に安置された「根本本尊」薬師像の上に懸けられた
六九四年　持統、法隆寺に『金光明経』全八巻を奉納
六九七年　天孫降臨神話にもとづいて持統が孫に譲位（文武）。この頃、薬師寺の三極構造が全貌を現す
六九八年　本薬師寺三重塔二基および僧坊、食堂、講堂などが完成
六九〇年代後半　法隆寺西院伽藍の五重塔が完成か
七一〇年頃　法隆寺西院伽藍の中門が完成か
七三〇年頃　平城京薬師寺三重塔東塔完成（『扶桑略紀』および年輪年代法による）

読む年表6　排除された天武の皇子たちをめぐって

六七九年一月　天武天皇が、自分より身分の低い母（「卑母」）を敬ってはならないとの詔を出した。天武には十人の皇子がいたが、彼らが即位する可能性を狭める、つまり卑母

をもつ皇子を排除する意図があった。これは皇后の求めに天武が応じたものであろう

六七九年五月　天武天皇は後継の可能性がある天武の皇子四名（草壁皇子、大津皇子、高市皇子、忍壁皇子）、天智の皇子二名（河嶋皇子、施基皇子）を吉野宮に呼び出し、皇后同席の下、後継は草壁皇子であることを確約させた。草壁皇子以外の皇子たちを排除したのである。これも皇后の求めに天武が応じたものであろう

六八六年九月　天武病没。長期の殯に入る。年齢的に即位の可能性のある天武の皇子は、吉野の盟約に参加した四名のほか、磯城皇子が加わり五名となっていた

六八六年十月　大津皇子に「謀反」の企てありと大津と懇意の河嶋皇子から密告。即日に逮捕され翌日自決、享年二十四。草壁皇子の最大のライバルが排除された

六八九年四月　草壁皇子病没、享年二十八。天武の皇子たちを排除して七歳の遺児珂瑠王の即位に道を拓くべく、皇后は自身をアマテラスになぞらえた天孫降臨神話を準備。草壁葬儀の場で詠まれた柿本人麻呂による挽歌にその一端が発現した

六九〇年一月　皇后、神として即位（持統）

六九〇年七月　天武の長男・高市皇子を太政大臣に任命（十月に藤原宮建設予定地を訪れる。十二月には持統を当地に案内する）

六九〇年九月　伊勢神宮最初の式年遷宮を挙行。持統天皇に擬された祭神アマテラスの登場により、持統の意思は神意に近いものとなった。伊勢神宮はイマジナリーに〈アマテラス＝持統〉の御在所となった

六九六年七月　高市皇子没、享年四十三。『日本書紀』は逝去記事において「後皇子尊」と呼ぶ。これは草壁を「皇太子草壁皇子尊」呼ぶのに対応している

六九六年十二月　持統、自身の後継を決めるための会議を召集。高市が没したため、障害が取り除かれたと判断したのであろう。この時、年齢と母の出自を考慮に入れて天武の皇子をランク付けると、舎人皇子、長皇子、弓削皇子、穂積皇子の四名が有力であった。会議は紛糾したが、大友皇子の子・葛野王が父子直系継承であるべきことを主張し、兄弟間継承を否定した。これに反論しようとした弓削皇子を一喝して黙らせた。こうして即位前に没した草壁の子で、持統の孫である珂瑠王の立太子が決まった

六九七年二月？　珂瑠王が立太子の礼

六九七年八月　持統天皇が珂瑠王に譲位し（文武）、自ら上皇となる。この時、持統上皇五十三歳、文武天皇十五歳であった。〈皇太子―天皇―上皇〉からなる天皇制システムが初めて実態をなす

参考文献

本書は先達による広範な知的蓄積のうえに成り立っており、心より謝意と敬意を表したい。ここに記載するのは比較的入手可能な文献資料である。

※基本文献（繰りかえし参照した骨格をなす文献）
倉野憲司校注『古事記』岩波文庫、一九六三年
西宮一民校注『古事記』新潮日本古典集成、一九七九年
坂本太郎・家永三郎・井上光貞・大野晋校注『日本書紀（一）〜（五）』岩波文庫、一九九四年〜一九九五年
直木孝次郎他訳註『続日本紀1』東洋文庫、平凡社、一九八六年
宇治谷孟全現代語訳『続日本紀（上）』講談社学術文庫、一九九二年
佐竹昭広、山田英雄、工藤力男、大谷雅夫、山崎福之校注『万葉集（一）〜（五）』岩波文庫、二〇一三年〜二〇一四年
江口孝夫全訳注『懐風藻』講談社学術文庫、二〇〇〇年
東野治之校注『上宮聖徳法王帝説』岩波文庫、二〇一三年
沖森卓也・佐藤信・矢嶋泉訳『現代語訳　藤氏家伝』ちくま学芸文庫、二〇一九年
保立道久訳・解説『現代語訳　老子』ちくま新書、二〇一八年
池田知久訳注『淮南子』講談社学術文庫、二〇一二年
足立康編『法隆寺再建非再建論争史』龍吟社、一九四一年
喜田貞吉『喜田貞吉著作集7　法隆寺再建論』平凡社、一九八二年
石田茂作『總説 飛鳥時代寺院趾の研究』大塚工藝社、一九四四年
石田茂作『法隆寺雑記帖』学生社、一九六九年
浅野清『古寺解体』学生社、一九六九年
奈良文化財研究所『大和 吉備池廃寺——百済大寺跡』吉川弘文館、二〇〇三年

福山敏男『伊勢神宮の建築と歴史』（『神宮の建築に関する史的調査』内務省造神宮使庁、一九四〇年を復刻）日本資料刊行会、一九七六年
福永光司『道教と古代日本』人文書院、一九八七年。のちに新装版

はじめに

※基本文献『大和吉備池廃寺——百済大寺跡』
梅原猛『隠された十字架——法隆寺論』新潮社、一九七二年。のちに新潮文庫
著者関連文献＊1

プロローグ

石黒豊次編『古今一陽集』いかるが舎、一九四八年
関野貞「法隆寺主要堂塔の建立年代」『アルス大建築講座第一巻日本建築史』アルス、一九二七年。※基本文献『法隆寺再建非再建論争史』所収
喜田貞吉「法隆寺再建非再建論の回顧」『夢殿叢書 第二冊』一九三四年十二月。※基本文献『喜田貞吉著作集7』所収

第Ⅰ部 リード

吉川真司『天皇の歴史2 聖武天皇と仏都平城京』講談社、二〇一一年

第一章

伊東忠太「法隆寺建築論」『建築雑誌 第八三号』、一八九三年十一月。のちに改稿して一八九八年、東京帝国大学学位請求論文とする
和辻哲郎『古寺巡礼』岩波文庫、一九七九年
船山徹『仏典はどう漢訳されたのか——スートラが経典になるとき』岩波書店、二〇一三年
「法隆寺日記」『「法隆寺日記」をひらく』高田良信、ＮＨＫブックス、一九八六年

第二章

※基本文献『日本書紀（四）』
※基本文献足立康編『法隆寺再建非再建論争史』
文化財保護委員会『埋蔵文化財発掘調査報告六　四天王寺』吉川弘文館、一九六七年
壽福隆人「明治20年代中期の古代史教材の転換」『日本の教育史学 教育史学会紀要第28集』講談社、一九八五年
（前掲）伊東「法隆寺建築論」
平子鐸嶺「法隆寺草創考」『国華』第一七七号、一九〇五年二月。※基本文献『法隆寺再建非再建論争史』所収
関野貞「法隆寺金堂塔婆及中門非再建論」『史学雑誌』『建築雑誌』一九〇五年二月。※基本文献『法隆寺再建非再建論争史』所収
（前掲）関野「法隆寺主要堂塔の建立年代」
喜田貞吉「関野・平子二氏の法隆寺非再建論を駁す」『史学雑誌』一九〇五年四月。※基本文献『喜田貞吉著作集7』所収
喜田貞吉「法隆寺の羅災を立証して一部藝術史家の研究方法を疑ふ」『歴史地理』一九〇五年五月。※基本文献『喜田貞吉著作集7』所収
喜田貞吉「今の法隆寺伽藍は焼失後の再建――足立博士の新非再建論に対して」『歴史地理』第七四巻第一号、一九三九年。※基本文献『喜田貞吉著作集7』所収
（前掲）喜田「法隆寺再建非再建論の回顧」※基本文献『喜田貞吉著作集7』所収
太田博太郎『南都七大寺の歴史と年表』岩波書店、一九七九年
釈瓢斎『法隆寺の横顔』鵤故郷舎出版部、一九四二年
高田良信『「法隆寺日記」をひらく――廃仏毀釈から100年』ＮＨＫブックス、一九八六年
岸熊吉「法隆寺の建築」樋口正徳編『法隆寺図説』朝日新聞社、一九四二年
足立康「法隆寺再建論と新非再建論」『建築史 第一巻第三号』一九三九年五月。※基本文献『法隆寺再建非再建論争史』所収

石田茂作「法隆寺若草伽藍址の発掘に就て」『性相 特別号「日本上代文化の研究」』一九四一年四月。※基本文献『法隆寺雑記帖』所収
石田茂作「百済寺院と法隆寺」『朝鮮学報 五』一九五三年十月。※基本文献『法隆寺雑記帖』所収
石田茂作「橘寺の伽藍配置」『飛鳥』近畿日本叢書 第三冊、昭和三十九年。『飛鳥随想』所収、学生社、一九七二年
楊衒之／入谷義高訳注『洛陽伽藍記』平凡社東洋文庫、一九九〇年

第三章

※基本文献『日本書紀（四）（五）』
著者関連文献＊4

第四章

※基本文献『日本書紀（四）』
※基本文献『上宮聖徳法王帝説』
※基本文献『現代語訳 藤氏家伝』
※基本文献『古寺解体』
西郷信綱「スメラミコト考」『文学』一九七五年一月、『神話と国家――古代論集』所収、平凡社選書、一九七七年
大津透『天皇の歴史1　神話から歴史へ』講談社、二〇一〇年。のちに講談社学術文庫
西田知己『血の日本思想史』ちくま新書、二〇二一年
荒木敏夫『日本古代の皇太子』吉川弘文館、一九八五年
仁藤敦史『東アジアからみた「大化改新」』吉川弘文館、二〇二二年
浅野清「法隆寺伝法堂の解体」※基本文献『古寺解体』所収
浅野清「法隆寺五重塔と金堂の解体」※基本文献『古寺解体』所収
岡倉天心『日本美術史』一八九〇年～一八九二年に東京美術学校でおこなわれた講義の記録。のちに平凡社ライ

ブラリー、二〇〇一年
亀井勝一郎『大和古寺風物誌』天理時報社、一九四三年。のちに新潮文庫
石田茂作「法隆寺式伽藍配置について」法隆寺夏期大学講習要旨、一九六四年。※基本文献『法隆寺雑記帖』所収
（前掲）釈『法隆寺の横顔』
大山誠一「法起寺塔露盤銘の成立」『聖徳太子の真実』平凡社、二〇〇三年
上原和『斑鳩の白い道のうえに』朝日新聞社、一九七五年
著者関連文献＊1

第五章

※基本文献『日本書紀（四）』
※基本文献『万葉集（一）』
※基本文献『古事記』岩波文庫、新潮日本古典集成
※基本文献『上宮聖徳法王帝説』
※基本文献『古寺解体』
※基本文献『大和吉備池廃寺――百済大寺跡』
※基本文献『現代語訳 老子』
※基本文献『淮南子』
吉川真司『飛鳥の都』岩波新書、二〇一一年
浅野清「法隆寺伝法堂の解体」※基本文献『古寺解体』所収
大平聡「世襲王権の成立」『日本の時代史』吉川弘文館、二〇〇二年
木下正史『飛鳥幻の寺、大官大寺の謎』角川選書、二〇〇五年
福永光司・千田稔・高橋徹『日本の道鏡遺跡を歩く――陰陽道・修験道のルーツもここにあった』朝日新聞社、二〇〇三年
ルドルフ・アルンハイム／波多野完治・関計夫訳『美術と視覚――美と創造の心理学（上・下）』美術出版社、

一九六三年
著者関連文献＊1

第六章
※基本文献『日本書紀（一）（二）（三）（五）』
※基本文献『続日本紀1』
※基本文献『万葉集（一）』
※基本文献『伊勢神宮の建築と歴史』
上田正昭『神と仏の古代史』藤原書店、二〇〇九年
倉本一宏『戦争の日本史2 壬申の乱』吉川弘文館、二〇〇七年
田中卓「式年遷宮の起源」皇學館大學月例文化講座一九八五年四月。のちに『神宮の式年遷宮』所収、皇學館大學出版部、一九八六年
著者関連文献＊7

第七章
※基本文献『古事記』
※基本文献『日本書紀（一）～（五）』
※基本文献『万葉集（一）、（五）』
佐藤正英『古事記神話を読む――〈神の女〉〈神の子〉の物語』青土社、二〇一一年
桑子敏雄『風土のなかの神々――神話から歴史の時空を行く』筑摩選書、二〇二一年
遠藤正敏『天皇と戸籍――「日本」を映す鏡』筑摩選書、二〇一九年
前田晴人「氏姓制度を理解する」『歴史読本二〇一一年八月号』所収、新人物往来社
武光誠『名字と日本人――先祖からのメッセージ』文春新書、一九九八年
松本健一『孟子の革命思想と日本――天皇家にはなぜ姓がないのか』昌平黌出版会、二〇一四年
森博達『日本書紀の謎を解く――述作者は誰か』中公新書、一九九九年

森博達『日本書紀成立の真実――書き換えの主導者は誰か』中央公論新社、二〇一一年
溝口睦子『アマテラスの誕生』岩波新書、二〇〇九年
関根淳『六国史以前――日本書記への道のり』吉川弘文館、二〇二〇年
松木武彦「国の形成と戦い」『古代史をひらく前方後円墳』所収、岩波書店、二〇一九年
清家章『埋葬からみた古墳時代――女性・親族・王権』吉川弘文館、二〇一八年
藤森健太郎「古代の皇位継承と天皇の即位」『古代史をひらくⅡ 古代王権』所収、岩波書店、二〇二四年
上田正昭『古代日本の女帝』（『日本の女帝』角川新書、一九六七年を改題）講談社学術文庫、一九九六年
上田正昭『藤原不比等』朝日選書、一九八六年
神野志隆光『古事記と日本書紀――「天皇神話」の歴史』講談社現代新書、一九九九年
仁藤智子「古代王権の由緒と正統性」、（前掲）『古代史をひらくⅡ 古代王権』所収
筑紫申真『アマテラスの誕生』角川新書、一九六二年。のちに講談社学術文庫、二〇〇二年
上山春平『神々の体系』中公新書、一九七二年
上山春平『続・神々の体系――記紀神話の政治的背景』中公新書、一九七五年
新谷尚紀『伊勢神宮と出雲大社』講談社選書メチエ、二〇〇九年
吉野裕子『持統天皇―日本古代帝王の呪術』人文書院、一九八七年
千田稔「もう一つの女性天皇論」『本郷 第一七二号』吉川弘文館、二〇二四年七月
遠山美都男『天智と持統』講談社現代新書、二〇一〇年
著者関連文献＊6、8

第八章

※基本文献『古事記』新潮日本古典集成
※基本文献『伊勢神宮の建築と歴史』
※基本文献『道教と古代日本』
宮内庁編『明治天皇紀 第10』吉川弘文館、二〇〇一年
福永光司「伊勢神宮と道教」『教室の窓』東京書籍一九八二年。※基本文献『道教と古代日本』所収

岡田精司「伊勢神宮の起源と度会氏」『日本史研究』四九、一九六〇年七月。のちに「伊勢神宮の起源――外宮と度会氏を中心に」と改題して『古代王権の祭祀と神話』所収、塙書房、一九七〇年
藤谷俊雄・直木孝次郎『伊勢神宮』三一書房、一九六〇年。のちに「古代の伊勢神宮」と改題して『伊勢神宮と古代の神々』所収、吉川弘文館、二〇〇九年
（前掲）筑紫『アマテラスの誕生』
福山敏男「神宮の建築とその歴史」『神宮―第六十回伊勢神宮式年遷宮』所収、小学館、一九七五年
著者関連文献＊6

第九章

※基本文献『日本書紀（五）』
※基本文献『続日本紀1』
※基本文献『万葉集（一）』
※基本文献『現代語訳 老子』
車柱環著、三浦國雄・野崎充彦訳『朝鮮の道教』人文書院、一九九〇年
下出積與、上田正昭対談「日本古代の信仰をめぐって――古代信仰における道教思想の影響」『東アジアの古代文化 第一一号』大和書房、一九七七年一月
下出積與『日本古代の道教・陰陽道と神祇』吉川弘文館、一九九七年
田村圓澄『伊勢神宮の成立』吉川弘文館、一九九六年。のちに新装版
竹内昭「〈凍れる音楽〉考――異芸術間における感覚の互換性について」『法政大学教養部紀要人文科学編第九六巻』一九九六年
大岡實「薬師寺金堂の復興」『とみのおがわ 古寺再興』聖徳太子奉賛会、一九七五年

第十章

※基本文献『日本書紀（四）（五）』
※基本文献『現代語訳 老子』

※基本文献『淮南子』
※基本文献『道教と古代日本』
福永光司「古代信仰と道教」『神と人――古代信仰の源流』大阪書籍、一九八六年。※基本文献『道教と古代日本』所収
福永光司「日本の古代史と中国の道教」日中学者会議報告、一九八一年十月。※基本文献『道教と日本文化』所収
遠山美都男『名前でよむ天皇の歴史』朝日新書、二〇一五年
西光慎二「飛鳥亀形石の発見と意義」『亀の古代学』東方出版、二〇〇一年
相原嘉之「酒船石遺跡の発掘調査成果とその意識」『日本考古学 第一八号』二〇〇四年
河上邦彦『飛鳥を掘る』講談社選書メチエ、二〇〇三年
村井康彦『古代日本の宮都を歩く』ちくま新書、二〇一三年
黒板勝美「我が上代に於ける道家思想及び道教について」『史林』第八巻一号、一九二三年
千田稔『飛鳥――水の王朝』中公新書、二〇〇一年

第十一章

※基本文献『日本書紀（四）（五）』
井上光貞「古代の女帝」『歴史と人物』吉川弘文館、一九六四年。のちに『天皇と古代王権』所収、岩波現代文庫、二〇〇〇年
（前掲）荒木『日本古代の皇太子』

第十二章

※基本文献『古事記』
※基本文献『日本書紀（四）（五）』
※基本文献『続日本紀1』
※基本文献『懐風藻』

（前掲）倉本『戦争の日本史2 壬申の乱』
寺西貞弘『天武天皇』ちくま新書、二〇二三年
折口信夫「大嘗祭の本義」昭和三年六月の講演、今井武志『折口信夫と信濃』信濃毎日新聞社、一九七三年。のちに『中公クラシックス 古代研究Ⅱ――祝詞の発生』所収、二〇〇三年
岡田精司「大化前代の服属儀礼と新嘗」『日本史研究』六〇、六一、一九六二年五～七月。のちに前掲『古代王権の祭祀と神話』所収
大和岩雄『天武天皇出生の謎』六興出版、一九八七年
大和岩雄『日本書紀成立考――天武・天智異父兄弟考』大和書房、二〇一〇年
石母田正『日本の古代国家』岩波書店、一九七一年
直木孝次郎『持統天皇』吉川弘文館、一九六〇年、のちに新装版
直木孝次郎『壬申の乱』塙書房、一九六一年
倉本一宏『皇子たちの悲劇――皇位継承の日本古代史』角川選書、二〇二〇年
（前掲）荒木『日本古代の皇太子』
義江明子「持統王権の歴史的意義――史料を読み解く視点」『キリスト教文化研究所研究年報四八』、二〇一五年。のちに『日本古代女帝論』塙書房所収、二〇一七年
著者関連文献＊7、8

第十三章

※基本文献『古事記』
※基本文献『日本書紀（一）』
※基本文献『現代語訳　老子』
※基本文献『道教と古代日本』
湯浅邦弘「老子」『アジア人物史1』集英社、二〇二三年
神塚淑子『道教思想10講』岩波新書、二〇二〇年
（前掲）下出『日本古代の道教・陰陽道と神祇』

王秀文「桃の民俗誌」『日本研究　国際日本文化研究センター紀要』、一九九八年
福永光司「神僊・樓閣・渦巻文」『東アジアの古代文化』大和書房、一九九三年七月、十月。のちに『「馬」の文化と「船」の文化――古代日本と中国文化』所収、人文書院、一九九六年
（前掲）下出、上田対談「日本古代の信仰をめぐって」
福永光司「天寿国繡帳の曼荼羅図」『関西大学通信』、一九八六年二月。※基本文献『道教と古代日本』所収
福永光司「思想信仰としての南船北馬」前掲『「馬」の文化と「船」の文化』所収
福永光司・上田正昭・上山春平『日本古代史・新考　道教と古代の天皇制』徳間書店、一九七八年
坂出祥伸『道教とはなにか』中央公論新社、二〇〇五年。のちにちくま学芸文庫、二〇〇七年
神塚淑子『書物誕生――あたらしい古典入門　老子――〈道〉への回帰』岩波書店、二〇〇九年
増尾伸一郎「日本古代の宗教文化と道教」『講座道教第六巻アジア諸地域と道教』所収、雄山閣、二〇〇一年
広井良典『無と意識の人類史』東洋経済新報社、二〇二一年
辻直四郎訳『リグ・ヴェーダ讃歌』岩波文庫、一九七〇年
福永光司「『古事記』神話と道教神学」『講座日本思想』五月報、東京大学出版会、一九八四年。のちに『道教と古代日本』所収、一九八七年
石川淳『新釈『古事記』』ちくま文庫、一九九一年

終章

折口信夫「神道に現れた民俗論理」『神道学雑誌 第五号』、一九二八年十月。のちに『中公クラシックス 古代研究Ⅱ――祝詞の発生』所収、二〇〇三年
加藤周一『日本文化における時間と空間』岩波書店、二〇〇七年
（前掲）上山『神々の体系』
大山誠一『天孫降臨の夢――藤原不比等のプロジェクト』ＮＨＫブックス、二〇〇九年
著者関連文献＊9

著者関連文献

＊1『法隆寺の謎を解く』ちくま新書、二〇〇六年
＊2『迷宮のインド紀行』新潮選書、二〇〇一年
＊3『空海 塔のコスモロジー』春秋社、二〇〇九年
＊4『神社霊場――ルーツをめぐる』光文社新書、二〇〇九年。現在電子書籍版のみ
＊5『伊勢神宮の謎を解く』ちくま新書、二〇一一年。現在電子書籍版のみ
＊6『伊勢神宮と天皇の謎』文春新書、二〇一三年
＊7『建築から見た日本古代史』ちくま新書、二〇一三年
＊8『持統天皇と男系継承の起源』ちくま新書、二〇二一年
＊9『大仏はなぜこれほど巨大なのか――権力者たちの宗教建築』平凡社新書、二〇一四年

書き終えて今、思うこと

法隆寺、伊勢神宮をはじめ我が国古代の建築について著者は少なからぬ著作を書いてきた（著者関連文献＊1、3〜9）。それらをとおして建築の問題をとことん考え抜いてきた。

一方、それらの建築を建立した天皇、および天皇たらんとした者たちは、皇位をめぐって死にもの狂いの争いを生涯かけておこなっていた。

法隆寺、伊勢神宮など記念碑的な社寺建築を今日にまで遺した天皇たち。

知謀を尽くして皇位を争い、結果、「万世一系」の皇統を遺した天皇たち。

あたかも二通りの天皇たちがいたかのようだが、もちろんそんなことはない。言うまでもなくこれら天皇たちは二つの顔をもっていたのだ。彼らは記念碑的な社寺建築を遺し、かつ、死にもの狂いで皇位を争っていた。それなのに、

前者、つまり建立者の顔をもつ天皇たちの事績は建築学が担う。

後者、つまり皇位を争う顔をもつ天皇たちの事績は歴史学が担う。

このように天皇たちの一見異なる二つの顔は、それぞれ別世界に属してきた。全くつながっていなかったのである。不幸にもそこには深い断裂帯《だんれつたい》が走り、パックリと分断されていたと言って

いい。従って本書のように、建築の問題と皇位争いの問題を同一視野に収めて両者の関係を論じる、という視点など生じようもなかったのである。

あるいは本書を手に取られた読者のなかには最初、〝トンデモ本〟かと思われた方もおられるかもしれない。そんな危惧さえ著者は抱くのである。なぜならいままで全く類書がなかったし、建築と皇位争いが結びつくなんて、これまで話のタネに上ることすらなかったからである。

もっとも著者とて偉そうなことは言えない。

建築学科の学生必携の日本建築学会編『日本建築史図集』には一頁半を割いて「古代の伽藍配置」を掲載している。そこから本書は法隆寺（西院伽藍）、四天王寺、薬師寺、東大寺の図版を得ており、感謝するしかない。だがこの図集を見て、「古代の伽藍配置」にさまざまなバリエーションがあったことは分かるが、それ以上のことは不明だ。巻末に付された解説を読んでも、変遷を説くのみで、それをもたらした要因には全く触れるところがない。著者もご多聞にもれず、古代における伽藍配置の変遷は流行がもたらしたものと、なぜか無条件に長いこと、ずっと思い込んでいた。学生時代も、その後に教壇に立ってからもである。

転機が訪れたのは、比較的に最近のことである。

上記の古代建築関連書を書いたあと、本書の前著になるが『持統天皇と男系継承の起源』をちくま新書から出していただいた（著者関連文献＊８）。そこで門外漢ながら、皇位争いの問題をとことん考え抜いたのである。もちろん、建築や都市に絡めてだが。

この経験があって初めて、古代天皇の皇位争いと伽藍配置・社殿配置が結び付いた。記念碑的な社寺建築の配置タイプは、天皇ないし天皇たらんとしていた者たちそれぞれの血筋を代弁していたのである。この気づき、発見から本書に至る道が拓かれた——。

従来全く無関係であり次元が異なるとされてきた、いやそのような認識さえなく完全に盲点となっていた、建築と皇位争いという二つの領野。それが一つに結び付いた時、全く予期せぬ展開が待っていた。著者は胸が高まるのを抑えることはできなかった。

皇位争いと伽藍配置・社殿配置に共通していたのは血筋であった——。

社寺建築群は単に建立者の政治権力を誇示するのみならず、文化力をもアピールした。これをとおして建立者、すなわち天皇ないし天皇たらんとする者たちは権威を高め、己が血筋の優位を確立せんとした。そこで社寺建築の配置タイプは建立者の血筋と対応していたから、社寺建築は目には見えない建立者たちの血筋を可視化していたのである。それは文化性をともなう熱く、長い政治闘争であった。そのなかで建築は最大で最強の表現手段であり、欠かせぬメディアであったのだ。

三年余りの歳月をかけて今、ようやくにして本書を書き終えた。著者の予想を超えて思いの外、大著になったのは、「はじめに」で述べたように、積み残してきた問題群を解き明かすとともに、これまで全く考えられてこなかった、皇位争いと社寺建築の関係というあたらしい問題を設定したからである。著者にとって本書はこれまでの集大成であるにとどまらず、既刊拙著を上回る最大の問題提起の書となったと思っているのだが、いかがだろうか。

高く掲げた帆いっぱいに風を孕《はら》んで本書は出帆する。万感の思いとともに——。

著者の後半生の全てを打ち込んだ本書は、はたして多くの読者の理解と共感を得ることができるだろうか。歴史学にも建築学にもこれまで全くなかった視点に立つ本書にどのような審判が下るのか、固唾《かたず》をのんでその時を迎える心境である。

武澤秀一

二〇二四年十月

謝辞

七十代も後半に入ってから、このような大著を世に問うことができたのは、もとより著者一人のなせる業ではない。これまで以上に、多くの方々からご支援と激励をいただいた。最後になってしまったが、お世話になった全ての方々に心より感謝申し上げます。

まずは、ほぼ完成稿に近い（と思っていた）拙稿をご覧いただき——その後、大幅に加筆・修正をおこなったが——、刊行を即座に決定してくださった筑摩選書編集長松田健氏。氏の決断により、不安にさいなまれながら原稿を書きつづけた二年七箇月の日々に、一気に日が射し込んだ。この時の感激を生涯、忘れることはできないだろう。その後も激務のなか、最後に至るまで、細部にわたって的確な舵取りをしていただいた。

構想段階から出版に至るまでの長期にわたり、ご多忙の中、今回も筑摩書房OBの編集者湯原法史氏に力強いお力添えをいただいた。氏には著者の新書第一作『法隆寺の謎を解く』以来、拙著出版の折には、厳しくも温かい叱咤激励と貴重なアドバイスを変わることなくいただいている。

同じく初期段階から熱心に原稿に目を通していただき、適切なコメントを下さった産経新聞文化部OBの評論家稲垣真澄氏。著者の一般書第一作『迷宮のインド紀行』についてのインタビューを受けて以来、氏は物書きとしての私の後半生に常に伴走してくださっている得難い友である。

原稿作成の最終段階で、京都大学人と社会の未来研究院教授広井良典氏に目次案を見ていただいた。タイトルと三極構造が興味深いとのことばをいただき、大いに励まされ勇気を得ることができた。氏は拙著のほとんどをお読みくださっているという。有難いことである。

今回はいわば読者代表として、県立前橋高校時代の同級生三名に原稿を見てもらった（三年七組・理系クラス、昭和四十一年卒）。ビッグローブ元社長で量子ＩＣＴフォーラム理事の飯塚久夫氏には、労を惜しまれることなく、初期段階から何度も目を通していただいた。最終段階では弁理士で信友国際特許事務所所長角田芳末氏、理学博士（量子物理学）で北海道大学名誉教授石川健三氏にも加わっていただいた。細部に至るまで忌憚のない指摘の数々は、思いがけず、半世紀前の友情が一気に蘇る、嬉しくも有難い経験であった。

以上に尽きない、多くの方々に改めて、万感の思いを込めて感謝のことばを捧げます。

――ありがとうございました。

最後に、建築家から物書きへの転換を、事後追認ながら受け入れ伴走してくれた妻・眞紀子に。どうもありがとう。

武澤秀一　たけざわ・しゅういち

一九四七年生まれ。建築家／博士（工学・東京大学）。東京大学工学部建築学科卒業。同大学院工学研究科修士課程（建築学専攻）を中退して同大学助手。その後、独立して設計事務所を主宰。神社仏閣などの建築空間を通しての日本人の心のありようの探究がライフワーク。著書『持統天皇と男系継承の起源』『建築から見た日本古代史』『法隆寺の謎を解く』『伊勢神宮の謎を解く』（以上、ちくま新書）、『神社霊場 ルーツをめぐる』（光文社新書）、『マンダラの謎を解く』（講談社現代新書）など多数。

筑摩選書 0289

天皇《てんのう》たちの寺社戦略《じしゃせんりゃく》

法隆寺《ほうりゅうじ》・薬師寺《やくしじ》・伊勢神宮《いせじんぐう》にみる三極構造《さんきょくこうぞう》

二〇二四年一〇月一五日　初版第一刷発行

著　者　武澤秀一《たけざわしゅういち》

発行者　増田健史

発行所　株式会社筑摩書房
東京都台東区蔵前二-五-三　郵便番号 一一一-八七五五
電話番号　〇三-五六八七-二六〇一（代表）

装幀者　神田昇和

印刷 製本　中央精版印刷株式会社

ISBN978-4-480-01807-6 C0321